Meditation
Weg zur inneren Stille

Anleitung zur täglichen Praxis
für ein freies Leben

Texte: Karlheinz Tröndle
Grafiken: Karl Heinrich Besthorn

Buchreihe von Dr. Dr. Peter Macher

© 2024 Karlheinz Tröndle
Verlag: BoD · Books on Demand GmbH, In de Tarpen 42,
22848 Norderstedt
Druck: Libri Plureos GmbH, Friedensallee 273,
22763 Hamburg
ISBN: 978-3-7597-8313-4

Wo der Sumpf am tiefsten ist,
wächst der schönste Lotus.

Inhaltsverzeichnis

Die reine Quelle,
sie kann nie versiegen.

alles fließt

Für alle Menschen,

die den Frieden in sich selbst suchen.

Geleitwort

Menschen gehen.
Fragt der eine: wohin gehen wir?
Der andere: immer nach Hause.

Seit es Menschen gibt, bewegt sie die Frage: woher komme ich, wohin gehe ich, wer bin ich?

Es ist die Frage nach Geborgenheit, Beständigkeit, Herkunft, innerem Frieden und dem Gefühl "daheim zu sein". Und seit es Menschen gibt, machen Sie die Erfahrung, dass alles, was sie sehen, erleben, denken und planen, der Vergänglichkeit unterliegt; dass es nichts gibt, woran sie sich festhalten können und dass hinter allem etwas Verborgenes liegt, was in den verschiedenen Kulturen als Gott, reines Bewusstsein, Geist, Unbenennbares, Gegenwart oder der zeitlose Ursprung von Allem genannt wird. In diesem Nicht-Ausdrückbaren finden die Menschen ihre Heimat, Herkunft und die unumstößliche Sicherheit, dass Geburt und Tod nur eine Station auf der Reise des Lebens darstellen. Aus dieser Erkenntnis heraus entsteht Liebe, Hoffnung, Toleranz und die Anerkennung des anderen Menschen, der ja auch genau diese Heimat hat.

Der suchende Mensch, und für ihn ist dieses Buch geschrieben, erkennt, dass der Frieden, den er sucht, weder käuflich noch machbar, noch durch Verdienste erworben werden kann. Er erkennt in seiner Ruhelosigkeit oder auch Verzweiflung schnell, dass die Wege nach außen Irrwege sind und keine Ruhe bringen. Die wahre Heimat des Menschen muss also in ihm selbst liegen, jedoch ist dieser Weg nach innen sehr häufig wie von einer Tür verschlossen, deren Schlüssel wir nicht besitzen. Ich erinnere mich dabei an einen Mann in London, in einem Park auf einer Obstkiste stehend, von innerem Feuer erfasst und erregt von der Begeisterung, mit der er über seinen inneren Weg berichtete und den Umstehenden Mut machte, indem er immer wieder schrie „The key ist in your pocket!" Der Schlüssel ist in deiner Tasche, du hast ihn doch schon!

9

Dieser Mann hatte seinen Frieden in sich selbst gefunden und hat erfahren, dass er schon immer da war, dass jeder Mensch ihn schon in sich hat, ihn aber bisher nur an der falschen Stelle gesucht hat.

Der Suchende, in den Fluss des Lebens eingebunden, ist oft nur der Zuschauer am Ufer, der hinüber zum anderen Ufer Ausschau hält, wo er vermutet, dass dort alles anders und besser ist. Dennoch hat er Angst, den Fluss zu überqueren, von dem er nicht weiß, wo er herkommt und wo er hinfließt. Und wenn er sich dennoch diesem Fluss anvertraut, wenn er hinüber ans andere Ufer will, um seine unendliche Sehnsucht nach Liebe, Lebendigkeit und Heimat zu stillen, dann wird er erfahren, dass er mitten drin ist in dieser Lebendigkeit und Bewegung und erkennen, dass er ein Teil des Ganzen ist, wie ein Tropfen im Wasserfall.

Dieses Buch ist für die geschrieben, die am Ufer stehen, von Angst, Zweifeln hin und her gerissen, zögernd im Stillstand verharren und verzehrt von einem Feuer der Sehnsucht nach Frieden. Es ist für die geschrieben, die ihre innere Heimat suchen, die ihre existenziellen Fragen ungehört und ohne Antwort hinausschreien und für alle, die spüren, dass dies, was ihr Leben ausmacht, nicht alles sein kann.

Es ist für die geschrieben, die den Schlüssel zu ihrer eigenen Tür nicht finden, obwohl sie ihn bereits in den Händen halten und es ist für alle die geschrieben, die einfach nur neugierig sind. Und es ist auch für all die anderen geschrieben, die sich auf den Weg machen wollen.

Diese Reise nach Innen kann mitunter sehr beschwerlich, trocken und Angst machend sein, weil wir auf dieser Reise durch unsere eigenen Ängste, Zweifel, Dämonen und Verführer hindurch gehen müssen, um sie zu entmachten. Dies ist nicht immer einfach, darum ist es gut, sich an den gegliederten Inhalten des Buches zu orientieren und/oder sich einen Lehrer zur Begleitung zu suchen.

Es ist das Herzensanliegen des Autors, Mut zu machen, viele Ängste als Illusion zu enttarnen und aufzufordern, von seinem Leben angstfrei Gebrauch zu machen und sich diesem Leben anzuvertrauen, denn es ist der Schlüssel zu der Lebendigkeit, die hinter der vermeintlich verschlossenen Tür liegt.

Der Autor verspricht daher nichts, falsche Hoffnungen und Paradiesvorstellungen werden nicht suggeriert. Es geht um die Wahrnehmung der Gegenwart so wie sie ist, da hinein möchte der Autor den Leser auf seinem inneren Weg führen, um Frieden zu finden.

So ist dieses Buch eine umfassende Wegbegleitung, in der die Schwierigkeiten des inneren Weges und deren mögliche Auflösung aufgezeigt sind. Es ist eine Orientierung, in der jeder seine Stelle auf dem Weg erkennen kann und es ist eine Anleitung, in der Hindernisse aufgezeigt werden und gezeigt wird, wie der Weg dennoch fortgesetzt werden kann.

Dieses Buch ist nicht etwas, das man einfach nur lesen und konsumieren könnte, denn es ist eine Art Gebrauchsanleitung, ein Übungsbuch. Und da es völlig unmöglich ist, ein Musikinstrument zu lernen indem man nur darüber liest, so geht es auch hier um die praktische Anwendung des Gelesenen, denn nur so kann der Weg erfahren und gelebt werden. In diesem Sinne ist dieses Buch ein Begleiter, der den Suchenden durch die Irren und Wirren seiner inneren Reise führen will, der vor Fehltritten warnt und Abgründe beleuchtet. Dieses Buch soll helfen durch das Labyrinth zu finden, in dem wir uns selbst fremd vorkommen und uns in der Praxis den inneren Kompass zeigen, der uns aus diesem Labyrinth herausführt, damit eigene Wege beschritten werden können.

Und selbst derjenige, der sich nicht auf den inneren Weg machen will, wird von diesem Buch profitieren, denn er wird in diesem Reiseführer lesen können, auch ohne die Absicht zu haben, das beschriebene Land betreten zu wollen. Wenn das Leben ihn aber einmal genau in dieses Land führen sollte, so wird er sich an Bekanntes erinnern, von dem er einmal gelesen oder gehört hat und mit dieser Orientierung kann er sich zurechtfinden. Zugleich kann er erleben, dass Vieles anders ist, als er es aus seinem Reiseführer kennt, denn es ist jetzt sein eigenes Erleben, seine Wahrnehmung und seine eigene Reise. Wenn er später einmal anderen von dieser Reise erzählen wird, so wird er dies auch in seiner Sprache, mit seinen Beispielen, mit seinen Bildern tun und dennoch wissen, nichts reicht aus, um diese Reise zu beschreiben.

11

Und er wird jedem, der dieses Land kennen lernen will, sagen, dass er sich aufmachen muss, die Reise selbst zu unternehmen, um seine Erlebnisse und Erfahrungen zu machen und in Gesprächen mit seinen Mitreisenden wird er erleben, dass jeder diese Reise mit seinen eigenen Worten beschreibt und jeder dennoch versteht, dass es dasselbe Land ist.

Es war mir eine grosse Freude Professor Dr. Karlheinz Tröndle bei der Herausgabe dieses Buches unterstützen zu können. Es stellt in seiner Komplexität, seiner klaren Gliederung und der aus jahrzehntelanger Meditationspraxis gewonnenen Erfahrungen des Autors ein einzigartiges Werk dar. Ich bin mir sicher, dass viele Menschen auf der Suche von diesem Buch profitieren werden.

Dr. Dr. Peter Macher
Zenlehrer, Facharzt für Psychotherapeutische Medizin

Lehrer öffnen dir die Türe,
aber eintreten mußt du selbst.
(Chin. Sprichwort)

Vorwort

**Niemand außerhalb von uns
kann uns innerlich beherrschen.
Wenn wir das wissen, werden wir frei.**

(Buddha)

Wir leben in einer Zeit des fortwährenden Umbruchs. Neue Medien liefern uns Tag und Nacht Informationen und Unterhaltung jeglicher Art und führen uns in Versuchung, mehr davon zu konsumieren als uns gut tut. Die Digitalisierung dringt immer tiefer in unseren Lebensalltag ein, verspricht uns Erleichterung und verlangt doch zuerst zahlreiche ungewohnte Lernprozesse von uns. Der Umgang mit Computer-Viren, Trojanern, Schadsoftware und Falsch-Nachrichten gehört für viele Menschen heute schon zum Alltag. Werbung, Influencer und Spam überfluten uns und rauben uns wertvolle Zeit. Nachrichten über Unfälle, Unglücke und Katastrophen aus der ganzen Welt werden uns mitgeteilt und heischen unsere Beachtung und Anteilnahme. Unzählige Berichte über Streit und Probleme aus dem Bereich der Politik suchen den Weg in unser Bewusstsein und verlangen von uns ihre Bearbeitung sowie ihre Einordnung in unser politisches Weltbild. Informationen aus der Wirtschaft bereiten uns meist Sorgen, weil wir wissen, dass wir früher oder später davon betroffen sein könnten. Dies und vieles mehr begleitet uns tagtäglich.

Wir leben in einer Welt der Informations- und Reizüberflutung und erleben deren positive und negative Folgen und damit verbunden einen erhöhten Erregungspegel. Einerseits brauchen wir die Informationen, um nicht ins Abseits der Gesellschaft zu geraten und aus den komplizierten Prozessen des Wirtschaftslebens herauszufallen, andererseits bringt der höhere Erregungspegel die Versuchung mit sich, dass wir ihn für normal empfinden und dabei noch mehr in seinen Sog und seine Abhängigkeit geraten.

E-Mails, WhatsApp, Nachrichten, Krimis, Online-Spiele, Werbung und Videos mit nur schwer durchschaubaren Falschinformationen schleichen sich in unseren Alltag ein, so als würde das Leben ohne sie still stehen und bringen die Gefahr der Abhängigkeit und einer gewissen Süchtigkeit nach dem digitalen Getöse der Welt mit sich.

Die Ängste vieler Menschen vor der Zukunft nehmen zu. Depressionen, Schlafstörungen, Burnout und ein Gefühl der Überforderung, der inneren Abwehr und Leere bis hin zu Resignation stellen sich ein. Die Suche nach einem neuen Lebensstil mit Elementen, die einen Ausgleich zu dieser permanenten Überforderung schaffen und den Erregungspegel senken, ihn wieder in den Normalbereich des Lebens zurückbringen, ist für viele Menschen wünschenswert und für manche sogar dringend notwendig.

Meditation ist ein sehr gut geeignetes Mittel, diesen neuen Lebensstil zu erreichen. Die Meditation ist eine Übung, die wir zu Hause praktizieren können, sie vermindert unseren Erregungspegel und lässt sich leicht in unseren Alltag integrieren. Sie reduziert unsere überzogenen Ansprüche an das Leben und hilft uns vieles loszulassen und führt uns damit wieder zurück in ein ausgewogeneres Leben. Es eröffnet sich uns eine Möglichkeit, jenseits des beruflichen und gesellschaftlichen Alltags zu einem freien, zufriedenen und erholsamen Leben zu finden. Ist dieser neue Lebensstil einmal fest in unser Leben integriert, werden wir auch unser Berufsleben und die Gesellschaft neu erleben und eine innere Distanz zu ihnen aufbauen, die unsere Psyche schützt, ohne dass wir in Widersprüche mit der Umwelt geraten. Im Gegenteil, der freie Blick akzeptiert die Gesellschaft und den Zeitgeist so, wie sie sind, wir haben einfach gelernt mit ihnen angemessen umzugehen.

Die Meditation hilft uns Ärger, Leid und Verblendung zu vermeiden und offener zu werden für das Erforderliche und das Schöne im Leben. Sie hilft uns, die Harmonie mit unseren Mitmenschen, der Natur und uns selbst zu vertiefen und Gelassenheit im Auf und Ab des Lebens zu entwickeln. Die Meditation führt zur Befreiung von allen Ideologien und einengenden Lebenskonzepten und zum Eintauchen in die momentane Wirklichkeit, wie sie uns in jeder Minute unseres Lebens begegnet. Meditieren heißt, vertraut werden mit unserem eigenen Geist, heißt erkennen, wie wir denken und fühlen und erkennen, wer wir wirklich sind. **Nach längerer Übung kann uns die Meditation zur Erkenntnis der Wesensnatur unseres Geistes und zur Erkenntnis unseres wahren Seins führen.**

Karlheinz Tröndle
Karl Heinrich Besthorn

mutig beginnen

15

1. Einführung

Jedem Anfang wohnt ein Zauber inne,
der uns beschützt und der uns hilft zu leben.
Wir sollen heiter Raum um Raum durchschreiten,
an keinem wie an einer Heimat hängen.

(Hermann Hesse)

1. Einführung

Wer andere kennt, ist weise.
Wer sich selbst kennt, ist erleuchtet.

(Tao Te King)

Liebe Leserin, lieber Leser,

Wie können wir zu einem sinnerfüllten und glücklichen Leben finden?

*Viele Menschen empfinden ihr Leben als mühevoll und mit Leid beladen und sind auf der Suche nach einem **besseren Leben**, ohne dass sie genauer sagen könnten, worin dieses bessere Leben bestehen könnte.*

Auch wenn sie ihr Leben nicht als leidvoll empfinden, fühlen viele intuitiv, dass es einen glücklicheren Zustand geben muss, von dem ihr derzeitiges Leben weit entfernt ist. Wer aus diesem Grunde den Weg nach innen beschreiten und anhaltenden Frieden und wahres Glück in sich selbst finden möchte, der wird sich hier in seinem Ansinnen bestärkt finden und Anregungen für seinen inneren Weg erhalten.

Wenn wir uns genauer beobachten, entdecken wir, dass es genau genommen zwei Lebensläufe von uns gibt, einen äußeren und einen inneren. Der äußere beinhaltet Begebenheiten, Daten und Fakten und der innere ist die Suche nach Zufriedenheit und Orientierung im Alltagsleben, begleitet von schwankenden Gefühlen und dem ständigen Suchen nach dem Sinn des Geschehens. Gleichzeitig spüren wir, dass etwas in der Tiefe unserer Psyche geschieht, zu dem wir keinen bewussten Zugang haben.

*Wenn wir zu ahnen beginnen, dass **alles äußere Geschehen nicht einfach daherkommt**, sondern mit dem inneren zusammenhängt, von ihm bedingt und bestimmt wird, beginnt die*

Hinwendung zu unserem Inneren und damit unser spirituelles Leben. In diesem Augenblick bekommt die alte oft vergessene Zauberformel **Erkenne dich selbst** eine neue Bedeutung und wird zum Wegweiser für eine Neuorientierung unseres Lebens. Wir verstehen dann, dass eine gedankliche Analyse unseres Inneren kaum weiterhilft und damit beginnen wir zu verstehen, dass eine tiefer gehende Betrachtung unseres Innenlebens notwendig ist, eine Betrachtung, die uns an das Unbewusste heranführt, jenen Bereich, der unserem Willen den Zugang verweigert. Die Meditation ist ein Weg, der uns an die verschütteten Gedanken und Gefühle heranführt und uns zeigt, wie wir mit unserem inneren Leben vertrauter werden und belastende, verborgene Inhalte auflösen können.

Nach einiger Übung in der Meditation verstehen wir dann besser, dass wir die Erfahrung der tiefen Stille in uns brauchen, die Erfahrung, eben jener Stille, die wir in der Meditation finden können, um den Herausforderungen des heutigen Lebens besser gewachsen zu sein. Eine Erfahrung, die wir brauchen, um die Lautheit und Hektik unserer Zeit zu überwinden und wenigstens zeitweise in ein freieres und würdevolleres Leben zu gelangen, in dem wir Raum finden für die feineren Regungen unserer Psyche.

Das Wort Meditation stammt aus dem Lateinischen und bedeutet so viel wie nachdenken, überlegen, sich in etwas vertiefen. In der Meditation wird die Aufmerksamkeit und eine bewusste Lebenseinstellung trainiert, so dass unser Geist geläutert wird, leidvolle Erfahrungen vermeidet und sich positiven Erfahrungen zuwendet und wir somit eine neue Selbsterfahrung machen können. Je mehr wir über uns selbst wissen, desto besser sind wir den Herausforderungen des Lebens gewachsen. Durch die Meditation werden wir vertraut mit unseren Ängsten, Verhaltensmustern, Sorgen, Befürchtungen und Erwartungen, aber auch mit den Aufgaben, die das Leben an uns stellt. Aus der Ruhe und Klarheit der Meditation heraus können wir unsere Gedanken läutern, wichtige Dinge von weniger wichtigen Dingen trennen und so unser Leben in ruhigere und klarere Bahnen lenken.

Die Meditation hilft uns, die Ereignisse des täglichen Lebens mit Gelassenheit anzunehmen, so wie sie auf uns zukommen und befähigt uns, das Erforderliche kraftvoll zu tun. Sie bringt uns in Harmonie mit unseren Mitmenschen, der Natur und vor allem mit uns selbst. Unsere innere Ausgeglichenheit wächst und wir sind nicht mehr so leicht erregbar und störbar.

Durch die Meditation entwickeln wir eine neue **Empfindung, so dass wir die Ereignisse unseres Lebens als zum Leben dazugehörig erfahren** und erkennen, dass sie eine Lehre für uns enthalten, die zu unserer inneren Weiterentwicklung beiträgt. Herausfordernden Ereignissen begegnen wir mit klarem Verstand, wachem Bewusstsein und einer Haltung der Stärke. Wir wissen, alles was kommt, können wir annehmen und bewältigen, so wie es kommt.

Meditation ist Befreiung von allen Ideologien und einengenden Lebenskonzepten und ein Eintauchen in die Wirklichkeit, wie sie uns in jeder Minute unseres Lebens begegnet. Meditieren heißt, vertraut werden mit unserem eigenen Geist, heißt erkennen, wie wir denken und fühlen und erkennen, wer wir wirklich sind. Nach längerer Übung führt uns die Meditation zur Erkenntnis der Wesensnatur unseres Geistes und zur Erkenntnis unseres wahren Seins, die Johann Gottfried Herder {9} mit dem folgenden wunderbaren Satz beschrieben hat:

**Ein Traum, ein Traum ist unser Leben
Auf Erden hier;
Wie Schatten auf den Wogen schweben
Und schwinden wir
Und messen unsere trägen Schritte
Nach Raum und Zeit
Und sind, wir wissen´s nicht, in Mitte
Der Ewigkeit.**

Die folgenden Ausführungen sind in zwei ineinander fließende Ziele aufteilbar. Im ersten Teil geht es darum, das "ich" (Ego) weiter zu entwickeln, so dass es mit der Welt besser zurecht kommt und ein freies, harmonisches Leben führen kann. Im zweiten Teil wird das "ich" bis in unsere tieferen seelischen Schichten hinein beobachtet, was uns dazu befähigt, das "ich" allmählich zu entgrenzen und uns damit das Eindringen in tiefere Schichten unserer Existenz ermöglicht.

Die Kapitel 2 und 3 beschreiben die Durchführung der Meditation, das zentrale Hilfsmittel zur Beschreitung des Inneren Weges. Kapitel 4 zeigt an Beispielen, welchen Inhalten wir auf dem inneren Weg begegnen. Die Kapitel 5 bis 7 erweitern die Meditation um ein weiteres Element (Koan-Methode {10}), wodurch die Meditation vertieft wird und im Alltag leichter anwendbar ist. Die geschweiften Klammern verweisen Sie auf das Kapitel 8 Anmerkungen, Begriffe und Urheber der Texte { }.

Zahlreiche Inhalte der Anleitung müssen tief in die unbewussten Schichten unserer Psyche vordringen, um ihre Wirkung zu entfalten und sind auf der rationalen Ebene nur schwer verständlich. Gelegentlich führt ihre rationale Deutung sogar in die Irre. Deshalb benötigen Sie Geduld, damit die Inhalte ihre Wirkung voll entfalten können. Es ist empfehlenswert, sich viel Zeit zu nehmen, sich nicht selbst zu drängen, sodass jeder Abschnitt seine Wirkung bis in die Gefühle und das Unbewusste hinein ausbreiten kann. Diese innere Vertiefung wird durch das Lesen einer Einheit am Abend vor dem Schlafengehen erleichtert, was zu einer verstärkten Einwirkung im Schlaf führt. Je tiefer Ihre Entspannung ist und Sie bereit sind, alte Ziele und Denkweisen loszulassen, desto näher werden Sie ihrer Wesensnatur kommen.
Lernen Sie mit dem Herzen.

Gute Reise in Ihr Inneres.

lernen

21

2. Einüben der Grundelemente der Meditation

Arbeit und Fleiß, das sind die Flügel,
sie führen über Strom und Hügel.

(Fischart)

2. Einüben der Meditation

Meditation praktizieren heißt,
sich selbst ins Angesicht blicken
und das innerste Wesen unseres Lebens erforschen.

Liebe Leserin, lieber Leser,

dieses Buch möchte Sie anregen, damit Sie mit ihrem Leben vertrauter werden. Ihr Leben besteht aus einem inneren und einem äußeren Lebenslauf, der innere Lebenslauf beinhaltet ihre Gedanken, Gefühle und Motive, die Sie antreiben. Der äußere Lebenslauf besteht aus ihren Tätigkeiten, ihrem Umgang mit den Mitmenschen in ihrer Nähe und der Kommunikation mit ihnen. Im Augenblick ist Ihr Bewusstsein auf das gerichtet, was Sie gerade lesen und das nimmt Einfluss auf Ihren Geist und Ihren inneren Lebenslauf.

Bitte unterbrechen Sie das Lesen für einen Moment und lenken Sie Ihr Bewusstsein auf Ihre Körperhaltung, vielleicht sitzen Sie in einem Sessel oder Sie liegen an einem Strand am Meer. Machen Sie sich Ihre Körperhaltung im Detail ganz bewusst, beobachten Sie, wie Sie das Buch halten. Nehmen Sie bewusst wahr, was Sie hören und was Sie sehen, fügen Sie dem aber nichts hinzu, wie zum Beispiel, hier ist ziemlich viel Lärm.

- Das ist ein winziger Teil ihres äußeren Lebenslaufs. -

Die Meditation möchte Sie anregen, damit Sie mit Ihrem inneren und äußeren Lebenslauf vertrauter werden und beide näher zusammen bringen. Die Spaltung der beiden ist die Ursache von vielen Problemen in unserem Leben. Es geht darum **alles, was Sie tun, mit vollem Bewusstsein zu tun**, es geht darum, die vielen automatisch ablaufenden Tätigkeiten und Gedanken-prozesse in Ihrem Leben von ihrem Automatismus zu befreien und Ihrer bewussten Kontrolle zu unterstellen. Wenn Sie im Auto durch die Stadt fahren und Ihre Gedanken sind im Büro oder bei Eheproblemen, erhöht sich die Unfallgefahr und Sie verpassen einen Teil Ihres Lebens, weil Ihr Körper und Ihr Geist nicht beieinander sind. Um die inneren und äußeren Geschehnisse Ihres Leben bewusst gestalten zu können, müssen Ihnen beide bewusst werden. Erst dann können Sie damit beginnen, sich selbst zu beobachten, am besten so, wie man eine andere Person beobachtet.

2.1. Unser Leben ist ein immerwährender Lernprozess

Sage es mir, und ich werde es vergessen.
Zeige es mir, und ich werde es vielleicht behalten.
Lass es mich tun, und ich werde es können.

(Konfuzius {1})

Unsere Psyche ist durch einen bereits lange währenden Prozess aus vielen Erlebnisse, Gedanken und Gefühlen entstanden. Wenn wir dann in einem reiferen Stadium unseres Lebens den Entschluss fassen, unserer Innenwelt einen Schritt näher zu treten, treffen wir auf ein komplexes, über lange Zeit angewachsenes "ich" (Ego) und eine in uns gewachsene Vorstellung der Welt. Die geistige Durchdringung und Erforschung unserer Psyche ist daher keine Aufgabe, die wir im Handumdrehen und ohne Anstrengung erledigen können. Ganz im Gegenteil, ohne Ausdauer ist ein Fortschritt auf dem Weg nach innen kaum zu erwarten.

Dass wir den Weg zum inneren Frieden nicht finden, liegt zum Teil daran, dass wir orientierungslos sind und nicht wissen, wie wir unsere Leiden beenden können. Zum Teil liegt es daran, dass unsere Gewohnheiten, wie wir die Dinge sehen und tun, so tief in uns verwurzelt sind, dass wir uns gar nicht vorstellen können, es könnte eine andere Sicht der Dinge geben. Zum Teil liegt es daran, dass wir entgegen unserem Wissen und unseren Fähigkeiten die notwendige Energie einfach nicht aufbringen, um etwas in unserem Inneren zu verändern.

Für den inneren Weg sind drei Eigenschaften von besonderer Wichtigkeit, nämlich Ernsthaftigkeit, Achtsamkeit und Ausdauer.

Wenn wir die Selbsterforschung aber eine Weile ernsthaft betrieben haben, dann wird uns auch die nötige Geduld gegeben. Mit Ernsthaftigkeit ist gemeint, dass wir uns der Aufgabe, unsere Psyche zu erforschen und zu unserer Wesensnatur vorzudringen, ganz hingeben müssen. Ernsthaftigkeit ist im strengen Sinne erst dann gegeben, wenn die Selbsterforschung und die Ehrlichkeit zu uns selbst das Wichtigste in unserem Leben geworden ist. Wer allerdings daraus den Schluss zieht, Meditation und Selbsterforschung sei ein Weg, bei dem sich alles nur noch um die eigene Person drehen würde, der irrt. Die Erkenntnis und letztendlich die Überwindung des "ich" (Ego) {17} ist nur durch die vollständige Annahme unserer täglichen Pflichten möglich. Eine Flucht aus den Mühen des Alltags wird uns kaum weiterbringen. Wer sich immer im Zustand der Aufmerksamkeit aufhält, während er den Aufgaben nachgeht, die ohne sein Wollen auf ihn zukommen, ist auf dem besten Wege.

Ausdauer und Ernsthaftigkeit sind gegeben, wenn Meditation zu unserer ständigen Lebensbegleitung geworden ist.

Was sich ereignet, wenn wir uns niedersetzen und uns in unser Inneres versenken, ist mit Worten eigentlich nicht zu beschreiben. Wenn man es trotzdem versucht, so muss man wissen, dass die Worte in Wahrheit nur Andeutungen sind für das, was unsichtbar und unfassbar hinter ihnen steht. Das Wort, das im Folgenden die Brücke zwischen dem Sagbaren und dem Unsagbaren bilden soll, ist das Wort **Lebensenergie**.

Den Meditationsweg kann man in drei große Phasen einteilen:
In der ersten Phase bewirkt die Meditation ein Ansteigen unserer **Lebensenergie** {25}. In der zweiten Phase wächst unsere Erkenntnis, dass es sinnvoll ist, nicht mehr soviel **Lebensenergie** zu verschleudern.

Und in der dritten Phase wächst die Erkenntnis, dass diese **Lebensenergie** ein essenzieller Aspekt von uns selbst ist.

Bei den ersten Versuchen zur Meditation geschieht nicht viel, wir fühlen uns etwas entspannt und erholt, etwas Interessantes oder Eindrucksvolles geschieht meist nicht. Wenn wir dann mit der Meditation fortfahren und den Weg nach innen zum **still werden** gefunden haben, spüren wir, wie wir mehr Energie zur Bewältigung unseres täglichen Lebens erhalten. Meist verwenden wir diesen Kräftezuwachs um Dinge zu tun, die schon längere Zeit auf Erledigung warten. Manchmal wächst auch unser Mut und wir beginnen mit der Lösung einer Aufgabe oder eines Lebensproblems, das schon lange bedrückend auf uns lastet. In dem Maße, in dem unsere Kräfte wachsen, wachsen dabei auch unsere Aufgaben und Verpflichtungen und auf einem neuen Niveau stellt sich im Laufe der Zeit nicht selten die alte Belastungssituation wieder ein. Dieser Zustand kann dann lange andauern und wir hoffen blind, dass die Meditation oder irgendeine unbekannte Macht unser Leben verändert. Oder anders ausgedrückt, wir verharren erwartungsvoll in unserer Lebenssituation, hoffend, dass sich alles von alleine verändern wird. Wenn der Leidensdruck nicht sehr groß ist, kann dieser Zustand sogar recht lange andauern. Aber irgendwann erkennen wir, dass ein Fortschritt aus diesem Zustand heraus nur möglich ist, wenn wir unser Leben verändern und dies ist der Beginn der zweiten Phase. Damit ist nicht gemeint, dass wir umziehen, unsere Arbeit kündigen oder sonst etwas Großartiges unternehmen sollen.
Ganz im Gegenteil, diese äußeren Aktivitäten kosten uns nur neue **Lebensenergie** und ihr Ergebnis ist oft, wenn auch nicht immer, sehr fragwürdig. Mit dieser zweiten Phase ist die Gewinnung einer neuen Lebenseinstellung gemeint, eine Lebenseinstellung, bei der die Verausgabung von Lebensenergie abnimmt. Dadurch nimmt unser inneres Niveau an **Lebensenergie** zu, was dazu führt, dass wir unser Leben immer besser und bewusster gestalten können. Dabei wird unser Blick klarer und wir beginnen, die für uns wichtigen Dinge zu erkennen und wir lernen einen Teil der weniger wichtigen Dinge loszulassen, aber auch die Sicht unserer Probleme wandelt sich.

Weil wir unsere Probleme anders sehen, belasten sie uns nicht mehr so sehr und wir sind freier und offener für andere Menschen und das Leben an sich. Diese zweite Phase ist gekennzeichnet von der Einsicht, dass unsere vielen Aktivitäten uns nicht glücklicher machen und eine Konzentration auf wenige, aber für unser Leben sehr wichtige Gebiete notwendig ist. Diese Konzentration bewirkt, dass wir einen stetigen Fortschritt und eine Art von Durchbruch erleben, was uns Lebensfreude und neuen Lebensmut gibt. Ein weiteres Merkmal dieser zweiten Phase ist, dass wir uns um uns selbst nicht mehr so viele Sorgen machen. In dieser Phase beginnt unsere **Lebensenergie** {25} immer freier und ungehinderter zu fließen und wir werden stärker, fröhlicher und selbstbewusster. Unser "ich" wird abgebaut und unsere Lebensenergie fließt den Menschen um uns herum mehr und mehr zu. Je mehr **Lebensenergie** wir dabei in unserem Inneren ansammeln und für andere einsetzen, desto mehr wächst auch die Erkenntnis, dass die Lebensenergie ein Aspekt unseres Seins ist, was den Beginn der dritten Phase anzeigt.

Wir erkennen dann, dass sich diese **Lebensenergie** in jeder Pflanze und jedem Tier entfaltet und unsere gesamte Schöpfung hervorbringt, sie ist die Liebe. Es ist die Lebensenergie {25}, die die Evolution in Gang gesetzt hat und damit die Ursache der Welt, in der wir leben (Erscheinungswelt {2}). **Diese Energie (Liebe) war schon immer da und sie wird auch nie enden. Ihre Erscheinungsform ist in einem steten Wandel begriffen und wir sind ein Teil von ihr. Gleichzeitig dürfen wir das imposante kosmische Spiel, das sie immer neu gestaltet für einen Augenblick miterleben, einen Augenblick, den wir unser Leben nennen.** Gibt man während der Meditation sein persönliches Bewusstsein auf, kann man die Fülle der kosmischen **Lebensenergie** und Weisheit unmittelbar erfahren. Wir erleben dann das großartige Spiel des Universums, das uns selbst hervorgebracht hat, uns gleichzeitig alles beobachten lässt und uns selbst verwandelnd ergreift. Es ist, als wären wir Mitwirkende und Beobachter in einer Person. Unsere Gelassenheit und Lebensfreude wächst und wir erfahren Momente einer vollkommenen Versöhnung unseres Inneren und eine Versöhnung mit allem, was uns umgibt.

**Meditation ist Eintritt in unsere geistige Werkstatt
zur Versöhnung unserer inneren Gegensätze.**

Meditieren zu dürfen ist im Grunde genommen ein Privileg, weil sich dadurch unser äußeres Leben vereinfacht und wir mehr innere Kraft für die Bewältigung unseres Daseins erhalten. Manchmal still dazusitzen, ist oft der einzige Weg, um ein wenig mehr von uns selbst und unserem Leben zu erfahren und unser Schicksal klarer zu erkennen. Wenn wir langsam und beständig unser rastloses Denken zur Ruhe bringen, wird sich unser Geist öffnen und wir werden dem Urgrund unseres Seins näher kommen. Durch das beständige Ausklingen lassen unserer inneren Unruhe werden wir mehr und mehr lernen, den Geist des Universums, die Lebensenergie in uns selbst wahrzunehmen. Psychische Reifung und spirituelle Entwicklung benötigt Ernsthaftigkeit und erfordert Ausdauer. Wenn wir mit Geduld die Stunde erwarten und uns nicht entmutigen lassen, werden sich die richtigen Ergebnisse im richtigen Augenblick einstellen.

**Achtsamkeit nach innen und außen
und unerschütterliches Vertrauen in unser eigenes Leben
sind die besten Voraussetzungen für unser inneres Wachstum.**

Durch die Meditation lösen sich unsere unbewussten Gewohnheiten und Denkmuster auf und wir erhalten neue Energie zur Gestaltung unseres Lebens.

**Durch die Konzentrationsübungen der Meditation lernen wir
die Zerstreutheit zu überwinden und die Trägheit aufzulösen.**

2.2. Zazen (Sitz-Meditation)

Setz dich hin vor die Tatsachen, wie ein kleines Kind,
und sei bereit, alle vorgefassten Meinungen aufzugeben,
folge demütig der Natur,
wohin und zu welchen Abgründen sie dich auch führen mag,
denn sonst erfährst du nichts.

(T.H. Huxley)

Zen ist eine Form der gegenstandsfreien Meditation. Aus Indien kommend fand Zen über China den Weg nach Japan und hat sich dort zu einer hohen Blüte entwickelt. Zen ist eine Geistesschulung, die den Menschen von allen inneren Schranken und Ideologien befreien möchte. Sein Kernelement ist die Meditation, was bereits aus seinem Namen hervorgeht, Zen bedeutet Meditation.

Zazen bedeutet Sitz-Meditation und ist der zentrale Bestandteil des Zen. Im Folgenden soll ein kurze Einführung in die Zen-Meditation zeigen, worauf es bei dieser Methode besonders ankommt und dem Leser einen ersten Eindruck von dieser wunderbaren und hochentwickelten Meditations-methode vermitteln. Weiterführende Literatur findet man im Literatur-verzeichnis [desh1], [enomi], [sekid1].

Beim Zazen kommt es vor allem auf die folgenden drei Punkte an:

* die Körperhaltung,
* die Atmung und
* die innere Haltung

Obwohl man den Einstieg in die Zazen-Übung schnell erlernen kann, muss man Zazen doch über viele Jahre üben und sich dabei stetig verbessern.

29

Das "ich" gleicht einem wilden Affen,
der sich unentwegt von Ast zu Ast
und Baum zu Baum
durch den Dschungel schwingt.
Gefangen in der Welt der Sinne
wandert unser "ich" von Lust zu Lust und
Ungemach zu Ungemach, von Idee zu Idee.
Wird es bedroht, kämpft es um sein Leben.

(Lao Tse im Tao Te King {3})

2.3. Die Körperhaltung beim Zazen

Der Körper ist nur die äußere Hülle des Geistes.
Er muss tun, was ihm der Geist diktiert.

(Swami Vivekananda)

Das Geheimnis des Zen ist die praktische Übung des Zazen. Tägliches Üben bewirkt die Erweiterung unseres Bewusstseins sowie die Entfaltung der **Intuition und der Empfindung.** Von ganz besonderer Bedeutung ist aber, dass durch Zazen große Energien freigesetzt und unsere inneren Blockaden gelöst werden. Während man übt, soll man mit Absicht nichts erreichen wollen, was immer es auch sei.

Beim Zazen sitzt man mit geradem Rücken und gestrecktem Nacken auf einem Kissen oder einem Bänkchen. Das ruhige Sitzen auf dem Boden vermittelt uns ein Gefühl der Einfachheit und inneren Sammlung. Die Haltung ist so, dass die Wirbelsäule das Gewicht tragen kann, ohne dass erhebliche Muskelanspannungen nötig sind. Das Gewicht des Körpers wird durch drei Punkte getragen: das Gesäß und die beiden Knie. Damit ein guter Bodenkontakt und eine stabile Haltung entsteht, sollten die beiden Knie nach Möglichkeit weit auseinander gestellt sein. Ein guter Bodenkontakt und eine völlig aufrechte, entspannte Sitzhaltung sind sehr wichtig. Um Druckschmerzen in den Knien zu vermeiden, ist es zweckmäßig, auf einer weichen Unterlage, wie z.B. einer zusammengefalteten Decke von ungefähr 90 x 90 cm zu sitzen. Ein ruhiger, bequemer, für die Meditation hergerichteter Platz dieser Art ist sehr hilfreich.

Am Anfang ist das Sitzen auf einem Bänkchen meist leichter. Es bietet guten Halt und hilft uns, den Rücken in die richtige Position zu bringen. Das Bänkchen ist zweckmäßigerweise etwas abgeschrägt und kann vorne eine Höhe von ca. 17 cm besitzen und hinten eine Höhe von ca. 22 cm. Um die geeignete Größe und Form zu finden, sind aber einige Versuche erforderlich.

Die Füße liegen unter dem Bänkchen oder werden seitlich nach hinten gestreckt. Die linke Handfläche ruht in der rechten Handfläche und die Daumen berühren sich unter leichter Spannung.

 An der Art unserer Daumenberührung können wir unsere Meditationshaltung erkennen. Wenn wir in Gedanken sind, gleiten die Daumen leicht auseinander, und wenn wir den Atem zu sehr pressen, drücken wir die Daumen zu fest aufeinander.

Eine gut spürbare Berührung ist gerade richtig. Die Handinnenflächen sind nach oben gewendet und berühren den Unterbauch. Sie sind waagerecht und bilden mit den Daumen ein Oval. Wir sollten dieses Oval mit großer Achtsamkeit bilden, so als ob wir etwas sehr Kostbares in unseren Händen halten würden.

Wir sollten uns nicht schräg halten, weder nach der Seite, noch nach hinten, noch nach vorne. Das Becken ist ab dem fünften Lendenwirbel nach unten geneigt, so dass sich das Gesäß nach hinten und der Bauch nach vorne wölbt. Der untere Teil der Wirbelsäule ist also gut gebogen und der obere Rücken ist gerade, wodurch der Bauch entspannt nach vorne fällt und alle Muskeln ihre Anspannung lösen können.

 Das Körpergewicht ruht auf den Knien und dem Gesäß und der Körper ist ansonsten völlig locker und entspannt. Durch den Abstand der Knie können wir die Belastung gut regulieren. Wenn die Knie näher beieinander sind, ist die Belastung meist nicht so groß. Um die richtige Haltung zu finden, lässt man den Körper ein paar Mal von alleine um die senkrechte Achse pendeln, wobei sich die Pendelbewegung solange reduziert, bis man das völlige Gleichgewicht in der Senkrechten gefunden hat.

Die Schultern fallen natürlich nach unten, so als wären sie zurückgezogen und nach hinten gewendet und das Brustbein hebt sich etwas an. Das Kinn wird zurückgezogen und der Nacken gut gestreckt, so dass die Nase senkrecht über dem Bauchnabel steht. Die vielen Nervenfasern im Nacken und im Gehirn sind dann gut entspannt und werden besser versorgt. Der Blick richtet sich dann nahezu von selbst einen Meter vor dem eigenen Körper auf den Boden.

Genau genommen geht die Blickrichtung aber nach innen, d.h. man sieht nichts und **unser Bewusstsein ruht im Inneren unseres Körpers.** Die Augen fokussieren sich also auch nicht auf einen bestimmten Gegenstand, die Augenlider sind etwa zur Hälfte oder etwas mehr geschlossen.

Wenn wir die richtige Körperhaltung auf einem Bänkchen eingeübt haben und sie sich gefestigt hat, können wir leichter auf ein Sitzkissen überwechseln.

Am Anfang ist es für Europäer nicht sinnvoll, im Lotussitz zu meditieren. Bevor man dies versucht, sollte man die Muskeln und Sehnen durch geeignete Streckübungen auf diese Sitzhaltung vorbereiten.

Langfristig ist dies allerdings die stabilste und wirkungsvollste Haltung, die wir einnehmen können.

Eine sehr gute Haltung ist auch der Reitersitz oder die Seiza-Position, bei der unsere Beine nach hinten abgewinkelt sind und rechts und links vom Kissen liegen, wobei unsere Haltung der beim Bänkchen beschriebenen entspricht.

**Wenn wir ruhig sitzen, unser Rücken gerade ist
und sich der Hals ohne Knick senkrecht nach oben fortsetzt,
kann unsere Lebensenergie gut zum Kopf aufsteigen.**

Die Geh-Meditation heißt Kinhin und entspannt uns vom Zazen. Dabei geht man aufrecht, d.h. die Wirbelsäule ist ganz gerade. Das Kinn ist zurückgezogen und der Nacken ist gut gestreckt. Die Finger der rechten Hand umfangen den rechten Daumen und bilden eine lockere Faust, die von der linken Hand umschlossen wird. Die Ellenbogen sind nach außen gerichtet und die Unterarme sind waagerecht, wobei die Hände gegen das untere Ende des Brustbeins drücken. Die Schultern sind locker und nach hinten gebogen. Zu Beginn des Ausatmens setzt man den Fuß einen halben Schritt nach vorne und drückt mit der Fußsohle kraftvoll auf den Boden. Wenn wir dabei die Zehen fest am Boden aufdrücken, entsteht eine Art Reflexzonen-Massage, die wir mit einiger Übung bis zum Kopf hinauf spüren können. Wenn wir nun das Knie gut strecken, trägt die rechte Körperseite unser Gewicht, während die linke Seite ganz entspannt ist. Während wir durch die Nase tief und langsam ausatmen, senken wir das linke Bein zu Boden. Danach hält man kurz inne und entspannt den ganzen Körper, wobei das Einatmen frei und wie von alleine abläuft. Nun wechseln wir auf den anderen Fuß, so dass insgesamt eine rhythmische Bewegung entsteht.

Auch beim Kinhin ist unser Bewusstsein nach innen gerichtet, so als wären wir mit uns selbst allein. Die äußere Blickrichtung geht dabei in einem Winkel von ungefähr 45° vor uns auf den Boden. Ebenso wie beim Zazen lassen wir unsere Gedanken einfach vorbeiziehen und konzentrieren uns auf unsere Atmung und Bewegung. Durch das konzentrierte Ausatmen sammelt sich auch beim Kinhin Energie in unserem Körper, wodurch unsere Bewegung sehr dynamisch und kraftvoll wird. Manche Zen-Meister sagen, man müsse sich wie ein Tiger im Wald bewegen, d.h. unsere Schritte sind lautlos und doch kraftvoll.

Der Körper ist der Übersetzer
der Seele ins Sichtbare.
(Christian Morgenstern {4})

2.4. Atmung beim Zazen

Der Atem ist die Brücke, die das Leben mit dem Bewusstsein verbindet, die Brücke, die deinen Körper mit deinen Gedanken verbindet.
Wann immer dein Geist zerstreut ist, benutze deinen Atem, um die Verbindung wieder herzustellen.

(Thích Nhất Hạnh {5})

Atmen ist ein elementarer Ausdruck unseres Lebens. Die Atmung spielt daher auch im Zen eine ganz zentrale Rolle. In erster Linie zielt die Zen-Atmung darauf ab, einen langsamen, kraftvollen und natürlichen Rhythmus zu schaffen. Die Atmung geschieht meist durch die Nase und sollte Tiefenatmung oder Zwerchfellatmung sein. Die Brustatmung ist für Zazen weniger geeignet. Die Luft lässt man dabei langsam und leise ausfließen, während der durch das Ausatmen hervorgerufene Druck kraftvoll in den Bauch hinabsteigt. Man drückt gewissermaßen auf die Eingeweide und bewirkt so eine heilsame Massage der inneren Organe. Zu Beginn der Zazenübung ist es sehr nützlich, einige Male besonders tief und kraftvoll in unseren Bauch hinab zu atmen, um uns ganz zu entspannen. Dadurch kommt unser Körper zur Ruhe und unser Geist wird für die Zazenübungen vorbereitet. Die Korrektheit der Körperhaltung ist ganz sicher wichtig, doch wenn unser Körper ohne Kraft und Energie ist, ist sie unvollständig. Erst durch die richtige Atmung bringen wir **Energie** und **Dynamik** in unser Zazen.

Die Beobachtung des eigenen Atems ist ein zentrales Grundelement des Zazen.

Am Anfang ist es hilfreich, die Atemzüge zu zählen. Dabei sprechen oder singen wir die Zahl innerlich in das Ausatmen hinein. Ei-i-i-ns, zwei-i-i, drei-i-i und so fort bis ze-ehn. Nun beginnen wir von vorne. Durch das Zählen wird das Ausatmen automatisch etwas verlängert und der Atemzug nach unten vertieft. Das Einatmen lassen wir dabei natürlich geschehen, ohne mitzuzählen.

Wenn wir dies richtig machen, verschmelzen wir mehr und mehr mit unserem Atem. Unser Bewusstsein ist ganz bei der Zahl und dem Atmen. Wenn wir uns in jede Zahl ganz einbringen, wird unser Atem, das Zählen und wir selbst zu einer unauflöslichen Einheit. Alles verschwindet und versinkt und wir sind allein, es existiert nur noch unser Zählen.

Meist lässt unsere zählende Beobachtung des Atems schon nach kurzer Zeit nach und wir geraten in Gedanken. Es gibt zwei Arten von herumschweifenden Gedanken. Die Gedanken erster Art tauchen plötzlich auf und verschwinden genau so plötzlich wieder. Diese Gedanken können z.B. von außen kommen, indem man jemand husten hört oder man hört das Wasserrauschen oder die Vögel singen. Diese Gedanken können aber auch von innen kommen wie z.B. "Was ist heute mit mir los", "Mein Bein ist verkrampft" oder "Mein Magen tut weh". Diese Gedanken sind nicht sehr hinderlich und werden mit zunehmender Übung abnehmen.

Die Gedanken zweiter Art haben den Charakter von Geschichten und Erlebnissen. Dabei fällt uns eine frühere Begegnung wieder ein oder wir erleben eine Unterhaltung noch einmal. Es kann auch sein, dass wir uns mit einem Problem herumplagen, das wir noch lösen müssen. Sehr häufig fallen uns dabei auch Aufgaben ein, die wir noch zu erledigen haben. Diese Art von Gedanken sind eine Beeinträchtigung unserer Meditation. Wenn wir merken, dass wir in solche **erzählende Gedanken** geraten, verstärken wir die Konzentration auf die Atmung, so dass das Ausatmen wieder etwas verlängert und vertieft wird. Je tiefer unsere Atemzüge in den Unterbauch hinabreichen, desto weniger umherschweifende Gedanken treten auf und desto mehr Energie steigt in uns auf.

Wichtig ist, dass wir nicht gegen die Gedanken ankämpfen. Es ist sinnlos zu denken: "Ich darf nicht denken". Wenn wir merken, dass wir wieder in Gedanken versunken sind, empfiehlt es sich zum bewussten Zählen zurückzukehren und das Ausatmen etwas zu intensivieren. Lassen wir unsere Gedanken bewusst wie Wolken ziehen, werden sie im Laufe der Zeit von alleine abnehmen und uns nicht mehr so häufig wegziehen.

Wir können sehr bewusst atmen. Wenn wir traurig oder ärgerlich sind, können wir tief Luft holen und tiefer als gewöhnlich ausatmen. Auch wenn wir sprechen, müssen wir die Regulation der Luft genau planen. Andererseits funktioniert unsere Atmung aber auch dann, wenn wir nicht bewusst an sie denken wie z.B. im Schlaf. Die Atmung kann also ein bewusst steuerbarer Vorgang sein, sie kann aber auch autonom ablaufen. Wenn wir uns bewusst auf den Atem konzentrieren, hat dies einen Einfluss auf das vegetative Nervensystem und damit auch auf unsere psychischen Prozesse. Die Atmung hat somit eine zentrale Bedeutung für viele Methoden, die unser Bewusstsein erweitern sollen. Man kann sagen, die Atmung ist ein Schlüssel zu unserem Unbewussten.

**Die Atmung ist die direkte Verbindung
zur Basis unseres Seins.**

Wir können an uns selbst beobachten, dass die Gedanken ebenso rhythmisch verlaufen wie unsere Atemzüge. Mit einem neuen Atemzug beginnt meist ein neuer Gedankenabschnitt. Dabei ist zwischen zwei aufeinander folgenden Gedanken eine kleine Lücke, ebenso wie zwischen Ein- und Ausatmen eine kleine Pause liegt. Beim Zazen nehmen wir diese Lücke wahr und vergrößern sie. Im Laufe der Zeit wird sie immer größer und schließlich sitzen wir nur noch da und der Atem strömt ein und aus. Nun ist unser Bewusstsein ruhig und klar und folgt dieser rhythmischen Bewegung, ein - aus - ein - aus. Zunächst werden wir ganz eins mit dieser Bewegung. Wir verschmelzen mit diesem Atem so sehr, dass wir selbst zu dem Ein- und Ausströmen werden. Es gibt kein "ich" und kein Du mehr und es gibt auch keine Vorstellung von Raum und Zeit mehr, wir sind nur noch der strömende Atem. Alles Leben ist Atem geworden und dieser Atem ist umfassend. Dabei weitet sich unser Bewusstsein und alle Grenzen zwischen **innen** und **außen** verschwinden und es gibt nur noch **Sein** und dieses **Sein** ist allumfassend. Unser "ich" ist im Selbst (siehe Abschnitt 5.1) aufgegangen und wir fühlen, dass wir eine einzige Ganzheit sind. Eigentlich ist es kein Wissen oder Verstehen, das wir da erwerben, es ist eine

Erfahrung. Es ist die Erfahrung unserer Lebendigkeit durch die Zazen-Praxis.

Wenn unser Geist erregt ist, ist auch unser Atem sehr schnell. Wenn unser Geist in der Meditation zur Ruhe kommt, dann werden unsere Atemzüge langsamer und tiefer und wir können das Ein- und Ausatmen besser beobachten. In diesem Zustand können wir die Atempause zwischen Ein- und Ausatmen bewusst etwas verlängern, was eine starke Vertiefung der Meditation zur Folge hat. Auf diese Weise können wir auch in Gedanken hinein atmen und sie auslöschen.

Unser Ausatmen bewusst in beginnende Gedanken hineinfließen lassen, nennen wir Üben mit Mu oder Muhhh...{13}

Atem fürwahr ist noch wichtiger als Hoffnung;
denn wie die Speichen eines Rades eingefügt sind in die Nabe,
so ist in den lebendigen Atem alles eingefügt.

(Upanishaden {30})

Indem man Sprache und Atem kontrolliert
und tief in sich hinabtaucht,
so wie einer, der tief ins Wasser hinabtaucht,
um etwas zu finden, das ins Wasser gefallen ist,
so muss man die Quelle ausfindig machen,
wo das aufstrebende ich entsteht
und das Ausatmen hineinfließen lassen.

(Ramana Maharshi {31})

2.5. Die innere Haltung beim Zazen

**Beobachte dich stets aufmerksam in deinem Tun
und halte hier nichts deiner Beachtung unwert.**

Die innere Haltung beim Zazen ist das Wichtigste und der unmittelbare Zweck der Körperhaltung und der Atmung. Dies bedeutet, dass wir eine geistige Verfassung durch eine sehr präzis beschriebene Körperhaltung und Atmung einüben. Bereits in der griechischen Antike hat man die Würde des Menschen mit seiner Haltung in Verbindung gebracht und daraus wurde in vielen abendländischen Kulturen ein Erziehungsideal abgeleitet, das die aufrechte Körperhaltung betonte. Die aufrechte Haltung im Dienst des Geistes wird allerdings nirgends so sehr betont wie beim Zazen. Personen, die diese Körperhaltung aus gesundheitlichen Gründen nicht einnehmen können, können trotzdem mit Erfolg Zazen üben.

Zu Beginn der Meditation sollten wir die Absicht haben, unsere Sorgen und Gedanken loszulassen. Ohne diese Absicht setzen wir uns nieder und überlassen uns unseren unkontrollierten Gedanken, wodurch wir diese nur noch verstärken.

**Die Meditation führt zu einer tiefen Vertrautheit mit
unserem Geist.**

Die Absicht unsere inneren Lasten loszulassen ist von großer Wichtigkeit für die Meditation. Aus der Absicht unsere Gedanken und Probleme loszulassen, erwächst uns die Fähigkeit zur anfänglichen Konzentration auf den Atem. Wenn wir beobachten, wie der Atem ein- und ausgeht, wie wir einatmen und ausatmen, benutzen wir das tiefste Mantra, das es gibt. Der Atem dringt ein - und unser ganzes Wesen ist durchdrungen von diesem Einatmen. Wir atmen aus - und unser ganzes Wesen wird zum Ausatmen – eine wohltuende Ruhe und Stille erfüllt unser ganzes Sein.

Wir atmen hier und jetzt. Wir können weder morgen atmen, noch können wir gestern atmen. Atmen müssen wir in diesem Augenblick, aber wir können an morgen denken und wir können an gestern denken. Der Körper lebt also immer in der Gegenwart und unser "ich"-Geist springt zwischen Vergangenheit und Zukunft hin und her; dadurch entsteht eine Spaltung zwischen Körper und Geist. Der Körper ist in der Gegenwart und das denkende "ich" ist selten oder nie in der Gegenwart und so treffen sich die beiden nie. Sie kommen nie zusammen. Und dieser Zwiespalt ist der Grund, warum Angst, Anspannung und Leid entstehen. Wir sind verkrampft, weil wir in Gedanken sind und Sorgen haben.

Unsere Gedanken müssen ins Hier und Jetzt gebracht werden, denn es gibt nur diesen gegenwärtigen Augenblick.

Die Vergangenheit besteht nur aus Erinnerungen an das, was einmal war und die Zukunft ist ein Phantasiegebilde. Wenn unser Körper und unser "ich" in der Gegenwart eine Einheit sind, erfahren wir unsere Lebendigkeit, die dem kosmischen Geist entspringt, der das Leben hervorbringt.

Aber gerade durch das Abklingen der willentlichen Anstrengung bei der Konzentration und dadurch, dass man **ruhiger wird**, beginnen unsere Sorgen und Gedanken von neuem anzuschwellen. Wenn wir dann nicht aufmerksam sind, ziehen sie uns endlos wieder fort. Falls wir dann nach einer Weile merken, dass wir in unsere Sorgen, Aufgaben und Probleme hinein geraten sind, können wir unsere Gedanken anschauen und ordnen. Jedem Gedankenbereich geben wir ein Etikett, versäumte Dinge, Aufgaben die zu erledigen sind, Probleme mit den Kindern, Auseinandersetzungen mit dem Partner, Besprechung mit dem Chef usw. Diese Etiketten muss jeder für sich selbst finden.

Nachdem wir unsere Gedanken angeschaut und sortiert haben, kehren wir zur Konzentration auf unseren Atem zurück und dies leitet eine erneute Phase der Beruhigung ein.

Die willentlich herbeigeführte Konzentration, die Beruhigung unseres Geistes und die Beobachtung unserer Gedanken folgen also zyklisch aufeinander.

**Zazen ist ein Wechselspiel zwischen
der Konzentration auf unseren Atem
und der Beobachtung unserer Gedanken.**

Wenn wir unsere verschiedenen Gedanken anschauen, erkennen wir vier grundlegende Bereiche:
- Es gibt wünschende, wollende oder begehrende Gedanken
- Es gibt ablehnende, abwehrende Gedanken, und solche, die wir in ihrer Schwere nicht annehmen können
- Und es gibt Gedanken, die uns Pflichten auferlegen – du sollst, du musst
- Und es gibt neutrale Gedanken

Alle diese Gedanken sind die Folge von früheren Entwicklungen, Erfahrungen und Gedanken. Die Beobachtung des Atems, die eintretende Ruhe und Entspannung und das erneute Anschwellen der Gedanken wiederholt sich periodisch und jedes Mal benötigen wir erneut die innere Bereitschaft, die Gedanken zu sortieren, zu ordnen, um sie dann wieder loszulassen. Die mindeste Aufmerksamkeit, die wir aufbringen müssen, ist die Bereitschaft festzustellen, dass wir es nicht schaffen, unsere Gedanken ganz loszulassen. Ohne diese innere Arbeit ist ein Fortschritt beim Zazen nicht möglich. Wenn wir diesen Prozess eine Weile üben, wird sich die Meditation vertiefen und wir bemerken unsere Fortschritte. Aber bis es soweit ist, sind meist einige Hindernisse zu überwinden.
Getrieben von unserem "ich" versuchen wir immerzu, uns und unser Leben zu verbessern. Wir möchten besser leben, wir wollen es schöner haben, wir möchten Klarheit finden, wir möchten Ruhe finden, wir möchten weise werden.
Wenn wir aber beim Sitzen wirklich in den gegenwärtigen Augenblick kommen, denken wir: "Ach, ist das stumpfsinnig! Draußen höre ich

Geräusche von Traktoren, meine Knie tun mir weh, mein Nachbar atmet sehr laut und zu Hause wartet sehr viel Arbeit auf mich ...". Wir haben kein Interesse die **Soheit aller Dinge, die die Vollkommenheit** von allem darstellt, kennenzulernen. Es ist ein Wesensmerkmal der momentanen Wirklichkeit, dass sie eben nicht so ist, wie wir sie uns vorstellen und dass es uns schwer fällt sie anzunehmen, so wie sie ist und daher erleben wir immer wieder **die Widerstände unseres "ich"**.

Der Zen-Übungsweg ist jedoch sehr subtil. Auch wenn wir (unser "ich") dagegen kämpfen, uns wehren oder ihm innerlich ausweichen, so ist es doch so, dass sich durch Zazen falsche Vorstellungen, die wir haben, mehr und mehr auflösen. Und allmählich beginnen wir quasi entgegen unserem "ich"-Willen, Interesse daran zu gewinnen, worum es beim Üben wirklich geht und wenden uns mehr und mehr der Stille in uns zu. **Die Folge des Übens besteht gerade darin, eine Konfrontation herbeizuführen zwischen unseren Vorstellungen, unseren Wünschen nach Sicherheit, unserer Suche nach persönlichem Erfolg und danach, etwas Besonderes zu sein einerseits und der momentanen Wirklichkeit andererseits.** Diese Konfrontation zwischen unseren Absichten und Vorstellungen und der momentanen Wirklichkeit begegnet uns sehr oft: Immer wenn wir irritiert, verletzt, eifersüchtig oder sonst wie erregt sind, gibt es einen Zusammenstoß zwischen dem, was wir gerne hätten, und dem, was gerade geschieht. So kann es sein, dass wir denken: "Wie kann ich üben, wenn draußen so ein Krach ist?" Jeder Augenblick bietet uns also die Möglichkeit, die Konfrontation zwischen innen und außen zu beobachten und zu erkennen. Selbst an einem vollkommen ruhigen, gemächlichen Tag ohne besondere Ereignisse haben wir vielerlei Gelegenheiten, den Zusammenstoß zwischen unseren Vorstellungen, d.h. dem, was wir uns wünschen und dem, was wirklich geschieht, zu beobachten. Wann immer heftige Gedanken in uns aufsteigen, hat eine solche Konfrontation stattgefunden.

Beim richtigen Üben werden uns unsere Träumereien und unsere wahren Motive bewusst. Dieses Bewusstwerden bewirkt automatisch, dass sich unsere physische und "ich"-Erfahrungswelt dem annähert, was wirklich geschieht.

Wir sollen nicht nur unseren Ärger kennenlernen, sondern auch erfahren, wie wir mit unserem Ärger umgehen und wie wir auf ihn reagieren. Ist uns eine Reaktion nicht bewusst, so können wir sie auch nicht betrachten und uns nicht von ihr befreien. **Jede aggressive oder defensive, abwehrende Reaktion von uns gibt uns Gelegenheit zum Üben.** Wenn wir die Gedanken und physischen Empfindungen betrachten, die solche Reaktionen beinhalten, sind wir für die momentane Wirklichkeit offen.

Dabei erkennen wir alle Gedanken und Gefühle, die unserem "ich" entspringen und können ihnen immer besser bis hin zu ihrer Wurzel folgen.

Durch die Zazen-Übung bewegen wir uns von einem auf uns selbst konzentrierten Leben, in dem wir in unseren persönlichen Reaktionen gefangen sind, weg und hin zu einem Dasein, in dem wir mehr und mehr die momentane Wirklichkeit erleben, um uns schließlich ganz mit ihr zu verbinden. Unsere innere Vorstellung und das äußere Geschehen kommen dabei immer mehr in Übereinstimmung, bis wir schließlich einen Zustand erreicht haben, in dem es keine bedeutenden Unterschiede zwischen innen und außen mehr gibt und wir gelassen alles annehmen können.

**Kommen lassen was kommt und
gehen lassen was geht.**

Der Fortschritt wird vor allem behindert, weil uns nicht hinreichend bewusst ist, dass zum Üben ein starkes Element des Widerstands unvermeidbar dazugehört. **Dieser Widerstand in Form von Unwilligkeit ist so lange vorhanden, bis unser "ich", diese Vorstellung von uns selbst, vollständig erloschen ist.**

Vom Standpunkt des "ich" aus kann das Üben nur hart sein. Das Üben löst in letzter Konsequenz das "ich" auf, das "ich" hat deshalb nicht das geringste Interesse am Üben.

Wir können dem "ich" also auch keine Erfolgserlebnisse versprechen. Trotzdem versucht unser "ich" etwas für sich zu erreichen, d.h. es versucht, dem wirklichen Üben in irgendeiner Form aus dem Weg zu gehen, um sich nicht verändern zu müssen.

Ein zweites großes Hindernis ist der Mangel an Aufrichtigkeit zu uns selbst. Nur mit großer Selbstüberwindung gestehen wir uns ein, was wir in jedem Augenblick fühlen und denken. Es ist sehr schwer zuzugeben: "Ich bin träge, ich bin rachsüchtig oder ich verletze andere mit meiner Grobheit oder ich bin selbstgerecht". Diese Art von Selbstaufrichtigkeit ist eine große Herausforderung. Es ist grausam sich einzugestehen ich bin so und so, berichten viele Menschen nach ihrem inneren Reinigungsprozess.

**Üben bedeutet, alle Gedanken und Gefühle
die sich in uns regen, bewusst wahrnehmen.**

Wir müssen erkennen, dass wir eher bestrebt sind, irgendwelchen Idealbildern und Vollkommenheit nachzujagen, als dankbar und offen das anzunehmen, was da ist, ganz gleich, wie und was es ist.

Doch das Üben hat auch noch eine andere Wirkung: In dem Maße, wie unser "ich" sich auflöst - unser ständig etwas wollendes, klagendes, ärgerliches, sich selbst bemitleidendes "ich" -, bekommen wir wirklich ein Erfolgserlebnis. Unsere Gelassenheit, Freude und unser Selbstvertrauen wächst und wir beginnen zu ahnen, was es für ein Gefühl ist, sich um jemanden zu kümmern, ohne dafür eine Gegenleistung zu erwarten.

Ehrliches Üben berührt stets auch unsere Urangst, die jeder menschlichen "ich"-Existenz zu Grunde liegt, die Angst, unbedeutend zu sein. Natürlich sind wir vollkommen unbedeutend, doch dies wollen wir am allerwenigsten wissen. Wir sind die Vergänglichkeit selbst, unser Körper verwandelt sich rasch und unaufhaltsam. Wir fürchten uns davor zu sehen, was wir sind:

**Ein selbst erfundenes und sich unaufhörlich
veränderndes Gedankenbündel.**

Gerade dies wollen wir nicht sein. Und so geht es beim Üben um diese Angst, nichts als eine kurze momentane Erscheinung im Strom des Lebens zu sein. Die Angst nimmt die Form von dauerndem Suchen, Denken, Diskutieren, Spekulieren, Analysieren und Phantasieren an. Durch all diese geistigen Aktivitäten schaffen wir eine undurchdringliche Schicht, die uns Sicherheit verschaffen soll. **Wahres Üben ist ein Durchbrechen dieser Gedankenschicht, die unser wahres Sein wie einen Panzer einschließt.** Es ist die Öffnung unseres innersten Seins für die Realität, in der wir leben. Wenn wir unsere Verletzlichkeit fühlen, unser Hineingeworfensein in das Leben erkennen und das kosmische Geschehen bewusst wahrnehmen, sind wir auf dem richtigen Wege. Wahres Üben heißt, unsere Verletzbarkeit und unser Ausgeliefertsein erkennen und fühlen, dass unser Leben in jeder Sekunde eine dramatische Wende nehmen kann. Es heißt erkennen, dass es keine absolute Sicherheit für niemanden auf dieser Welt gibt. Doch das mögen wir nicht wahrhaben und so sind wir besessen von fieberhaften Bemühungen, unsere Version des persönlichen Traums und des persönlichen Glücks zu verwirklichen. Wenn wir die Vergänglichkeit und Unberechenbarkeit der Erscheinungswelt {2} klar erkennen, wird es uns leichter fallen, die Umstände unseres Lebens anzunehmen und uns mit ihnen dahinfließend vorwärts zu bewegen.

Üben heißt, alles annehmen, was in unserem Leben auftritt.

Wenn keine Trennung mehr besteht zwischen uns und den Umständen, in denen wir leben, wie auch immer sie sein mögen, verschwindet alle Angst und wir sind vollkommen frei. Wenn die persönliche Abgetrenntheit wegfällt, müssen wir auch nicht mehr über sie reden oder über sie nachdenken.

Wir leben dann einfach unser Leben.
Und wenn wir sterben, dann sterben wir.
Es gibt keine Probleme mehr, es gibt nur noch Sein.

Zazen praktizieren heißt also, immer wieder von der Gedankenwelt in unseren Köpfen Abstand nehmen und in diesen Augenblick in das **Hier und Jetzt** kommen, das uns umgibt und das gerade Notwendige tun (siehe auch Abschnitt 3.7).

Zazen üben bedeutet, das unentwegte Wollen und den **Gedankenlärm in unserem Kopf erkennen** und mit ihm umgehen lernen. Üben bedeutet, unsere Gedankenflut umzuwandeln in klares, maßvolles Denken, sodass die Gefühle und Gedanken, die uns bald dahin, bald dorthin ziehen, allmählich nicht mehr so beherrschend sind. Mit fortschreitender Übung werden wir erkennen was sich in unserem Kopf abspielt: Endlose Besorgungen, Wünsche, Befürchtungen, Sorgen, Hoffnungen und die Suche nach einem weniger anstrengenden Leben, aber auch viele freudvolle Erlebnisse. Diese, ohne klare Ausrichtung dahintreibende, innere Gedankenflut, macht unser Leben schwer und lässt es manchmal sogar unerträglich werden.

Der Mythos von Sisyphus beschreibt diesen Aspekt, der periodisch sich wiederholenden Gedanken, Aufgaben und Sorgen unseres normalen Lebens, sehr treffend: Ein verschlagener Mensch, der die Pläne von Gott Zeus verriet, wird in die Unterwelt verbannt, dort angekommen, muss er zur Strafe für seine Taten einen immer wieder zurückrollenden Stein endlos auf einen Berg hinauf rollen.

Wahre Meditation entsteht aber erst dann, wenn wir alle Wünsche und Motive angeschaut und festgestellt haben, dass sie uns nicht befriedigen. Wenn wir eingesehen haben, dass unsere Suche nie endet und nirgendwohin führt, dass wir uns ständig nur im Kreis bewegen und dabei doch dieselben bleiben, dann kommen die Gedanken zum Stillstand und die wirkliche Meditation beginnt.

Mit Absicht in die wache Absichtslosigkeit eintauchen ist Meditation.

Wenn wir beim Zazen auf diese Weise in unser Selbst eintauchen, werden wir zum rhythmischen, pulsierenden Atem und fühlen uns völlig unabhängig von allem anderen. Wenn wir diese Art von Erfahrung haben und diese Art von Existenz kennenlernen, haben wir die vollständige Unabhängigkeit gewonnen und nichts wird uns mehr aus der Ruhe bringen. Auch wenn wir äußerlich einmal erregt sein sollten, so ist tief innen doch absolute Stille und Frieden.

Beim Sitzen (Zazen) werden also alte Emotionen automatisch gelöst. Manchmal tritt dann sogar eine Art von Durchbruch auf, der uns befreit und Altes, im Unbewussten Festgehaltenes, das uns einengte, sprengt. Zazen entspricht einem Reinigungsprozess, wobei wir unsere Gefühle und Gedanken kennenlernen, weil sie nicht durch die Alltagsbeschäftigung verdeckt sind.

Je tiefer wir eindringen, desto mehr wird die Meditation zu einem Abenteuer - das Größte, in das sich der menschliche Geist stürzen kann. Meditation heißt: Einfach da sein, ohne irgend etwas zu tun - kein Handeln, kein Gedanke, keine Gefühlsregung, **Sein. Und das ist reinste Freude.** Woher kommt diese Freude, da wir doch gar nichts tun? Sie ist überall und erfüllt uns unverursacht, denn Freude ist das Prinzip der Schöpfung. Wenn wir dieses Sein erreichen, wissen wir unmittelbar:

Meditation hat kein Ziel.

Meister Dogen {6}, der Gründer der japanischen Soto-Schule sagte: *Denke das Nichtdenken.* Dies bedeutet aber nicht, dass wir dösen oder beim Zazen in eine Art Dämmerschlaf versinken sollen. Ganz im Gegenteil, wir müssen beim Zazen hellwach und ganz da sein und so den sonst üblichen Gedankenfluss vermindern. In Japan sagt man auch **Munenmuso**, was soviel bedeutet wie: **Ohne Begriffe und ohne Gedanken.**

**Ohne Begriffe und ohne Gedanken hellwach da sein
ist Meditation.**

47

Wir sind also ganz da und unser Bewusstsein ruht in uns. Wenn Gedanken in uns aufsteigen, beobachten wir sie und lassen sie treiben wie die Wolken am Himmel. Kein Gedanke kann uns erschüttern oder bewegen, was immer es auch sei. Der chinesische Meister Rinzai (ca. 868) {7} formulierte es sehr drastisch, als er sagte:

Räume jedes Hindernis aus dem Wege ... Wenn dir der Buddha auf dem Weg begegnet, so töte den Buddha! Wenn du deine Vorfahren triffst, töte Vater und Mutter! Wenn du Buddhas Jünger triffst, töte Buddhas Jünger! Wenn du deine Verwandten triffst, töte die Verwandten! Nur so wirst du die Erlösung erlangen, nur so den Netzen entfliehen und frei werden.

Mit anderen Worten: Wenn uns während des Zazen der Gedanke an Vater, Mutter oder Buddha kommt, so sollen wir diese Gedanken einfach ziehen lassen, so als ob sie uns nichts angehen würden. Die innere Haltung ist also dadurch gekennzeichnet, dass jede "ich"-gelenkte Aktivität aufhört. Das "ich" muss passiv werden, d.h. sein Wollen aufgeben und alles geschehen lassen, was sich innerlich entwickeln mag. Jede aktive, willentliche Tätigkeit wird dabei eingestellt und die **Haltung eines stillen Beobachters** eingenommen. Wenn trotzdem Gedanken auftauchen, so beeinträchtigt dies unser Zazen nicht, solange wir nicht darauf eingehen. Da sind zwar Gedanken, aber wir wissen, dass da Gedanken sind und wir lassen uns innerlich nicht davon berühren. Wir sind nur der **Beobachter,** der sehr wach ist und alles wahrnimmt, ohne dabei selbst in Aktion zu treten. Auf diese Weise gelangen wir allmählich in unsere tieferen Bewusstseinsschichten oder genauer gesagt, **wir sinken allmählich in tiefere Bewusstseins-schichten,** denn erzwingen können wir diesen Prozess nicht, er muss geschehen und dies tritt ein, wenn das Innere dazu bereit ist.

Wenn wir versuchen, unser Denken zu unterdrücken, bedeutet dies, dass wir von ihm gestört sind. Wir geraten dann leicht in eine innere Anspannung und kämpfen gegen das Denken. Beim Zazen lassen wir uns von nichts stören, was immer es auch sei.

Meditation ist eine innere Haltung der Unstörbarkeit.

Wenn wir diese Haltung der Unstörbarkeit einnehmen, verstehen wir immer besser, dass nichts von außerhalb unseres Geistes kommt. Gewöhnlich meinen wir, unser Geist nehme Eindrücke und Erfahrungen von außen auf, aber dies ist nicht das wahre Verständnis unseres Geistes. Das wahre und tiefere Verständnis unseres Geistes ist die Erkenntnis, dass unser Geist alles umfasst. In Wahrheit sind alle Ereignisse nur **Bewegungen unseres Geistes.** Wenn wir unseren Geist lassen, wie er ist, dann wird er ruhiger und wir können seine wahre Wesensnatur (das Selbst) erkennen. Nichts außerhalb von uns selbst kann uns dann noch ängstigen.

Wenn wir z.B. Angst haben vor einer Krankheit, so können wir feststellen, dass es in unserer ganz frühen Kindheit eine Zeit gab, in der wir weder wussten, was Angst ist, noch hatten wir eine Vorstellung von einer Krankheit. Erst im Laufe unseres Lebens hat unser Geist diese Begriffe entwickelt und damit die Möglichkeit geschaffen, Angst zu haben. So gesehen ist unsere Angst nur eine Bewegung unseres Geistes. Wenn wir ein etwas ängstlicher oder hypochondrischer Mensch sind, wird diese Bewegung groß sein. Wenn wir aber kaum Angst vor Krankheiten haben und psychisch in dieser Hinsicht robust und stabil sind, wird diese Bewegung sehr klein sein.

Beobachten, was in unserem Geist geschieht, ist Meditation.

Auch wenn unser Geist ständig solche Bewegungen erzeugt, so ist er seiner Wesensnatur nach doch rein und klar. Bildhaft ausgedrückt ist unser Geist wie klares Wasser mit ein paar Wellen, die zum Wesen des Wassers gehören. Lassen wir uns aber von den Bewegungen in unserem Geist nicht täuschen. Wir sind nicht diese Bewegungen, auch wenn wir dies am Anfang unseres Weges meinen, sondern wir sind das, was die Bewegung hervorbringt und beobachtet.

Die inneren Sorgen- und Angstbewegungen, z.B. um unsere Kinder, um unsere Gesundheit oder um unsere Zukunft, können sehr stark werden. Wenn wir aber in der Meditation erleben und verstehen, dass wir nicht die

49

Bewegung sondern das Medium sind, das diese Bewegung trägt, werden uns alle diese Bewegungen nicht mehr ängstigen. Dem Wasser ist es egal, wie hoch die Wellen sind, ebenso brauchen uns die Bewegungen unseres Geistes nicht zu beunruhigen. Wir haben dann keine Angst mehr zu sterben oder dieses oder jenes zu verlieren. Auch unsere Angst vor Leiden, Alter und Krankheit verschwindet, weil wir dies alles als eine Bewegung in unserem Geist erleben. Alles, was uns widerfährt, Freude und Schmerz, Vergnügen und Leid, ist eine Bewegung in unserem Geist und Ausdruck unserer Lebensentfaltung. Tief innen erfahren wir dann eine unerschütterliche Gelassenheit, die uns hilft, alles anzunehmen, so wie es ist.

Zazen üben heißt:

Erfahren, dass wir ein Nichts im unendlichen Kosmos sind.

Zazen üben bedeutet, erfahren, dass wir im kosmische Geist sind und dass unser "ich" nur eine winzige Bewegung in diesem Geist ist.

Meditation bedeutet:

Mit Absicht in die Absichtslosigkeit eintreten,
und die Gedanken ziehen lassen
wie die Wolken am Himmel,
ohne an ihnen zu haften.

Verfolgt man während der Meditation irgendwelche Ziele, geht man am Sinn der Meditation vorbei. Die Absichtslosigkeit ist die Voraussetzung dafür, dass wir unseren Geist kennenlernen, so wie er wirklich ist. Nur im Zustand der Absichtslosigkeit öffnet sich unser Unbewusstes einen Spalt und gewährt uns einen spähenden Blick auf unsere ungelösten Emotionen und Ängste.

Wenn unangenehme Gefühle auftreten, sollten wir sie nicht ignorieren, sondern sie betrachten, auch wenn sie schmerzhaft sind. Wenn angenehme Gefühle auftauchen, sollten wir nicht versuchen, sie festzuhalten, sondern sie ziehen lassen.

Die Meditation sollte zu einem dahin strömenden Fluss werden, den wir wach und voll bewusst beobachten, ohne ihn zu beeinflussen.

Die Welle der Gefühle wird von selbst abebben, wenn wir uns nicht in sie hinein ziehen lassen. Wird das Innere ruhiger, können wir sanft in uns hinein lächeln.

Es dauert, bis es uns gelingt, diese einfach klingende Übung umzusetzen. Immer wieder wandert unser Geist ab und verliert sich in der Vergangenheit und in unbewältigten früheren Ereignissen. Manchmal eilt er auch übermütig in die Zukunft und erschafft eine Phantasiewelt. Ausdauer ist auf dem inneren Weg ebenso wichtig wie die Kontrolle unseres Geistes und die Überwachung unserer Übungen während der Meditation.

Nur wer betrachtet, lernt auch zu sehen.
Liebe das Klare, Einfache und Reine.
Wenn du erwachst und verstehst,
dass es nicht mehr nötig ist, sich abzumühen,
dann ist nichts mehr von Bestand
und dennoch gibt es unvergänglichen Halt.

Ein einsamer Waldweg.
Stille!
Wer nimmt sie wahr?

sich öffnen

3. Achtsamkeit auf dem Weg zu uns selbst

Verbringe jeden Tag einige Zeit mit dir selbst.

(Dalai Lama)

3. Achtsamkeit – der Kern unserer täglichen Übung

Es ist so angenehm,
zugleich die Natur und sich selbst zu erforschen.
Weder ihr noch dem eigenen Geist Gewalt anzutun,
sondern beide in sanfter Wechselwirkung
miteinander ins Gleichgewicht zu bringen.

(J. W. v. Goethe)

Liebe Leserin, lieber Leser,

In der Meditationshaltung (Kap. 2) versuchen wir, das Bewusstsein im Körperinneren zu halten, um die aufsteigenden Gedanken wahrzunehmen und zu beobachten. Im täglichen Leben ist das aber nicht möglich, weil wir das Bewusstsein für unsere Tätigkeiten benötigen, damit unsere Arbeit gelingt und Unfälle vermieden werden. Aber auch im täglichen Leben ist die Achtsamkeit der Grundpfeiler unseres Übens. Wenn wir achtsam sind, sind wir ganz bei dem, was wir tun. Man kann sagen:

Wenn wir achtsam sind,
sind wir ganz das, was wir tun.

Wenn wir unser Tun achtsam begleiten, das Tun sind, dann wird das tägliche Leben zur Meditation. Die Meditationshaltung nach Kapitel 2 ist somit eine Vorbereitung auf die Achtsamkeits-Meditation im täglichen Leben. Weil die tägliche Achtsamkeits-Meditation aber schwieriger ist, muss auch sie eingeübt werden.
Jeder Mensch hat sein eigenes unverwechselbares Leben, seine eigenen inneren und äußeren Probleme. Deshalb sind die folgenden Ausführungen in Kapitel 3 und 4 als Anregungen und Beispiele zu verstehen. Bitte behalten Sie zwei Aspekte besonders im Auge: Wie gut kann ich Dinge loslassen, die gehen wollen und wie gut kann ich die Dinge annehmen, die in meinem Leben vorhanden sind.

55

3.1. Achtsamkeit hält das Bewusstsein im gegenwärtigen Augenblick, im Hier und Jetzt

Achtsamkeit ist die innere Haltung, die alles, was in unserem Leben geschieht, bewusst wahrnimmt und als Lernprozess auffasst.

Unser Leben wird von drei Wesenheiten (Dingen){15} bestimmt, dem "ich", der Welt {2} und dem seelischen Urgrund, den man auch Wesensnatur oder das Selbst nennt. Das Selbst {12} ist unveränderlich, es bleibt stets so wie es ist. Demgegenüber verändern sich das "ich" und die Welt im Laufe unseres Lebens nahezu kontinuierlich, wodurch Spannungen zwischen dem "ich" und der Welt entstehen. Die Erfahrung zeigt, dass diese Spannungen leichter zu ertragen sind und sogar aufgelöst werden können, wenn das "ich" in Berührungen mit dem Selbst eintauchen kann. Meditation und die Übung der Achtsamkeit sind eine Vorbereitung des "ich" für diese Berührungen mit dem Selbst, die man nicht willentlich herbeiführen, aber vorbereiten kann.

Die Lebensenergie {25} zeigt sich in der Entfaltung unseres Lebens in der Welt sowie in unseren Gedanken und Gefühlen. Ein zentraler Aspekt der Meditation ist das Trainieren unserer Achtsamkeit, die die Entfaltung unseres Lebens beobachtend begleitet. Dabei beobachten wir alles, was außen und in uns geschieht, mit gelassener, wertungsfreier Aufmerksamkeit. Wenn unsere Achtsamkeit sich entwickelt, werden wir feststellen, dass das **Außen** und das **Innen** sich mehr und mehr annähern und versöhnen, um sich schließlich vollständig anzugleichen. Anstatt Achtsamkeit könnte man es auch begleitendes Beobachten nennen.

Achtsamkeit ist die entspannte und wertungsfreie Beobachtung unserer körperlichen und gedanklichen Aktivitäten.

Beobachten, was der Körper tut, wenn wir Wäsche bügeln, beobachten, was der Körper tut, wenn wir ein Glas Tee trinken, beobachten, was geschieht, wenn wir mit dem Nachbarn ein Gespräch führen, das alles ist Achtsamkeit.

Dieses Beobachten ist etwas sehr Einfaches, da sein und wahrnehmen, was geschieht. Man ist präsent, greift aber nicht ein, kontrolliert auch nicht. Etwa so wie ein Tier, das entspannt und faul da liegt und scharf beobachtet, ob sich möglicherweise eine Beute oder ein Feind zeigt. Dieses Beobachten wird meist sehr schnell langweilig, weshalb wir es verlassen und aus dem momentanen Augenblick fliehen, indem wir Gedanken einschieben, die uns von der Beobachtung des Geschehens abtrennen. Nach einiger Übung gelingt es uns aber meist, das beobachtende Bewusstsein bei den körperlichen Aktivitäten ruhen zu lassen. Bei der Beobachtung eines langweiligen Films können wir unsere Achtsamkeit trainieren. Beobachten, was in uns vor sich geht, ohne in abschweifende oder kommentierende Gedanken zu verfallen.

Die Achtsamkeit bezieht sich also auf

- **unsere Gefühle und Sinneseindrücke**
- **unsere Gedanken und**
- **die Außenwelt, in der wir leben und handeln**

Normalerweise glauben wir, dass wir etwas Wichtigeres zu tun haben, als darauf zu achten, wie wir eine Jacke anziehen oder einen Bleistift hinlegen oder unsere Schuhe zubinden oder auf unsere Gefühle beim Sprechen zu achten. Aber in Wirklichkeit besteht unser Leben von Augenblick zu Augenblick aus einer endlosen Aneinanderreihung solcher Dinge und wenn wir diesen Prozess verlassen, haben wir die momentane Wirklichkeit, in der wir leben, verlassen. Je häufiger wir aus dieser Wirklichkeit des Augenblicks fliehen, desto mehr Probleme und Schwierigkeiten werden wir im Leben bekommen. Wenn wir aus dem Augenblick fliehen und uns in unsere Gedanken zurückziehen, haben wir das Geschehen dieses Augen-Blicks unseren "ich"-bezogenen, wollenden und suchenden Strebungen geopfert.

Die momentane Wirklichkeit ist immer im Hier und Jetzt,
sie liegt in dieser Sekunde,
die es zu erleben, zu ertragen, zu erfahren gilt.

Wenn die Aufmerksamkeit für den gegenwärtigen Augenblick unterbrochen wird und das innere "ich"-Programm anläuft, entsteht eine Lücke in unserer Wahrnehmung der momentanen Wirklichkeit. Und solche Lücken erzeugen wir den ganzen Tag. Wir hinterlassen eine Lücke nach der anderen und öffnen damit allen unseren Problemen und Schwierigkeiten die Tür. Beim Üben im Alltag geht es also darum, aus unseren Träumen zu erwachen und die Lücken bei der Wahrnehmung der momentanen Wirklichkeit zu vermeiden.

Am Anfang sind wir in Gefahr zu glauben, dass die Übung gelungen ist, wenn wir denken "ich wasche das Auto, ich schäle Kartoffeln, ich gehe in die Küche". Auch wenn diese Gedanken häufig der erste Schritt zur Schulung unserer Achtsamkeit sein mögen, so müssen wir sie doch bald überwinden und zum **Beobachten unserer Tätigkeit** finden. Wenn Gedanken in uns auftauchen, die sich auf das **"ich"** beziehen, haben wir die Übung bereits verlassen und die Tür für das Eindringen neuer Probleme geöffnet.

Wenn sich derartige Gedanken anhäufen, werden sie uns mehr und mehr von der Beobachtung des gegenwärtigen Augenblicks wegziehen. Gelingt es uns jedoch, solche **"ich"-Gedanken** in uns bewusst zu beobachten und zu erkennen, so sind wir wieder zur Übung der Achtsamkeit zurückgekehrt. Neben der bewussten Feststellung unserer Gedanken werden wir dann auch die dazugehörigen Empfindungen und die Anspannung in unserem Körper beobachten und diese Beobachtung ist der Kern der Übung.

Die meisten erregenden Gefühle entstehen nicht durch Geschehnisse, die sich im momentanen Augenblick ereignen, sondern weil wir nicht wahrhaben wollen, dass das Leben so ist, wie es ist.
Eine Suppe kochen, das Geschirr abwaschen und unser Bad putzen oder die Steuererklärung erledigen ist die Realität unseres Lebens. Unsere "ich"-Gedanken und bewertenden Gefühle sind etwas Unwirkliches, das wir hinzufügen und das unsere Tätigkeit wie einen nahezu ununterbrochenen Kommentar begleitet.

Dieser gedankliche Begleitkommentar hat aber mit der Tätigkeit an sich nichts zu tun, er ist die **Folge von Konditionierungen und Wertungen,** die wir bei früheren Gelegenheiten erworben haben. Bei einigen Geschehnissen ist es nicht nur ein Begleitkommentar, sondern ein ganzer Begleitfilm, wie z.B. an einem Meeresstrand unter Palmen zu liegen. Wenn es uns gelingt zu erkennen, dass es unsere Gedanken sind, die uns diesen abschweifenden oder kommentierenden Begleitfilm vorführen, können wir diesen Film abbrechen und zur Tätigkeit an sich zurückkehren.

Achtsam sein bedeutet:
Zu erkennen, welche "ich"-Gedanken und bewertenden Gefühle
wir den momentanen Tätigkeiten hinzufügen.

Wenn wir nicht nachlassen, diese Übung der Achtsamkeit in unser tägliches Leben zu integrieren, werden unsere Sorgen und Probleme stetig abnehmen. Wird die Achtsamkeit zum wichtigsten Prinzip in unserem Leben erhoben, werden die Hindernisse Schritt für Schritt überwunden und der Weg zu unserem Selbst (Wesensnatur) wird beschritten. Wenn wir alles, was wir tun, von Gewohnheiten und Routine vollkommen befreien können, sind wir achtsam. Wann immer wir mit unserem Leben unzufrieden sind oder uns gar darüber beklagen, haben wir den Augenblick und damit die Achtsamkeit verlassen.

Es geht also darum, all unser Tun zu **entautomatisieren**, damit unser ganzes Leben von Achtsamkeit geprägt ist und damit zur Meditation wird. Jede Kleinigkeit, die wir achtsam tun - wie duschen, essen, mit einem Freund reden - wird dann zur Meditation. Die Achtsamkeit verleiht unserem Leben eine neue Qualität und diese Qualität kann in alle Tätigkeiten eingebracht werden. Alles, was wir bewusst tun, wird zur Meditation.

Meditation ist das Gegenteil von Gewohnheit und Automatik.
Wenn wir ständig konzentriert und bewusst sind ist alles was wir tun eine Meditation und jede Bewegung, die wir ausführen, vertieft unser Sein.

Die Achtsamkeit vertieft unsere Erfahrung des Augenblicks.

Oft ist es sogar so, dass wir unsere schädlichen Gewohnheiten und inneren Programme kennen und sie gerne loswerden würden, es aber einfach nicht schaffen. Beispiele für solche eingefahrenen Angewohnheiten sind Rauchen und Trinken, zu viel essen und zu lange fernsehen. Trotz der Einsicht und einer starken Willensanstrengung schaffen wir es oft nicht, ein solches Programm zu überwinden und Herr in unserem eigenen Innern zu werden. **Wir leiden dann doppelt, wir leiden an der Gewohnheit selbst und wir leiden an unserer Ohnmacht, sie zu kontrollieren.**

Eine solche Abhängigkeit kann deshalb unser Selbstvertrauen stark erschüttern, wenn wir feststellen, dass wir eine so einfache und alltägliche Gewohnheit nicht verändern können.

Es ist als wäre uns die Entscheidungsgewalt über uns selbst entzogen. Die Gewohnheit hat feste Wurzeln in uns geschlagen. Zehn, zwanzig oder dreißig Jahre sind eine lange Zeit. Die Gewohnheit ist dann sehr tief in unserem Körper verwurzelt, sie hat unseren ganzen Körper erfasst. Jetzt können wir nicht einfach mit Vernunft an das Problem herangehen; unsere Vernunft kann gar nichts ausrichten. Der Verstand ist unfähig; er kann zwar irgendeinen Prozess in Gang bringen, aber wenn dieser zur Gewohnheit geworden ist, kann er ihn nicht so leicht wieder stoppen. Wenn wir erst einmal mit einer Gewohnheit angefangen haben und sie schon sehr lange praktizieren, dann hat sie sich verselbständigt und es ist sehr mühsam, uns wieder von ihr zu befreien.

Es geht darum, das Problem in seiner Tiefe zu verstehen, ohne es mit dem Willen direkt verändern zu wollen. Wenn uns der Wunsch nach einer gewohnten Handlung überkommt, können wir sehr achtsam sein und daraus eine Meditation machen. Wir tun z.B. alles ganz langsam und genießen es, es gibt keine Eile. Wir verfolgen ganz wach und aufmerksam jede Bewegung, die wir ausführen und beobachten, was wir dabei fühlen.

Nichts geschieht so, wie wir es bisher getan haben, hastig, unbewusst, mechanisch. **Wir entautomatisieren unsere Handlung.** Wir beobachten unsere Hände, hören auf die Geräusche, die wir verursachen und nehmen jede Berührung und jede Empfindung wahr.

Wir genießen jeden Schritt und verfolgen jede kleine Bewegung und machen viele kleine Schritte daraus, so dass uns das Geschehen immer bewusster wird. Jede Bewegung wird beobachtet, jedes Gefühl registriert und zwar jedes Mal, wenn uns der Wunsch nach dieser Gewohnheit überkommt.

Wichtig ist, dass wir z.B. nicht mehr hektisch sind bei der Arbeit oder während wir die Zeitung lesen, essen, trinken oder rauchen. **Wenn wir es erst einmal schaffen, unsere Gewohnheit mit Achtsamkeit zu durchdringen, werden wir erstaunt sein, dass wir sie mehr und mehr bewusst kontrollieren und verändern können.** Wir brauchen uns keine Sorgen darüber zu machen, welchen Einfluss unsere Gewohnheit auf unser Leben hat und wir müssen auch nicht gegen unsere Gewohnheit ankämpfen.

**Durch Achtsamkeit und Ausdauer
können wir tief verwurzelte Gewohnheiten auflösen.**

Dies ist das Geheimnis der Achtsamkeit, das Geheimnis heißt: **Befreiung von automatisch oder mechanisch ablaufenden Gewohnheiten.** Wenn wir gehen, sollten wir fühlen, dass wir gehen. Wenn wir schauen, schauen wir aufmerksam, wenn jemand spricht oder erzählt, hören wir aufmerksam zu. Wenn wir reden, reden wir aufmerksam. Wenn wir zu viel essen, meditieren wir beim Essen. Und dies können wir mit allem, was uns bedrückt tun: Mit dem Essen, mit Ängsten, mit Abwehrreaktionen, mit dem Gefühl nicht geliebt zu werden, mit der Angst vor Verletzung, mit der Angst vor Einsamkeit. Wir befreien uns von allen Gewohnheiten, indem wir sie mit großer Achtsamkeit behandeln und in eine Meditation verwandeln. **Meditation ist das Erwachen des inneren Beobachters.** Schauen, wahrnehmen und uns im Beobachten verankern.

Wenn wir dort hinkommen, in diesen Zustand des reinen Beobachtens und Empfindens, erleben wir alle Dinge neu, wir fühlen dann die Nützlichkeit eines Tellers, einer Lampe oder eines Kinderwagens, freuen uns darüber und gehen achtsam mit allen Dingen um. Und dann ist alles Meditation und Erfüllung. Es ist Meditation, wenn wir das Gesicht eines geliebten Menschen anschauen, es ist Meditation, wenn wir eine Rose intensiv wahrnehmen, es ist Meditation, wenn wir das Bild des Mondes betrachten.

Die Übung der Achtsamkeit zielt dabei insbesondere auf die folgenden drei Punkte:

- **Annehmen, was da ist**
- **das Unwirkliche loslassen**
- **Urteile vermeiden -**

Das Leben gleicht einem Buch,
Toren durchblättern es flüchtig,
der Weise liest es mit Bedacht, weil er weiß,
dass er es nur einmal lesen kann.

(Jean Paul)

62

3.2. Annehmen was da ist

**Die Blume welkt,
auch wenn wir sie lieben,
das Unkraut wächst,
auch wenn wir es nicht mögen.**

(Zen Wort))

Auf unserem Lebensweg begegnen uns viele Dinge, die wir nicht mögen. Nicht selten gibt es sogar Ereignisse, die wir unerträglich finden und die dazu führen, dass wir am liebsten davonlaufen möchten.

Wir unternehmen oft große Anstrengungen, um ständig wiederkehrenden unliebsamen Dingen aus dem Wege zu gehen oder bestimmte Begegnungen zu vermeiden. Meist verhält es sich aber so, dass gewisse unangenehme Ereignisse oder belastende menschliche Beziehungen sich in unserem Leben mit Variationen wiederholen. Wenn wir diese tief in uns eingeprägten Muster, die die Ursache dafür sind, nicht erkennen und beobachten lernen, kann unser Leben zu einer permanenten Kampf-, Ausweich- und Fluchtbewegung werden. Wann immer wir eine solche Fluchtbewegung oder Kampfhaltung erkennen, sollten wir uns zuerst fragen: "Gibt es eine reale Ursache für diese Verhaltensweise oder gibt es eine innere Ursache?". Wenn es eine innere Ursache gibt können wir uns bewusst beobachten und ermahnen: "Du weichst vor einem Problem oder einer Aufgabe zurück, du versuchst vor einer leidvollen, unangenehmen Sache zu fliehen, du kämpfst und willst etwas erzwingen oder verhindern, was das Schicksal aber für dich vorgesehen hat".

**Wohin wir auch fliehen mögen
und vor was wir auch immer ausweichen mögen,
die inneren Strukturen,
die uns in diese Lebensumstände geführt haben,
nehmen wir mit.**

63

Zu jedem äußeren Problem gibt es also auch eine spiegelbildliche innere Struktur und diese wird uns so lange begleiten, bis wir bereit sind, unser Leben und uns selbst genauer anzuschauen und unsere inneren Knoten durch Achtsamkeit aufzulösen.

3.2.1. Sich selbst annehmen

Das Schrecklichste ist,
sich selbst vollkommen anzunehmen.

(C.G. Jung {32})

Das Wichtigste ist zu lernen, sich selbst zu beobachten, zu erkennen und anzunehmen. Jetzt ärgere ich mich, jetzt bin ich enttäuscht, jetzt weiche ich zurück, jetzt fliehe ich, jetzt bin ich wütend und aggressiv. Unseren Gefühlen und Gedanken ehrlich standhalten ist eine der schwierigsten Aufgaben unseres Übungsweges. Wir müssen immer wieder feststellen, "ich kann die Art von diesem oder jenem Menschen nicht ausstehen und ich bekomme bei seinem Reden und seinem Tun eine Wut". Der Prozess der Selbsterkenntnis wird aber nur in Gang kommen und voranschreiten, wenn wir zwei Dinge beachten:

• **Wir sollten uns selbst nicht verurteilen**, wir sind nicht schlecht, weil wir uns ärgern und wir sind nicht böse, weil wir gelegentlich eine Wut haben oder uns verweigern. Wir müssen lernen, uns selbst zu verzeihen und uns selbst ganz anzunehmen, so wie wir sind (siehe auch 3.3.4 und 3.3.5).

Selbstvorwürfe sind Selbstverletzungen,
die wir unbedingt vermeiden sollten.

- Nur wenn wir uns in unsere Wut, unseren Hass, unsere Ablehnung und unseren Ärger hineinziehen lassen, sie spüren und sie durchleiden, immer wieder, eben ganz bewusst annehmen, werden wir eins sein mit ihnen.

Jeder Versuch, unsere Gefühle und Emotionen von einem intelligenten, erhabenen Standpunkt aus zu kommentieren und abzuurteilen, trennt uns von unseren Emotionen und stößt sie in unsere unbewusste Psyche zurück. Wenn heftige Gedankenwellen in uns anschwellen, wissen wir, dass wir eine Emotion nicht durchgestanden haben.

Unsere Gefühlsbewegungen annehmen heißt,
uns in sie hineinziehen lassen,
sie bewusst durchleben, immer wieder, um sie aufzulösen
und die befreiende Erfahrung zu erleben.

Manche Menschen sind z.B. unzufrieden mit ihrem Äußeren und wünschen sich eine andere körperliche Gestalt. Wann immer wir solche Gedanken und Gefühle in uns wahrnehmen, können wir uns in sie hinein versenken, sie beobachten und sie bewusst annehmen. Wenn wir dies regelmäßig tun und darüber meditieren, wer uns diesen Körper gegeben hat, wird sich unser Problem allmählich auflösen und wir werden mit unserem Körper innerlich versöhnt. Wir werden dann erkennen, dass die Natur und unsere Lebensweise ihn so geformt haben, wie er ist und dass er genau der richtige für uns ist.

Aufmerksames Beobachten ist das Geheimnis des Lebens und der Kern unseres Übens.

Meditation praktizieren heißt uns selbst studieren,
um das innerste Wesen unseres Geistes zu begreifen.

Üben wir ausdauernd und geduldig weiter, treten wir in ein neues Stadium ein. Wir beginnen uns allmählich unseres "ich"-Geistes {17} bewusst zu werden.

65

Die abwehrenden und angreifenden Gedanken, unsere Emotionen, Ausflüchte, Feigheiten, Verletzungen und Manipulationen können wir nun leichter **beobachten** und objektiv feststellen. **Diese reale Sicht von uns ist schmerzvoll und ernüchternd.** Doch wenn wir standhalten, werden immer weniger dichte Wolken unsere Lebenssicht verdunkeln.

Das Erkennen unserer manipulierenden und die objektive Wahrnehmung verdrehenden Gedanken ist die Voraussetzung dafür, dass wir unser inneres Gefängnis verlassen können. Das Durchleben dieser Phase des inneren **Standhaltens** birgt die Gefahr in sich, dass wir neue große Erwartungen an uns aufbauen. **Wenn wir versuchen, durch unsere Übungen ein guter Mensch zu werden oder ruhig, weise und wunderbar erleuchtet zu werden, dann haben wir noch nichts wirklich verstanden und ersetzen nur die alte Vorstellungswelt durch eine neue.**

*Zarte Blütenblätter
vom Wind getrieben
tanzen über den Weg.*

3.2.2. Den Wandel des Lebens annehmen

Wer sich dem Wandel widersetzt,
widersetzt sich dem Leben.

Es ist normal, dass der Geist Gedanken produziert. Beim Üben geht es darum, uns unserer Gedanken bewusst zu sein, ohne uns in ihnen zu verlieren, uns wegziehen zu lassen. Und wenn wir uns in ihnen verlieren, sollten wir auch das irgendwann bemerken.

Achtsamkeit üben ist eigentlich nicht schwierig. Das Problem liegt darin, dass wir es nicht tun wollen. Wenn mein Freund oder meine Freundin anfängt mich zu beschimpfen – wie lange bin ich dann bereit, das einfach zu beobachten? Wir haben alle immerzu Probleme, doch unsere Bereitschaft einfach zu sein, ist sehr gering. Erst nach längerer Übung wächst unser Vertrauen in das **Einfach-Sein**, so dass die Lösungen sich von ganz allein zeigen.

Das Vertiefen unseres Vertrauens, dass alles sich richtig entwickeln wird, ist eine Frucht unseres Übens. Befürchtungen, Ängste und Erwartungen fallen dann zunehmend von uns ab.

Üben verstärkt unser Vertrauen in das Sein
und die richtige Entfaltung unseres Lebens.

Es genügt, uns vom Morgen bis zum Abend einer Sache nach der anderen zuzuwenden, gründlich und vollständig und ohne zusätzliche Gedanken. **Zum folgerichtigen Ablauf einer Arbeit gehören natürlich auch Gedanken, die hier aber nicht gemeint sind.** Die zum sinnvollen Handeln gehörigen Gedanken erscheinen spontan und sagen uns, welches der nächste Schritt ist, den wir tun müssen. Diese Gedanken sind genau zum richtigen Zeitpunkt erscheinende Impulse, die unser Tun lenken und koordinieren. Alle über diese Gedankenimpulse hinausgehenden Gedanken sind aber etwas Zusätzliches, das den natürlichen Ablauf nur hemmt.

Gedanken wie: "Ich bin die Richtige, um das zu tun" oder: "Hoffentlich sieht mein Partner auch, was ich für ihn tue" oder: "Ich muss immer alles alleine machen" oder "Das wird aber großen Eindruck machen" sind hinzugefügte Gedanken, die sich oft einstellen und unseren Geist zerstreuen.

Wenn man nur eine Sache auf einmal erledigt und sich diesem Tun ganz hingibt, so ist das die effizienteste Weise zu leben, da dabei keinerlei Blockierungen und Zerstreuungen in unserer Psyche entstehen. Wenn wir so leben und arbeiten, bringen wir, ohne Hetze, außerordentlich viel zustande.

Das Leben fließt dann ungehindert.

Gewöhnlich begleiten wir jedoch jede Aktivität mit verschiedenen unterschwelligen Gedanken wie: "Ich muss auch noch diese anderen Sachen machen, sonst schaffe ich nicht alles", oder: "Hoffentlich vergesse ich nicht Hans anzurufen und den Müll muss ich auch noch wegbringen", oder "Ich mache es ganz sicher wieder falsch". Reine Aktivität ist ohne Meditation etwas sehr Seltenes. Es liegt fast immer ein Schatten, ein Begleitkommentar darüber. Und dieser Begleitkommentar versetzt uns in eine gewisse Anspannung. Bei reiner Aktivität ist über die physische Muskelanspannung hinaus, die zur Aktivität selbst notwendig ist, keine Anspannung erforderlich. Alles fließt.

Wenn wir uns in reine Aktivität versenken, sind wir ganz gegenwärtig und in reinem Beobachten und Empfinden. Aber das ist auch alles, was wir dann sind. Und das fühlt sich nicht nach irgendetwas Besonderem an.

**Tätig sein ohne gedanklichen Begleitkommentar
ist Achtsamkeit.**

Viele meinen, dass die sogenannte Erleuchtung überfließt von liebevollen Gefühlen. Aber wahre Liebe oder wahres Mitgefühl bedeutet einfach, dass wir nicht von unserer Umgebung abgetrennt sind.

Wir fühlen mit den Menschen, dem Tier oder sogar dem Gegenstand, mit dem wir es zu tun haben. Es bedeutet, mit dem Bewusstsein ganz da sein und sich eins fühlen mit unserer Umgebung und unserer Aktivität.

Wichtig ist zu lernen, für alles offen zu sein, was das Leben bringt, wo immer wir auch sein mögen. Wenn wir wachsam genug sind, bemerken wir unsere Versuche zum Ausweichen und können zum Beobachten des gegenwärtigen Augenblicks zurückkehren. Diese fortwährenden kleinen Anstöße, aufmerksam zu sein und in den gegenwärtigen Augenblick zurückzukehren, bedeuten Übung. Wenn wir versuchen, etwas zu vermeiden oder wenn wir aus dem gegenwärtigen Augenblick fliehen, sind wir wieder im Denken und nicht mehr in der unmittelbaren Erfahrung.

Das Leben will, dass wir offen, beweglich und formbar sind,
damit es uns für das brauchen kann,
was es vollbringen will.

Die Achtsamkeit ist der Weg, auf dem wir die Menschen, die Dinge und uns selbst besser verstehen lernen können. Je tiefer unser Verständnis wird, desto besser verstehen wir die Wirklichkeit und erkennen, dass wir nicht getrennt sind von allen Dingen. Wir verstehen dann besser, dass alles mit allem zusammenhängt und nur unser Denken die Dinge in einzelne Teile zerlegt. Weil alles mit allem in einer tiefen Verbindung steht, gilt auch das **Zen-Wort:** *Eins verstanden alles verstanden.*

Nur wenn wir eins mit einer Sache werden, indem wir mit unserem Bewusstsein ganz bei dieser Sache sind, heben wir die Dualität auf. Es gibt nicht mehr zwei, das Ding und mich. Es gibt nur noch eins. Es gibt keine andere Möglichkeit, etwas wirklich zu verstehen.

Der Himmel versinkt im See
Licht durchdringt den Nebel.
Lautes Froschgequake.

3.2.3. Unsere Arbeit annehmen

**Mühe und Arbeit allein machen uns das Leben erträglich.
Nie ist das menschliche Gemüt heiterer gestimmt,
als wenn es seine richtige Arbeit gefunden hat.**

Ein erheblicher Teil unseres Lebens ist mit Arbeiten ausgefüllt. Das Tätigsein ist daher ein sehr wichtiger Bereich für unsere Übung.

Das wahre Ziel des Übens ist die Erfahrung unseres **Einsseins** mit allen Dingen oder genauer des Einsseins mit unserer eigenen Erfahrung. Dabei zeigt sich ein Problem. Wenn wir versuchen, eins zu sein mit dem Hämmern beim Einschlagen der Nägel, wird ein Teil unseres Geistes versuchen zu üben und ein anderer Teil hämmert. Indem wir das Üben versuchen, zertrennen wir die geistige Einheit, die wir selbst sind. Die Bemühung negiert also ihr eigenes Ziel. - Aber wir können etwas anderes tun: Wir können die Gedanken wahrnehmen, die uns von unserem Tun trennen oder dieses Tun begleiten. Wir können uns bewusst sein, dass wir nicht vollständig das tun, was wir tun. Das ist nicht so schwierig. Unsere Gedanken zu benennen, hilft uns dabei. Anstatt zu sagen: "Ich will eins sein mit dem Hämmern", können wir immer beobachten, wenn wir uns unserer Tätigkeit nicht vollständig hingeben, sondern über sie und uns nachdenken. Mehr ist nicht notwendig.

Eins sein mit unserer Erfahrung ist Achtsamkeit.

Wenn wir den Inhalt unserer Gedanken oder deren Begleitkommentare zur Arbeit näher betrachten, können wir erkennen, welche innere Einstellung wir zu der Tätigkeit haben, die wir gerade ausführen. Manchmal sind unsere Tätigkeiten z.B. von ablehnenden und unwilligen Gefühlen und Gedanken begleitet, wobei wir uns die Fragen stellen können:

"Warum lehne ich diese Tätigkeit ab?"
"Was fühle ich während meines Tuns?"
"Ist es mein Stolz, der mich hindert?"

Es kann aber auch geschehen, dass uns die Arbeit zu langsam vorangeht und wir sehr ungeduldig sind. In diesem Fall können wir versuchen, in uns hinein zu fühlen, um unsere Ungeduld bewusst zu beobachten und um eins mit ihr zu sein.

Auf unserem Übungsweg geht es nicht darum, besondere Erfahrungen zu machen, nicht um großartige Erkenntnisse, nicht darum, irgendwo hin zu gelangen oder etwas zu werden. Wir sind in Ordnung, so wie wir sind. Mit **in Ordnung** ist gemeint, dass wir einfach so sind und uns so annehmen sollen, wie wir sind. Beim Üben geht es nur darum, ein waches Beobachten und Empfinden aufrechtzuerhalten - das Beobachten unserer Aktivitäten und der Gedanken und Gefühle, die uns von unseren Aktivitäten trennen. Ob wir Nägel einschlagen oder bügeln, wir schlagen einfach Nägel ein oder wir bügeln. Da unsere Sinne offen sind, hören wir auch die Geräusche und fühlen die Dinge, die unsere Hände berühren. Wenn Gedanken aufkommen, nehmen wir sie wahr und kehren dann zu unserer unmittelbaren Tätigkeit zurück.

Wenn man feststellt, dass man in das Einschlagen der Nägel vertieft ist und dies ist der Fall, wenn man denkt: "Ich bin ganz vertieft ins diese Tätigkeit", so ist das noch keine Achtsamkeit. Bei der echten Achtsamkeit tut man es einfach. Das Bewusstsein, dass man in eine Tätigkeit vertieft ist, kann ein nützlicher Schritt auf dem Weg sein, aber es ist noch nicht alles, weil wir noch darüber nachdenken. Es besteht immer noch die Trennung zwischen dem Bewusstsein und dem Objekt oder dem Gegenstand des Bewusstseins. Wenn wir einfach Nägel einschlagen, denken wir nicht an das Üben. Beim guten Üben denken wir nie: "Ich übe oder ich muss üben". **Gutes Üben bedeutet, einfach zu tun, was wir tun und zu bemerken, wenn wir abschweifen und ein Begleitkommentar einsetzt.**

Am Anfang können wir dieses Beobachten und Empfinden nur sehr kurze Zeit aufrechterhalten, weil Gedanken auftauchen, die uns aus der Gegenwart wegziehen. Oft sind wir so in unsere Gedanken versunken, dass wir gar nicht bemerken, wie wir gedanklich weggleiten. Dann bemerken wir aber unseren Begleitkommentar und kehren wieder zu unserer Tätigkeit, z.B. dem Nägel Einschlagen, zurück. Zum Üben gehört also sowohl das Beobachten unserer Tätigkeit als auch das Beobachten unseres Abschweifens.

**Feststellen, wenn unsere Gedanken
von unserer momentanen Tätigkeit abschweifen,
ist Achtsamkeit.**

Wenn man längere Zeit meditiert, merkt man fast augenblicklich, wenn dieses Weggleiten aus dem **Hier und Jetzt** beginnt und wir das Beobachten des Augenblicks verlieren. **Das Beobachten (Sein und empfinden) ist eine Berührung mit unsere Wesensnatur**. Deshalb müssen wir nicht versuchen, Beobachten zu entwickeln; wir müssen nur bemerken, wie wir aus dem Beobachten herausgleiten und es mit unseren Gedanken, Phantasien, Meinungen oder Urteilen blockieren und es zerstören. Beobachten ist ein waches, einfühlsames "da sein" und Empfinden von allem, was da ist. Einfach da sein und unser Leben leben. Nichts Besonderes. Wenn wir waches Beobachten üben, wächst unsere Fähigkeit, die notwendigen Dinge zu tun, ohne dass ablenkende Gedanken auftreten. Unsere Sinneswahrnehmungen und die den Ablauf koordinierenden Gedankenimpulse begleiten die Tätigkeit und lenken sie und sonst nichts, und dies ist Achtsamkeit. Nachdem man so längere Zeit meditiert hat, sieht die Welt heller und klarer aus, die Geräusche sind deutlicher und unsere Sinneseindrücke sind insgesamt vielfältiger, was wir mit Freude erleben.

*Wie herrlich, herrlich!
Die Bäume im Dämmerlicht
der versinkenden Sonne.*

3.2.4. Unsere Beziehungen annehmen

Liebe hält die Zeit an und lässt die Ewigkeit beginnen.

Wenn wir uns tief in einen anderen Menschen hineinfühlen, werden wir seine Ängste spüren, seine Blockaden wahrnehmen und seine Sehnsüchte auch in uns fühlen. Ohne dass wir darüber nachdenken, werden wir wissen, dass dies alles das Ergebnis einer langen Geschichte von menschlichen Erlebnissen, Begegnungen und Gedanken ist. Wir werden die vielfältigen Einflüsse der Geschwister, Eltern, Großeltern, Lehrer und Freunde, denen dieser Mensch ausgesetzt war, erahnen.

Wenn wir uns und andere Menschen so aus ihrer Lebensgeschichte heraus sehen lernen, können wir dann plötzlich verstehen, warum dieser Mensch vor uns so fühlt, wie er fühlt, dass er die Welt auf seine besondere Art wahrnimmt und dass er denkt, wie er denkt. Auch wenn wir seine Gedanken nicht teilen und mit seinen Urteilen nicht einverstanden sind, so werden wir doch seine eigene Wesensart verstehen und achten. Auch wenn dieser Mensch etwas tut, was wir nicht für richtig halten, werden wir seinen Geist und die Art, wie er geworden ist, doch verstehen. **"Einssein" mit dem Geist eines anderen Menschen bedeutet verstehen, dass der menschliche Geist ein Stück gewachsene Natur ist**. Und ebenso wie wir normalerweise nicht wünschen, dass ein Baum doch einen ganz anderen Wuchs besitzen möge, ebenso wenig wünschen wir dann, dass der Geist dieses Menschen anders sein soll. Wir verstehen seinen Geist und seine Art zu sein so, wie er ist und sehen das zukünftige Lebensschicksal dieses Menschen als eine Folge dieser, seiner geistigen und körperlichen Natur an. Wenn wir einen Hund verstehend betrachten, verspüren wir auch nicht den Wunsch, er möge anders sein und sich in eine Katze verwandeln und ebenso wenig verspüren wir diesen Wunsch, wenn wir einen Menschen in seiner Tiefe wirklich begreifen.

Wenn wir einen Menschen verstehend in die Arme schließen und eins mit ihm sind, werden wir ihm helfen, das Leben anzunehmen, das ihm aufgrund seiner eigenen Geschichte gegeben ist, welche unlösbar mit der langen Menschheitsgeschichte verwoben ist. Falls ihm zum Feiern zumute ist, werden wir mit ihm feiern und wenn er in seine inneren Verwirrungen hinab steigt, werden wir ihn auf diesem Weg begleiten, weil wir wissen, dass dies der beste Weg für ihn ist, um Befreiung zu erlangen.

Vielleicht gelingt es ihm, aus dem entgegengebrachten Verstehen heraus und durch die eigene Erfahrung, sein Lebensschicksal anzunehmen und es gerade dadurch zu wenden und einen neuen, bewussteren Lebensweg zu finden. Jedoch sollten wir nicht darauf hoffen.

Gegen die Gedanken und den Geist eines anderen Menschen ankämpfen bedeutet, dass wir uns selbst und ihn nur in sinnlose Kämpfe verwickeln. Gedanken sind ein Mittel der Kommunikation und damit ein Mittel zur Beschreibung der sich unaufhörlich wandelnden Realität. Wir dürfen diese Beschreibung aber nicht mit der Realität selbst verwechseln, die uns in jedem Augenblick begegnet, so wie sie eben ist. Letztendlich kann die Befreiung doch nur durch eigene Erkenntnis erlangt werden und diese setzt eigene Lebenserfahrung voraus. Wahrheit wird nur im Leben und nicht in vorgeformtem Wissen gefunden. Mit dem Herzen verstehen und eins sein mit einem anderen ist wichtiger als Belehrung oder gar Streit. Nur wer bereit ist, Freude, Schmerz und Leid anzunehmen und damit zu leben, wie tief diese auch sein mögen, kann die Schlingen seiner Vergangenheit lösen und sich aus dem inneren Gefängnis befreien. Ein verstehendes Lächeln gibt uns dabei meist mehr Mut, unser Leben zu wagen als viele Worte.

Jemand verstehend umarmen und für ein paar Sekunden ganz bei ihm sein und eins mit ihm sein heißt, ihm eine Blume des Verstehens schenken.

Entengeschnatter
im moosigen Weiher
Bewältigung des Lebens

3.2.5. Annehmen von Schmerz und Leid

Der Schmerz ist der große Lehrer der Menschen.
Unter seinem Hauche entfalten sich die Seelen.
(Marie Ebner von Eschenbach {33})

Das Leben konfrontiert uns unweigerlich mit Schmerz und Unannehmlichkeiten. Wenn wir nicht wissen, wie wir mit Schmerzen und Unannehmlichkeiten umgehen sollen, wissen wir auch nicht viel über das Leben und uns selbst. Maßvoller Schmerz kann daher ein guter Lehrer sein, der uns auf den Zustand unseres Körpers aufmerksam macht und uns damit auch unsere Lebensweise und unsere inneren Einstellungen vor Augen führt.

Beim Zazen erfahren wir manchmal auch Schmerzen und wenn wir uns beobachten, erkennen wir, dass auch dieser Schmerz zu uns gehört und ein Teil von uns ist.

Die Bereitschaft in den Schmerz hineinzugehen und ganz der Schmerz zu sein, hat also einen Sinn. Die Trennung zwischen einem schmerzenden Körperteil und unserem Beobachten geschieht, weil wir nicht bereit sind, der Schmerz zu sein, der mit diesem Körperteil verbunden ist. Deshalb distanzieren wir uns von ihm. Wenn wir unsere Beziehung zum Schmerz nicht verstehen und nicht annehmen können, laufen wir vor ihm davon und verlieren den großen Schatz des "Beobachtens und Empfindens" und damit einen Teil unserer unmittelbaren Berührung mit dem Leben. Um zu einem vollständigen Beobachten unseres Lebens, wie es ist, zu gelangen, ist es deshalb bis zu einem gewissen Punkt sinnvoll, mit dem Schmerz zu üben und zu lernen, ihn auch während der Zazen-Übung anzunehmen.

75

Wir sind hier auf dieser Erde, um auch mit Unbequemlichkeiten und Unannehmlichkeiten zu leben. Ohne ein gewisses Maß an Unbequemlichkeit würden die meisten von uns sehr wenig lernen. Schmerz, Unbequemlichkeit, Schwierigkeiten, sogar Tragödien können große Lehrer sein. Leiden führen uns auf den Weg zu unserer Wesensnatur. Meister Eckhart {48} prägte den Spruch:

__Leid ist das schnellste Pferd zu Gott.__

(Meister Eckhart)

__Wir streben mehr danach, Schmerz zu vermeiden als Freude zu gewinnen.__

(S. Freud)

Wenn der Körper Schmerzen zeigt, dann sind es oft die seelischen Schmerzen, die an die Oberfläche kommen.

Von Khalil Gibran stammen die folgenden Zeilen über den Schmerz:

Euer Schmerz ist das Zerbrechen der Schale, die euer Verstehen umschließt. Wie der Kern der Frucht zerbrechen muss, damit sein Herz die Sonne erblicken kann, so müsst auch ihr den Schmerz erleben. Und könntet ihr in eurem Herzen das Staunen über die täglichen Dinge des Lebens bewahren, würde euch der Schmerz nicht weniger wundersam scheinen als die Freude; und ihr würdet die Jahreszeiten eures Herzen hinnehmen, wie ihr stets die Jahreszeiten hingenommen habt, die über eure Felder streifen. Und ihr würdet die Winter eures Kummers mit Heiterkeit überstehen. Vieles von eurem Schmerz ist selbstgewählt. Er ist der bittere Trank, mit dem der Arzt in euch das kranke "ich" heilt. Daher traut dem Arzt und trinkt seine Arznei schweigend und still: Denn seine Hand, obwohl schwer und hart, wird von der zarten Hand des Unsichtbaren gelenkt. Und der Becher, den er bringt, ist, obwohl er eure Lippen verbrennt, geformt aus dem Ton, den der Töpfer mit seinen heiligen Tränen benetzt hat.

Schmerzen

Wenn meine Eltern hier wären,
oder.... Hätte ich eine Frau,
wie wäre es leicht,
dies zu ertragen!
Doch ich bin allein
im verstaubten Raum,
auf verschlißner Matratze ...
An Hiob denk ich
aus dem Alten Testament
und so ..... kann ich
die nagende Pein ertragen.
Ich bin dankbar dafür.
Die Leute draußen, die denken:
Ja, wenn wir krank werden,
unser Erspartes verlieren,
wenn unsere Arbeit davon schwimmt....
Immer ein Wenn.
Darum haben sie Angst
vor der Zukunft.
Aber für mich ...
Selbst wenn ich krank werde,
nichts von früher erspart hab´,
auch nicht weiß,
womit ich was verdienen soll,
selbst wenn ich nichts zu essen habe
und wenn ich verhungern soll ...
Daran ist nichts Besonderes.
Ich bin dankbar dafür.

(Aus einem Gedicht von Zen-Meister Koshi Uchiyama {44}
geschrieben 1952 während einer lebensgefährlichen Erkrankung)

3.3. Das Unwirkliche loslassen

Kokon Muni No Michi
Es gibt nur einen Weg

(Zen Text)

Wenn wir an die Zukunft denken, glauben wir, wir hätten viele Möglichkeiten uns zu entscheiden, aber das erscheint uns nur so. In Wirklichkeit sind unsere inneren und äußeren Bedingungen gerade derart, dass wir uns so entscheiden, wie wir uns entscheiden. Zurückblickend sehen wir diesen einen Weg, den wir zurückgelegt haben sehr klar, aber das gilt auch für die Zukunft. Blicken wir zurück auf unsere Eltern und Großeltern, erkennen wir, dass dieser eine Weg von Anfang an bereits vorhanden war und sich endlos weiter entfalten wird bis zu einem endlosen Ende.

**Der eine Weg ist der Weg
vom anfanglosen Anfang bis zum endlosen
Ende.**

Es ist das unergründliche Dharma (Gesetz des Universums) {27}, das den einen Weg unseres Lebens hervorbringt.

3.3.1. Loslassen der Vergangenheit

Als die Föhren alt wurden
und die Wolken müßig waren,
fand er grenzenlosen Frieden in sich selbst.

(Rinzairoku {7})

Loslassen heißt, dass wir immer wieder Abschied nehmen müssen von Lebensphasen, die vorbei sind, wie z.B. die Kindheit oder die Jugendzeit oder die Zeit des beruflichen Fortschritts. Loslassen bedeutet, dass wir innerlich Abschied nehmen müssen von Menschen, die uns verlassen haben und nun ihren Weg gehen, wie dies unsere Kinder tun oder manchmal auch unsere Partner. Loslassen heißt aber auch, dass wir Wünsche und unerfüllte Sehnsüchte loslassen müssen, die in unserer Gegenwart keinen Platz mehr finden. - Viele Wünsche im Leben sind einfach nicht mehr erfüllbar. Nicht alle unsere Kinder sind schöne, gesunde, intelligente und glückliche Menschen, auch wenn wir uns das wünschen. Niemand von uns hat ein Abonnement auf ewige Gesundheit. Wir alle werden Krankheiten erleiden. **Niemand wird immer nur geliebt, auch wenn wir uns dies noch so sehr wünschen.**

Aber was bedeutet loslassen wirklich? Können wir beschließen "ich lasse jetzt dieses oder jenes los?" Natürlich können wir dies nicht. - Aber wir können etwas ganz anderes tun: Wir können feststellen, wenn uns ein Wunsch oder eine Sehnsucht erfüllt. Und wir können uns ganz in diese Sehnsucht, z.B. nach Liebe hineinziehen lassen. Wir können lernen, unsere Gefühle und Sehnsüchte wahrzunehmen und zu ertragen, ja sogar eins zu sein mit ihnen.

Immer wieder und immer wieder und immer wieder feststellen, "jetzt bin ich traurig, jetzt fühle ich mich ungeliebt und bin einsam, jetzt wünsche ich mir, dass mein Partner mich besser versteht, jetzt plagt mich ein Gefühl des Krankseins, jetzt fühle ich mich nutzlos". Wenn wir jedes Mal, wenn diese Gefühle auftreten, sie erkennen und uns ganz in sie hinein ziehen lassen, wird unsere Beobachtung und Empfindung diese Sehnsucht umwandeln in ein Gefühl, das zu unserer momentanen Lebenssituation passt und uns hilft zu leben. Es ist etwas Wunderbares wie unser Bewusstsein alles, was uns belastet, auflösen kann. Ayya Khema formulierte es mit den Worten:

Wirklich leben heißt loslassen.

Zwischen unserem häufig freundlichen äußeren Erscheinungsbild und unseren inneren Gedanken und Gemütsbewegungen gibt es große Unterschiede. Stolz, Neid und Eifersuchtsgefühle überfallen uns und Angst vor diesem und jenem bewegt uns.

Aber wir haben subtile Methoden entwickelt, diese Gefühle zu verbergen und zu unterdrücken. Viele Menschen leben so ihr ganzes Leben, wobei im Laufe der Jahre immer mehr Gefühlsbereiche zensiert und nicht mehr zugelassen werden. **Anstatt über unsere Sinneserfahrungen und unsere Gefühle den Kontakt zu unserem Leben aufrechtzuerhalten, fliehen wir dann in die Welt der Gedanken und Phantasien.** Manchmal ist diese irreale Gedankenwelt rosarot, manchmal grau, manchmal himmelblau und manchmal schwarz.

Wenn wir diese Gedankenwelt überwinden, ob rosarot, grau oder himmelblau, dann sind wir frei. **Erleuchtung ist nicht etwas, das man erlangen kann. Es ist die Abwesenheit von etwas. Es ist die Abwesenheit von "ich"-bezogenen Gedanken, falschen Erwartungen, unbegründeten Befürchtungen, einer endlosen Kette von Wünschen und der ebenso endlosen Suche, von all dem loszukommen.**

Unser ganzes Leben waren wir hinter etwas her, haben ein Ziel nach dem anderen verfolgt. Befreiung bedeutet all das aufzugeben. Nur darüber reden, nützt allerdings sehr wenig. Dazu bedarf es der Übung der Achtsamkeit, immer wieder. Es gibt keinen Ersatz. Es gibt nur einen Ausweg: Wir müssen erkennen, dass unser Leben eine einzige großartige Übung ist. Diese Übung beginnt mit dem ehrlichen Blick auf das, was sich in jeder Minute in unseren Gedanken und Gefühlen abspielt.

3.3.2. Überwinden der Anhaftungen

Vier Arten des Anhaftens gibt es:
das Haften an Sinnesgenüssen,
das Klammern an Ansichten,
das Identifizieren mit Tugenden oder Fähigkeiten
und das Hängen an "ich"-Vorstellungen.

(Majjhima- nikaja {34})

Unser "ich" (der "ich"-Geist {17}) ist grundsätzlich voller Unruhe (Rajas) und auf der Suche nach etwas, das ihn beruhigt, befriedigt und glücklich macht. Man kann auch sagen: **Unser "ich"-Geist ist ohne Unterlass auf der Suche nach Ablenkung und Vergnügen.** Er versucht unentwegt und mit großer Ausdauer, sich an irgendein Ding, einen Menschen, ein Tier, einen Gegenstand oder eine Idee zu binden. **Er glaubt, er könne ohne solche Bindungen nicht existieren** und kämpft um seinen Selbsterhalt. Wenn er einmal eine Anhaftung loslässt, greift er sofort zur nächsten. Er kann sich an alle denkbaren Dinge, positive und negative, an kleine und große, heilbringende und verderbenbringende Dinge binden. Er kann sich an Ideen und Vorstellungen, an Liebe und Hass anhängen und sie nie mehr loslassen. Hat sich unser Geist erst einmal mit einer Sache verbunden, kehrt er immer wieder in die alten Gewohnheiten und Bindungen zurück und belebt sie immer wieder neu.

Durch diese Bindungsfähigkeit des "ich"-Geistes kann der Mensch große Leistungen auf allen Gebieten des Lebens vollbringen. Aber ebenso kann es geschehen, dass er in schreckliche Abhängigkeiten gerät und in Suchterkrankungen, Verbrechen und Elend endet. Gier, Sexualität, Machtstreben, Drogenabhängigkeit sind Beispiele für Bereiche, die uns vor allem Anhaftungen und Krankheiten bringen können.

Der "ich"-Geist des Menschen bindet sich unentwegt an Objekte,
werden ihm welche entzogen, sucht er ohne Unterlass nach neuen.
Die Bindungen des Geistes an Objekte und Ideen
nennt man Anhaftungen.

Anhaftung bezieht sich auf etwas, das wir haben wollen, anstreben, für wertvoll halten, nicht mehr loslassen können. Anhaftungen sind mit dem Gefühl verbunden: Das will ich besitzen oder erreichen und nicht mehr hergeben. Anhaftungen halten uns gefangen und machen uns unfrei; in ihrer Gesamtheit sperren sie uns in ein inneres Gefängnis.

Ist die Lebensenergie des Geistes aufgezehrt, vergehen alle Anhaftungen von selbst. Man kann sich schrittweise von seinen Anhaftungen lösen, muss aber darauf achten, dass der Geist keine neuen Ersatzobjekte sucht. Die Anhaftungen bewirken Sorgen und Ängste um die geliebten Objekte und diese können tief in unser Unbewusstes eindringen. Durch rechte Erkenntnis und ausdauernde Meditation können wir unser Bewusstsein und unser Unbewusstes reinigen. Es ist eine sehr strenge Disziplin und Ausdauer erforderlich, um uns von allen Arten der Anhaftung zu befreien.

Werden die Anhaftungen überwunden, ist der Zugang zu einer höheren Bewusstseinsebene frei. Das frei sein von Anhaftungen nennt man:

Das nirgendwo Verweilen des Geistes.

Anhaftungen machen den Menschen klein, machtlos, führen zu Streit und Problemen. Ein freier Geist bewirkt Unabhängigkeit, Frieden und Freude am Sein. **Die Identifikationen mit unserem Körper, unserem Beruf, unserem Familienstand, unseren Fähigkeiten und vielen anderen Eigenschaften sind wichtige Gruppen der Anhaftungen, die wir immer im Auge behalten sollten.**

Viele Menschen streben danach, etwas Besonderes zu sein und sich in irgend einer Hinsicht vollkommen zu machen und klammern sich an Vorbilder oder Regeln, die dieses Besondere beschreiben. Spirituelle Menschen klammern sich vielleicht an heiligen Schriften, die ihnen die Gewissheit vermitteln auf dem richtigen Weg zu sein und etwas Besonderes zu werden oder zu sein. **Das Leben ist aber einmalig und stellt uns immer wieder vor neue Herausforderungen, die wir alleine durch die Befolgung von Regeln nicht meistern können.** Man identifiziert sich auf dem inneren Weg sehr leicht mit Errungenschaften, Begabungen und Erkenntnissen, die das "ich" verstärken und der Befreiung entgegen wirken.

Umfassende Bewusstheit und rechtes Denken sind auf dem inneren Weg erforderlich, damit man diesen neuen Anhaftungen entgeht und den Drang, sich selbst vollkommen zu machen, rechtzeitig erkennt. Tiefes Vertrauen in das Selbst {12} und seine innere Führung helfen die Gefahren zu bannen.

Farbiger Herbsttag -
wie ein letztes Aufbäumen
gegen die Zeit

3.3.3. Loslassen unserer Meinungen, Gedanken und Vorurteile

Erst jenseits von Meinungen
ist man auf dem Weg zum Erwachen,
und nur wer frei von Vorstellungen ist,
wird die höchste Erleuchtung verwirklichen.

(Samadhi-raja-Sutra)

Zu ertragen, dass andere Menschen andere Meinungen haben, ist ein wichtiger Schritt in unserer Entwicklung. Sinnlose Meinungsstreitereien führen oft zu Verletzungen anderer Menschen und können tiefe seelische Wunden hinterlassen. Andere Meinungen ohne Erwiderung gelten zu lassen und keinerlei eigene Vorstellungen zu haben, bedarf der Übung auf dem Weg nach innen. Das "ich" auflösen, das die Vorstellungen hervorbringt und andere Meinungen gelten lassen, sind meist in Übereinstimmung zu bringen. Wir können andere Meinungen gelten lassen, ohne die eigene Meinung in Frage zu stellen. **Fühlen wir uns oft angegriffen, wenn jemand seine Meinung ausspricht, haben wir eine Situation zum Üben.**

Gedanken, die zur momentanen Situation passen, in der wir uns befinden, bereiten unsere Reaktion auf die momentane Wirklichkeit vor, die uns umgibt. Man könnte sie, wegen ihres spontanen Auftretens und weil sie zum Augenblick passen, auch Gedankenimpulse nennen. Diese Gedankenimpulse helfen uns, unser tägliches Leben zu lenken und zu bewältigen.

Ein Problem sind Gedanken, die unser Leben zerstreuen und oberflächlich werden lassen oder uns innerlich blockieren, weil sie gegen die Entfaltung der momentanen Situation gerichtet sind und unser Leben hemmen. Gedanken dieser Art, die in verschiedenen Formen wiederkehren können und uns belasten oder uns eine Welt vorgaukeln, die nicht real ist, sollten wir durch die Achtsamkeit vermeiden lernen und sie auflösen. Unsere Gedanken sind die inneren Bedingungen, die unser Leben mitbestimmen.

Ein Vers aus dem Talmud beschreibt sehr eindringlich, wie unsere Gedanken unseren Schicksalsfaden weben:

Achte auf deine Gedanken,
denn sie werden Worte.
Achte auf deine Worte,
denn sie werden Handlungen.
Achte auf deine Handlungen,
denn sie werden Gewohnheiten.
Achte auf deine Gewohnheiten,
denn sie werden dein Charakter.
Achte auf deinen Charakter,
denn er wird dein Schicksal.

Oft glauben wir, dass unseren Gedanken keine Bedeutung zukommt, aber das stimmt nicht. Es liegt an unserem begrenzten Erinnerungsvermögen, dass wir nicht erkennen, dass das, was wir heute erleben, die Folge von dem ist, was wir oft Jahre vorher gedacht und entschieden haben. Wenn wir diesen Zusammenhang ganz verstehen, wird die Achtsamkeit auf unsere Gedanken zu einem tiefen Bedürfnis werden.

Immer wieder müssen wir uns dabei entscheiden, Augenblick für Augenblick, zwischen der irrealen Gedankenwelt, die wir uns in unserem Kopf zurecht denken und dem, was wirklich da ist. Wenn wir uns innerlich immer wieder lösen, von dieser irrealen Gedankenwelt Abstand nehmen und mit dem Bewusstsein in das **Hier und Jetzt** kommen, üben wir die Achtsamkeit.

Ein junges Reh
grast friedlich
am Waldrand

3.3.4. Loslassen unserer Wunschphantasien

Wer am wenigsten will,
ist den Göttern am nächsten

(Sokrates)

Wunschträume und Phantasien, ganz gleich welcher Art, sind irreal und starke Betäubungsmittel. Unsere Phantasien machen süchtig, genauso wie Drogen. Phantasien hindern uns an der Weiterentwicklung, da wir uns einen wunderbaren zukünftigen Zustand erträumen oder uns ständig nach einer schönen Vergangenheit zurücksehnen und damit gleichzeitig die Realität beiseite schieben, in der wir leben. Wir entwickeln uns nur weiter, indem wir da sind, wo wir jetzt sind und erleben, was unser Leben jetzt ausmacht. Wenn wir ständig versuchen dem zu entrinnen, was es jetzt in unserem Leben gibt, können wir nichts aus unserem Leben lernen und wir können nicht wachsen. Durch die Flucht in **unsere Phantasiewelten vergeuden wir die Lebensenergie, die wir brauchen, um unser Leben aufzubauen, weiter zu entwickeln und alle anstehenden realen Probleme zu lösen.**

Wünsche und Phantasien zerstören außerdem jegliche Harmonie, weil sie uns von der Wirklichkeit, in der wir leben, entfernen. Je mehr Wünsche wir loslassen, desto größer wird unsere innere und äußere Harmonie werden.

Wenn man sein Wesen erkannt hat,
bleibt man das Selbst,
das keinen Anfang und kein Ende hat.
(Ramana Maharshi)

86

3.4. Negativität und Ängste durch Neutralisieren überwinden

Der Schatten (unsere dunklen Eigenschaften) ist ein Meister der Täuschung.
Aber in ihm verborgen liegt auch die Wahrheit,
die uns befreien kann.

Gegensätze ziehen sich an und streben zur Einheit oder Ganzheit. Der Urgrund unseres "ich"-Geistes ist Stille, ein Zustand des hellwachen Seins ohne Gedanken, ohne Sorgen, ohne Probleme. Wenn sich Gedanken einstellen, entfernen wir uns von diesem Zustand und geraten dabei in eine gewisse innere Erregung, manchmal sogar in eine innere Aufruhr. Mit jedem Gedanken ganz gleich welcher Art er ist, ob positiv oder negativ, verlassen wir also diesen inneren Frieden und die glückliche Gelöstheit und wechseln in einen Zustand einer gewissen Spannung und Einseitigkeit. Unsere Gedanken ergreifen Partei für oder gegen irgendetwas und verursachen dabei eine innere Disharmonie. Es ist so, als würden wir eine Ganzheit zerteilen und einen Teil stark in unser Bewusstsein heben und einen anderen Teil ins Unbewusste zurück drängen. Je mehr Gedanken wir haben, desto mehr Disharmonie und Anspannung ist auch in uns. Ein Teil unserer Gedanken versetzt uns in Aktivität und wir können damit anstehende Aufgaben und Probleme lösen. Einen anderen Teil unserer Gedanken können wir nicht direkt ausleben, was dazu führt, dass eine Anspannung oder Disharmonie in uns bestehen bleibt.

Eine meditative Möglichkeit dieser Disharmonie entgegenzuwirken besteht darin, sich in das Gegenteil zu versenken. Bei starker Anspannung ist diese Methode sehr nützlich. Wenn wir uns zum Beispiel sehr unzufrieden fühlen, was können wir dann tun? Wir beschäftigen uns mit dem Gegenteil und denken über die Zufriedenheit nach. Was ist Zufriedenheit? Welches sind die Merkmale der Zufriedenheit? Und weitere Fragen dieser Art, die folgen. Wir stellen damit einen Ausgleich her.

Wenn uns Wut im Kopf herum geht, bringen wir Liebe ins Spiel, denken über Mitgefühl nach und unsere innere Lage ändert sich. Beides ist in uns enthalten, Wut und Liebe, das eine ist das Gegenteil vom anderen. Wut und Liebe sind seelische Energien, es sind innere Energien in verschiedener Form und Qualität, die sich gegenseitig neutralisieren. Wenn wir das Gegenteil einer Stimmung einbringen, wird die ursprüngliche Stimmungslage ausgeglichen.

Mich zu begleiten,
mein Schatten ging mit mir
im Mondlicht

3.4.1. Ängste und wiederkehrende Selbstbeschuldigungen durch Ignorieren überwinden

Hüte Dich vor Negativität.
Befreie Dich aus dem geistigen Dunkel,
das überall seine Fallstricke ausgelegt hat.

Viele Menschen tragen eine starke Abwehr oder ein starkes Nein in sich. Sie haben stets Ängste, Bedenken und Sorgen, dass etwas Unangenehmes passieren könnte. Zu jeder Veränderung, die das Leben mit sich bringt, sagen sie zuerst einmal **nein**. Zu jeder Forderung, die das Leben an sie stellt, sagen sie solange **nein**, bis ihr Leidensdruck sehr groß geworden ist. Diese negative, ablehnende Haltung betrifft oft ganz bestimmte Bereiche des Lebens, wie zum Beispiel das **Ankämpfen gegen Veränderungen** und eine Angst vor der undurchschaubaren und düster empfundenen Zukunft. Sie fühlen sich fremdbestimmt; sie meinen, das Schicksal mit seinen Überraschungen würde über sie bestimmen und ziehen sich angstvoll zurück. Sie übersehen, dass auch sie selbst die Initiative ergreifen können und sowohl ihre äußere als auch ihre innere Situation gestalten und verbessern können.

Das **Nein** darf nicht unterdrückt werden. Wenn wir es unterdrücken, wird es irgendwann sehr machtvoll von uns Besitz ergreifen. Es wird immer stärker und stärker und eines Tages wird es ausbrechen und unser ohnehin schwaches Ja zum Leben erdrücken. Das Unterdrücken unseres inneren Nein, wozu wir auch immer nein sagen mögen, ist daher problematisch, aber **was wir tun können ist, das Nein einfach ignorieren**. Zwischen Unterdrücken und Ignorieren ist ein wesentlicher Unterschied. Beim Ignorieren wissen wir, es ist da und wir erkennen es an und stellen immer fest, wenn es auftritt. Wir wissen, die Ablehnung ist da, aber unser kontrollierendes Bewusstsein verhindert, dass sie zur praktischen Auswirkung kommt. Wir kämpfen auch nicht gegen unsere Ablehnung, aber wir folgen ihr auch nicht und bleiben im natürlichen Fluss unseres Lebens.

Wenn wir unsere Ablehnung von uns wegstoßen, gelangt sie in die Tiefen unseres Unbewussten und untergräbt alle unsere Bemühungen. Wir tun daher gar nichts gegen unsere Ablehnung; wir erkennen schlichtweg, dass sie da ist und ein Teil von uns ist. Aber wir folgen dem Gang der Dinge, ohne uns in innere Diskussionen zu verwickeln ohne Klagen und ohne Ärger. Wenn wir z.B. einen ablehnenden, ärgerlichen Gedanken über jemanden haben, versuchen wir nicht sofort die Situation in der Vorstellung zu regeln, sondern einfach zu fragen: **"Höre ich die Geräusche im Raum wirklich, sehe ich die Blumen im Zimmer wirklich?"** Mit diesen Gedanken bringen wir unser Bewusstsein in die Gegenwart, holen es zu unserer Tätigkeit, die wir gerade ausführen.Wenn wir einen einzelnen Sinn wie das Gehör voll einsetzen, konzentrieren sich automatisch alle Sinne auf die Gegenwart. Das Ignorieren ist daher die beste Möglichkeit, unsere **Ablehnung und unsere Befürchtungen auszutrocknen.** Wenn wir mit dem **Nein** in uns kämpfen, sind wir bereits sein Opfer. Auf ganz subtile Art und Weise hat uns die Ablehnung zur Ablehnung von etwas gebracht und damit schon wieder über uns gesiegt. Mit der Ablehnung zu kämpfen bedeutet daher, ablehnen und nicht ignorieren.

**Ignorieren ist die beste Möglichkeit
eine ablehnende Haltung und Ängste zu überwinden.**

Oder anders ausgedrückt:

**Es ist nicht so wichtig, dass wir gegen das Negative
in unserem Leben kämpfen,
viel wichtiger ist es, das Richtige zu tun.
Dies gilt auch für die Ablehnung und Kritik, die wir erfahren.
Und es gilt auch für unsere Ängste.**

Wenn uns pessimistische Gedanken überfallen und wir am Sinn des Lebens zweifeln, Ängste um die eigenen Kinder haben und uns diffuse Ängste vor der Zukunft überfallen, uns lähmen und unseren Lebenswillen untergraben, können wir ein Puzzle zusammensetzen oder einen Kuchen backen und unser Bewusstsein ganz bei unserer Tätigkeit festhalten.

Auch die Angst krank zu werden, gehört in diese Kategorie. Durch Beobachten des eigenen Geistes und der Wahrnehmung des gegenwärtigen Augenblicks kann man lernen, die negativen Gedanken zu ignorieren und das Bewusstsein ganz auf unsere Umgebung oder Tätigkeit lenken, wie zum Beispiel eine Tasse Tee kochen. Durch ignorieren kann man lernen, alle negativen Gedanken und Ängste zu überwinden bis sie "vertrocknen". Der Gedanke: **"Ich weiß, dass ich immer der Lehrmeister meines Lebens bin"**, mag eine Überleitung schaffen und uns helfen, vom Negativen loszukommen und unser Bewusstsein im Hier und Jetzt zu halten.

Das klare Erkennen unserer negativen inneren Grundhaltung ist sehr wichtig. Wird sie nicht erkannt und angenommen, bleibt sie unverändert bestehen. Erst wenn wir unsere Ablehnungen gegenüber dem Leben kennen, können wir sie auflösen. Wann immer wir nein sagen, etwas ablehnen oder Befürchtungen äußern, sollten wir dies innerlich feststellen.
Wenn wir eine Weile konsequent den Anforderungen des Lebens folgen und Kämpfe mit der Ablehnung vermeiden, werden wir überrascht feststellen, dass sie nach und nach schwächer wird und eines Tages wird sie ganz verschwinden. Und wenn sie nicht mehr da ist, wird all die Lebensenergie frei, die sie abgezogen hatte und diese freigesetzte Energie wird uns zur Bewältigung unserer Lebensaufgaben zur Verfügung stehen und unser Leben bereichern. Danach werden **wir erkennen, dass unsere tiefere Natur eine große Bejahung des Lebens ist**.

Bedenken, Ärger und Angst bestehen nur aus bestimmten Gedanken und einer sie begleitenden Spannung oder Verkrampfung im Körper. Zu unseren Sinneswahrnehmungen zurückgekehrt, nehmen wir die Gedanken wahr als das, was sie sind und spüren die Spannung in unserem Körper. Das Wahrnehmen der Spannung ist wichtig, um sie zu lösen, aber sie ist letztlich auch nur eine physische Erfahrung wie Sehen, Riechen und so weiter. **Es klingt unglaubwürdig, wenn man sagt, wir sollten auf den Lärm spielender Kinder oder das Vogelgezwitscher hören, wenn wir ein Problem haben.**

Aber wenn wir wirklich hinhören, werden auch unsere anderen Sinne wach. Wir spüren dann auch die Verspannung und Abwehr in unserem Körper und wir erkennen klar, wie wir zu reagieren haben.

Sobald wir unsere Gedanken beobachten und unser Sein empfinden, sind wir im Augenblick, erkennen, was um uns geschieht und sehen, was in dieser Situation zu tun ist. Handeln, das aus Beobachten und Empfinden oder wachem Erfahren entsteht, ist fast immer befriedigend, weil es zur Situation passt. Man kann sich fragen, ob diese Methode auch bei umfangreichen komplexen Problemen anwendbar ist oder ob sie nur bei einfachen alltäglichen Sorgen funktioniert. **Sie funktioniert aber tatsächlich immer, gleichgültig wie umfangreich und komplex das Problem ist.** Vielleicht finden wir die Lösung, nach der wir gesucht haben, nicht sofort, aber wir erkennen, welche Schritte als Nächstes zu tun sind und finden so Schritt für Schritt zur Lösung der Probleme. Mit wachsender Übung lernen wir, diesem Prozess zu vertrauen und daran zu glauben, dass alles so gut wird, wie es unter den gegebenen Umständen möglich ist.

Jemand, auf den wir uns verlassen haben und der uns enttäuscht hat, die Stelle, die wir nicht bekommen haben, die Krankheit, die uns zu schaffen macht: Wenn wir diese Probleme nicht immerzu in unserem Kopf kreisen lassen, sondern wieder zur Grundlage unseres Lebens, der unmittelbaren Erfahrung zurück finden, werden wir sehen, welches Handeln gefordert ist. Damit ist nicht gemeint, dass wir blind und rein impulsiv handeln sollten. **Wir müssen uns schon informieren, die Tatsachen, die mit dem Problem zusammenhängen kennen; wir müssen unsere natürliche Intelligenz, unser funktionales Denken einsetzen.** Aber es reicht aus, wenn wir klar erkennen, was als Nächstes zu tun ist. Wenn wir uns so verhalten, löst und ordnet sich alles gemäß der inhärenten, natürlichen Reihenfolge.

Wie rasch wir von unseren Gedanken und inneren Gefühlsregungen zur Sinneswahrnehmung überwechseln können, hängt davon ab, wie lange und wie gut wir geübt haben. **Rasche Beweglichkeit ist ein Kennzeichen jahrelangen Übens.**

Manche Menschen können lange an ihrem Elend festhalten, es geradezu genießen. Andere pflegen ihre Eitelkeit oder ihre Verletztheit und wieder andere ihre Selbstgerechtigkeit. Wer will denn schon auf die Geräusche im Zimmer hören oder die Blumen auf der Fensterbank betrachten, wenn er seine Eitelkeit oder Selbstgerechtigkeit genießen kann?

Mit allen diesen Gedanken verteidigen und rechtfertigen wir unser Weltbild, das wir uns einmal zurechtgelegt haben und die Rolle, die wir uns selbst in diesem komplexen Vorstellungsgebäude zugedacht haben, unserem "ich".

Wir wollen unsere inneren Muster nicht aufgeben, auch wenn wir intellektuell einsehen, dass sie uns in Schwierigkeiten bringen. Wir hängen an ihnen und kehren immer wieder zu ihnen zurück, selbst nachdem wir sie als Probleme erkannt und uns ermahnt haben, auf unsere Sinneswahrnehmungen zu achten. Es bedarf daher einer länger andauernden Übung, bis wir dem Prozess wirklich vertrauen und an die Heilung durch unsere unmittelbare Erfahrung glauben (siehe auch Gewohnheiten 3.3.2).

Wo man Liebe aussät, da wächst Freude empor.

(William Shakespeare)

3.5. Loslassen unseres Selbstbildnisses (Siehe auch 3.3.2)

Mensch, wo du noch was bist, was weißt, was liebst und hasst;
so bist du, glaube mir, nicht ledig deiner Last.

(Angelus Silesius)

Die Bedürfnisse des Körpers sind sehr umfangreich und vielschichtig und versetzen den "ich"-Geist in viele Aktivitäten und treiben ihn durchs Leben, damit er für die Befriedigung dieser Wünsche sorgt. Essen und Trinken, Genussmittel, Liebesbedürfnisse, einen guten Schlafplatz, eine sichere Unterkunft und viele andere Dinge benötigt der Körper, um einen momentanen befriedigenden Zustand zu erreichen. Der "ich"-Geist kann dabei leicht zum Sklaven des Körpers werden, ohne dass dieser Zustand bewusst wird, da der "ich"-Geist ja glaubt, er würde diese Dinge für sich selbst tun, wenn er sich mit dem Körper identifiziert hat.

Die Achtsamkeit führt zu einer eingehenden Beobachtung des Körpers und seiner Reaktionen, wobei der "ich"-Geist sich der Abhängigkeit in zunehmenden Maße bewusst wird und beginnt, sich von dieser Abhängigkeit zu lösen. Wird die Achtsamkeit und die Beobachtung der körperlichen Tätigkeiten längere Zeit aufrecht erhalten, erlangt der "ich"-Geist ganz allmählich die Herrschaft über den Körper. Nun hat der "ich"-Geist die Möglichkeit, Gewohnheiten zu verändern und zum Beispiel eine gesunde Lebensweise einzuführen, die den spirituellen Weg unterstützt. Dann erkennt der "ich"-Geist, dass der Körper ein Objekt ist, das er zum Leben benötigt und er versteht, dass er nicht identisch ist mit diesem Objekt, seinem Körper.

Die Übung der Achtsamkeit führt zu der Erkenntnis
dass der "ich"-Geist nicht der Körper ist.

Da die körperlichen Bedürfnisse einen erheblichen Einfluss auf die Interaktionen des "ich"-Geistes mit der Welt haben, wird sich auch das Spannungsverhältnis zwischen dem "ich"-Geist und der Welt durch die Übung der Achtsamkeit verändern und entspannen. Der "ich"-Geist wird sich öffnen und seinen geistigen Horizont weiten. Er wird seine eigenen Weiterentwicklungsmöglichkeiten erkennen und anstreben.

Wenn wir uns Vorstellungen von uns selbst machen, so sind auch diese Vorstellungen Objekte in unserem Geist und formen unseren "ich"-Geist. Er wird feststellen, ich kann mich selbst beobachten, meine Stimme hören und meine Hand sehen, über mich nachdenken und feststellen: "Ich bin intelligent, eitel oder ich bin stolz". **Vom Standpunkt des Selbst aus betrachtet bin auch "ich "ein Objekt, da unser "ich" weiter nichts als eine komplexe Summe von Vorstellungen über mich selbst ist** {17}. Zu den Objekten unseres Geistes gehört somit auch unser "ich"-Geist, d.h. die Summe aller Gefühle, Gedanken, Begierden und Emotionen und nicht nur die Menschen und die Gegenstände in der Welt. Unsere Vorstellung, wir selbst seien ein Subjekt und alles andere ein Objekt, ist in Wahrheit ein grundlegender Irrtum (siehe auch 6.3). Wenn wir die Dinge, einschließlich der Vorstellung von uns selbst, nicht voneinander trennen, wird alles zum Selbst.

> *Wenn ihr die Hände öffnet,*
> *Könnt ihr alles empfangen.*

(Dogen Zenji {6})

Das Freigeben oder Loslassen unserer "ich"-Vorstellung ist von entscheidender Bedeutung für unseren inneren Fortschritt. Wenn wir in der Meditation damit beginnen, unser erdachtes Selbstbildnis "ich"-Geist aufzulösen, beginnt eine ganz neue Phase der "ich"-Erforschung, mit der wir uns in Kapitel 5 und 6 befassen wollen.

> *Liebe ist der Wunsch, etwas zu geben, nicht zu erhalten.*

(Bertold Brecht)

95

3.6. Urteile vermeiden

Bevor du über mich oder mein Leben urteilen willst,
ziehe meine Schuhe an und gehe meinen Weg.

(Volksweisheit)

Wenn unsere Achtsamkeitsübung darin besteht, das Unwirkliche loszulassen und die momentane Wirklichkeit vollkommen anzunehmen so wie sie ist, folgen wir der richtigen Spur und jeder Zusatz ist überflüssig. Es erhebt sich aber die Frage, warum es so schwer ist, dieser einfachen und klaren Grundregel zu folgen. Oder anders gesagt: "Können wir die Entstehung unserer Wunschphantasien und unsere ablehnenden Gedanken und Haltungen vermeiden, bevor sie zu großen Problemen für uns herangewachsen sind?" - Die Antwort lautet: "Ja, das können wir, indem wir Urteile vermeiden". Unsere Urteile: "Dies ist schön, jenes ist hässlich, das ist gut und das andere ist schlecht, A ist angenehm und B ist unangenehm", sind es, die dazu führen, dass wir das Schöne, das Gute und das Angenehme haben wollen und das Hässliche, das Schlechte und das Unangenehme ablehnen. **Natürlich dürfen wir etwas, das in unserem Leben da ist, als angenehm empfinden und etwas anders, das in unserem Leben da ist, als unangenehm. Zu Urteilen in dem hier gemeinten Sinne werden diese Empfindungen erst, wenn sie uns verändern und dazu führen, dass wir das Angenehme suchen und das Unangenehme beseitigen wollen.** Alle Gedanken, die etwas als positiv oder negativ beurteilen, polarisieren unseren Geist. Wenn wir demgegenüber etwas so annehmen können, wie es uns begegnet, haben wir ein Problem im Entstehungsprozess überwunden.

Tagtäglich sind viele Entscheidungen zu treffen, Vergleiche anzustellen und Feststellungen über dieses und jenes zu machen. Das Leben verlangt dies von uns. Erst wenn diese Entscheidungen dazu führen, dass wir etwas ablehnen oder etwas begehren, werden sie zu Urteilen.
Urteile sind Überlegungen, die dazu führen,
dass wir jemanden oder etwas ablehnen oder begehren.

Mit Urteilen ist hier also ein Gedankenprozess gemeint, der uns von unseren Sinneswahrnehmungen abtrennt und Konditionierungen zur Folge hat. Urteile bewirken, dass wir in Zukunft mit suchendem oder ablehnendem Blick durch das Leben gehen.

Urteile haben zur Folge, dass wir uns von der ganzheitlichen Wirklichkeit wegbewegen, in der wir leben.

Die Feststellung eines bestimmten Sachverhalts oder das Erkennen bestimmter Eigenschaften von Menschen oder Dingen sind also in dem hier gemeinten Sinne keine Urteile. **Ob etwas eine Feststellung oder ein Urteil ist, wird durch unsere innere Einstellung bestimmt.** Wenn eine Feststellung einen Wunsch oder eine Ablehnung zur Folge hat, wird sie zu einem Urteil. Auch Neigungen, die dazu führen, dass wir dieses oder jenes bevorzugen, wenn wir die Wahlfreiheit haben, sind keine Urteile. Natürlich ist nichts falsch daran, wenn sich unser Geist für das Angenehme entscheidet und das Unangenehme meidet. Nur wenn der Geist sich weigert, dem Fluss des Lebens zu folgen, können Probleme entstehen. Feststellungen, die uns in irgendeiner Form prägen oder beeinflussen und unsere Offenheit für zukünftige Ereignisse einschränken, sind demgegenüber Urteile.

Einem aggressiven Menschen zu begegnen, der seine Interessen kämpferisch durchsetzt, wird für uns unangenehm sein. Führen unsere Denkprozesse über diese Begegnung zu dem Urteil, so darf man sich nicht verhalten, haben wir uns selbst ein wenig konditioniert. Folgen viele derartige Konditionierungen im Laufe unseres Lebens aufeinander, wird es uns sehr schwerfallen, uns einmal aggressiv durchzusetzen, auch wenn dies noch so berechtigt sein mag.

Wenn wir eine Blume sehen, ihre Ruhe und Harmonie in uns aufnehmen und ihren Duft riechen, so kann dies eine große Freude für uns sein.
Alles, was dabei geschieht, ist belebend, gut und richtig und die Sinneswahrnehmung der Blume in uns ist, wie sie ist.

97

Sobald wir aber denken, die Blume ist wunderschön, ich möchte auch so eine Blume in meinem Garten haben, haben wir diesen Prozess des Aufnehmens und Verstehens der Blume unterbrochen und ein Urteil gefällt. Wenn die Blume schön ist, dann gibt es automatisch auch etwas, das nicht schön ist, wie z.B. das Unkraut in unserem Garten. Dabei schafft erst der Gedanke an die Schönheit das Nicht-Schöne und das Hässliche. Wir haben uns also ein winziges bisschen programmiert. Wenn wir diesen Gedanken an die schönen Blumen in unserem Leben oft denken, werden wir beim Anblick von Gärten nicht mehr ganz frei sein. Einen Garten, in dem eine üppige unbeeinflusste Pflanzenwelt ihre Pracht entfaltet, werden wir dann als unordentlich und mit Unkraut übersät empfinden. Wir nehmen dadurch das eindrucksvolle und starke Ringen der Natur um Licht und Raum nicht mehr mit vollem Bewusstsein in uns auf und genau dies ist dann unsere begrenzte Wahrnehmung. Wenn wir einen Blumengarten einen Blumengarten sein lassen können und einen Misthaufen einen Misthaufen, dann sind wir ganz frei. Dies bedeutet natürlich nicht, dass der Blumengarten und der Misthaufen die gleichen Empfindungen in uns auslösen, ganz im Gegenteil. Wenn wir frei sind von irgendwelchen Anhaftungen, dann werden wir diese beiden Dinge mit voller Intensität in ihrer jeweiligen Erscheinung wahrnehmen und sie gleichzeitig annehmen, wie sie sind. Von Bedeutung ist also, dass erst unser Urteil unseren Blick für die Realität trübt, Wünsche hervorbringt oder Ablehnungen zur Folge hat.

**Urteilen heißt, Wände und Schranken errichten,
heißt, Verbote und Gebote erlassen
und unseren "ich"-Geist knebeln und fesseln.**

Alle Urteile, die dem entsprechen, was wir hier unter diesem Begriff verstehen wollen, lassen uns starr werden und die Lebendigkeit verlieren. Wir sind das Urteilen so sehr gewöhnt, dass wir glauben, ohne Urteil gar nicht mehr sein zu können.

Wie aber können wir der Falle des Urteilens entgehen, können wir uns vornehmen, nicht mehr zu urteilen? Nein, das können wir kaum. Aber wir können etwas anderes tun, wir können feststellen, wann und wo wir (überall) urteilen und uns damit von der momentanen Wirklichkeit wegbewegen, in der wir in Wahrheit leben. Dieses Feststellen wird unsere Urteile nicht aufheben, aber es wird sie mildern und uns den Blick für unseren eigenen "ich"-Geist öffnen. Meditation heißt, unseren "ich"-Geist aus dem Gebäude von Urteilen, Bewertungen und Gedanken in unserem Kopf befreien. Wenn wir nichts wünschen, nichts fürchten und alles annehmen, was kommt und alles gehen lassen, was geht, wo könnte da ein Problem entstehen? Wir verlassen dann das riesige "ich"-Gebäude, das wir errichtet haben und kehren heim zu unserem wahren Wesen.

Meditation hat nichts mit der Monotonie von Grübeleien, Gebeten oder Gedanken zu tun, sie ist nichts weiter als ein Nachhausekommen, Ausruhen und ganz bei uns selbst sein. Nirgends hingehen, das ist Meditation, einfach nur da sein, wo wir sind. Dasitzen in diesem kleinen Raum, den wir unseren Körper nennen, atmen und sonst nichts. **Alles Urteilen und alles Denken verschwinden lassen und ganz das sein, was wir wirklich sind.**

Für mich hat alles im Leben einen Sinn
auch wenn ich ihn jetzt noch nicht verstehe.
Bis dahin gehe ich weiter
lächelnd meinen Weg,
höre auf mein Herz
und vertraue auf mein Selbst.

3.7. Das Streben nach Einheit oder leben im Hier und Jetzt

O Menschenherz, was ist dein Glück?
Ein rätselhaft geborner,
Und, kaum gegrüßt, verloren,
Unwiederholter Augenblick!

(Nikolaus Lenau)

Aus der Sicht des Selbst ist es zwar unmöglich, den gegenwärtigen Augenblick zu verlassen, aber dennoch versuchen wir es gedanklich unablässig. Das gewöhnliche Leben ist eine permanente Flucht vor dem Unangenehmen und eine ständige Suche nach dem Angenehmen.
Der Psychologe Thorwald Dethlefsen meinte dazu:

Unsere Entfernung vom Hier und Jetzt diente nur der Absicht,
wirklich ins Hier und Jetzt zu kommen.
Wir entfernen uns nicht aus der Gegenwart,
wir bekommen sie überhaupt erst dadurch in den Griff,
dass wir den Umweg machen.

Das erste Stadium unseres Übungsweges besteht darin zu erkennen, dass unser "ich"-Geist eben nicht im Hier und Jetzt ist, sondern immer darüber nachdenkt, wie unser Leben sein könnte oder wie es einmal war. Aber was ist jetzt in diesem Moment, dem wir nicht standhalten wollen?

Alles, was sich immer wiederholt, was keine Freude macht, was leidbeladen, langweilig oder hässlich ist, mit dem wollen wir nichts zu tun haben. Unsere Wunschträume und Phantasien, die unser tägliches Leben begleiten und einspinnen, zu erkennen, ist der erste wichtige Schritt zu einer neuen Sicht. Wenn wir uns genau beobachten, merken wir, dass wir das Leben oft nicht erleben, sondern über es nachdenken, wir formen uns Begriffe und Meinungen darüber.

Ein wichtiger Punkt ist die Erkenntnis, dass es uns tief erschreckt, im Hier und Jetzt zu leben und dass wir eine große Angst und eine starke Abwehr dagegen entwickeln. Nicht wenige Menschen bemitleiden sich selbst und machen sich permanent Gedanken darüber, dass andere an ihrem vermeintlich verpfuschten Leben Schuld haben. Manche spinnen sich in ihre Gedanken, ihrem Selbstmitleid, ihren Selbstvorwürfen und ihren Beschuldigungen ein wie in einen Kokon. Sie erleben ihr Leben nur noch durch diesen Kokon hindurch, der immer dichter werden kann und dann Depressionen und Schwermut verursacht.

Es gibt Menschen, die sich lieber das Leben nehmen, als ihren Kokon anzuschauen und ihn zu zerstören. Es gibt Menschen, die lieber ihr physisches Leben aufgeben als ihre Bindungen an ihre Träume, Befürchtungen und Illusionen. Wenn unsere Bindungen an unsere Schuldzuweisungen, Träume und Illusionen nicht aufgelöst werden und unberührt bestehen bleiben, ersticken wir uns selbst, da uns das wahre Leben nahezu völlig entgeht. Auch wenn wir nicht gleich daran denken, uns etwas anzutun, so ist es doch so, dass alle Illusionen zu wünschenden oder zu wollenden Vorstellungen führen, die uns belasten. Wir werden erdrosselt von den Idealvorstellungen wie die Welt und wir zu sein hätten. Wir wollen diese bedrückende Wirkung nicht wahrhaben, weil unsere Träumereien auch sehr angenehm und verführerisch sein können. Sie bieten uns die Möglichkeit, aus der Verpflichtung, uns selbst weiterzuentwickeln zu entfliehen. Doch wenn wir in unseren illusionären Idealen und Phantasien versinken, führt dies langfristig zu großen Problemen, so angenehm diese Vorstellungen **kurzzeitig** auch sein mögen.

Der Mensch ist das Opfer seiner eigenen Ideologien.

Wenn wir im Hier und Jetzt verweilen, gibt es nur noch Tatsachen und keine Ideologien und auch keine Opfer mehr.

Die Natur hat uns mit fünf Sinnen ausgestattet, dem Sehen, Hören, Riechen, Schmecken und dem Tastsinn.

Außerdem verfügen wir über eine Denkfunktion, die es uns gestattet, diese Sinneswahrnehmungen zu interpretieren, sie zu einem inneren Bild bzw. einer inneren Welt zusammenzufügen, Schlussfolgerungen zu ziehen und sachliche Handlungen auszuführen. Wenn unser Leben auf diesen fünf Sinnen und der Tätigkeit der sachlichen Denkfunktion beruht, kann uns kein Problem, keine Sorge erreichen. Über diese Wahrheiten zu reden, ist eine Sache; danach zu leben aber eine andere. Sobald uns etwas als Problem erscheint, sind wir im **Kopf**, grübeln, rechtfertigen, suchen Ausreden und versuchen, damit irgendwie fertig zu werden. Wir wollen unsere Stabilität und Sicherheit durch Denken wiedergewinnen. Wir fragen uns, wie wir uns selbst oder etwas außerhalb unseres Selbst verändern können und sind schon verwirrt. Um unser Leben wieder auf eine sichere Grundlage zu stellen, müssen wir immer und immer wieder zu unseren Sinnen und dem sachlichen Denken zurückkehren und das bedeutet Übung.

Wenn unser Bewusstsein bei der Wahrnehmung unserer Sinne verweilt und unser Denken nicht abschweift, sind wir ganz im Hier und Jetzt und völlig präsent in der momentanen Wirklichkeit.

Üben bedeutet, unser Bewusstsein im Hier und Jetzt verankern.

Der Zustand der Wachheit verleiht uns eine große Kraft und wir spüren, dass wir den Anforderungen des Lebens voll gerecht werden. Wir sind dabei in so vollkommener Verbindung mit dem, was uns umgibt, dass wir uns als **Einheit** mit allem erleben.

Wir alle sehnen uns nach dieser Einheit. Wir wollen die ganze Fülle unseres Seins leben und mit unserer Umgebung in Harmonie sein. Wir wollen ein Gefühl der Verbundenheit mit unseren Lebensumständen haben; wir wollen uns in unserem Leben sicher, geborgen und wohlfühlen. So sehr wir uns aber auch bemühen mögen, unsere Gedanken schweifen ab, sie verlassen das Hier und Jetzt und eilen zu vergangenen Ereignissen und erzeugen Vorstellungen von zukünftigen Wunsch- und Phantasiewelten.

Die Erinnerung an ein Ereignis ist aber nicht das Ereignis selbst. Auch die Erwartung eines Ereignisses ist nicht das Ereignis selbst. Am jeweiligen Ereignis ist etwas Besonderes und Einmaliges, das bei Vergangenem und Kommendem nicht der Fall ist. Das Gegenwärtige ist etwas Lebendiges, ist Aktualität. Das Augenblickliche, die momentane Wirklichkeit ist unser Leben. Die Vergangenheit besteht in der Erinnerung, die Zukunft in einer spekulativen Vorstellung. Etwas, das sich in der Gegenwart ereignet, ereignet sich mit **mir**, denn **unser Sein ist stets in der ewigen Gegenwart.**

Nehmen wir an, wir wandern an einem Meeresstrand entlang und ruhen uns irgendwo in den Sanddünen aus. Was würde es in diesem Augenblick bedeuten, eine Einheit zu sein? Es würde bedeuten, die Meeresbrise auf unserer Haut zu spüren, die Geräusche der Wellen und des Windes zu hören, zu spüren, wie wir auf dem Boden sitzen und wie der warme Sand uns berührt. Den Strand sehen, die natürlichen Gerüche des Meeres riechen, die Sonne auf unserem Körper spüren. Ja, das alles gehört zur Erfahrung dieses Augenblicks. Wenn wir denken oder sagen: Ach, ist das ein wunderschöner Sonnenuntergang! Dann haben wir uns schon wieder ein wenig distanziert und einen Gedanken zwischen uns und die momentane Wirklichkeit hineingeschoben. Wenn wir aber einfach am Strand sitzen und alles spüren, was es zu spüren gibt, dann ist das keine großartige Angelegenheit. Wir sitzen einfach da.

Nehmen wir aber an, dass wir über unsere Schwierigkeiten im Leben nachdenken, uns in unsere Probleme vertiefen und nach Lösungen suchen. Plötzlich spüren wir nichts mehr von dem, was wir noch vor einem Augenblick wahrgenommen haben. Wir sehen den Strand und die Sonne nicht mehr, riechen das Meer nicht mehr, spüren unseren Körper nicht mehr. Die Wahrnehmungen sind verschwunden. **Wir haben die momentane Wirklichkeit in diesem Augenblick geopfert, um über Dinge nachzudenken, die nicht im gegenwärtigen Augenblick, im Hier und Jetzt sind.**

103

Natürlich mag es sein, dass uns Probleme erwarten, wenn der Urlaub am Meer vorbei ist. Aber wenn wir uns dieser Situation, wenn sie eintritt und zur Gegenwart wird, ebenso intensiv mit vollem Bewusstsein zuwenden, werden wir spontan wissen, was dann zu tun ist.

Ohne bewusstes Wahrnehmen sind wir nicht wirklich lebendig. **Das Leben ist für die meisten Menschen unbefriedigend, weil sie den größten Teil der Zeit nicht in der Gegenwart ihrer Wahrnehmung sind.** Uns selbst beobachten, unsere vielen wiederkehrenden Gedanken kennenlernen und uns in die Gegenwart zurückholen, den Augenblick wahrnehmen, das ist unsere Aufgabe. Wenn wir ein paar Jahre geübt haben, dann kommt es nicht mehr so häufig vor, dass unsere Gedanken abschweifen.

Wenn unsere Gedanken abebben,
erleben wir die momentane Wirklichkeit.
Üben heißt, unseren "ich"-Geist zu erziehen,
der Spur der momentanen Wirklichkeit zu folgen.

Nach einiger Übung erkennt man, wenn man abgeglitten ist und kehrt dann zur unmittelbaren Erfahrung des Hier und Jetzt zurück. Mit wachsendem Fortschritt erlebt man diese Verankerung in der Erfahrung wie eine Heimkehr. Aus dieser Verankerung heraus entwickelt sich dann genau das richtige Denken, Handeln und Schaffen.

Diese momentane Wirklichkeit, die sich uns zeigt, wenn wir einfach alle unsere Sinne öffnen, ist der Raum, in dem alles entsteht und vergeht und in dem sich unser Leben entfaltet. Es ist ein Ruheplatz in unserem Leben, ein Ort, an dem wir verweilen müssen, wenn wir heil und ganz sein wollen. Dieser Ruheplatz im Selbst ist einfach Hier und Jetzt. Er ist unser Leben, so wie es ist, sehen, hören, berühren, riechen, schmecken und das direkte, funktionale Denken, das alles zu einem ganzheitlichen inneren Bild, der momentanen Wirklichkeit zusammenfügt. Dieses direkte, funktionale Denken ist ein Denken, das frei ist von Angst, Abhängigkeit und Begierde.

Es ist ein Denken, das vollkommen zum Hier und Jetzt passt und den Raum der momentanen Wirklichkeit nicht sprengt. Und weil es vollkommen angemessen ist, ist es ein maßvolles und verständnisvolles, ja ein liebevolles Denken.

Dieses Denken sind die spontanen Impulse, die uns zeigen, was wir als nächstes zu sagen und zu tun haben.

Jeder Moment ist das Ganze,
und es ist so, wie es ist, vollkommen.
Nur im Augenblick, im Hier und Jetzt,
ist es zu erfahren.

(Platon)

3.8. Innere Versöhnung

Was ist Gutes, was ist Schlechtes?
Die Menschen können es nicht wissen.
Wer geht in die gute Richtung, wer in die falsche?
Selbst der Himmel kann es nicht ermessen.

(Yoka Daishis {35})

Wenn wir unsere Denkprozesse genauer beobachten, erkennen wir, wie viele Vorurteile, Meinungen und harte Urteile wir in uns tragen. Wir lehnen andere Lebensformen ab, wir lehnen andere Umgangsformen ab und wir lehnen Dinge ab, die in irgendeiner Form eine Herausforderung für uns sind. Sind diese Dinge aber wirklich so? Ist eine ganz andere Sicht des Lebens schon falsch? Hat zum Beispiel schöpferisches Chaos nicht genau so viel Lebensberechtigung wie eine gute Ordnung? Ist ein egozentrischer Mensch wirklich schon ein schlechter Mensch? Ist Einsamkeit schon etwas Lebensfeindliches? Kann eine schwierige Beziehung nicht sehr fruchtbar für uns sein? Ist Krankheit nur negativ, nur schrecklich?

Gibt es nicht auch Erlebnisse, die uns warnen und uns zu einer neuen Lebenseinstellung führen? Gibt es nicht auch Krankheiten, die uns an die Endlichkeit unseres Daseins erinnern und unsere Lebenseinstellung positiv verändern?

Die Dinge sind wie sie sind.

Es muss uns persönlich nicht alles gefallen, wir müssen auch andere Meinungen nicht unbesehen übernehmen. Wir dürfen durchaus unsere Vorlieben haben. Es geht darum, dass wir nichts und niemanden ablehnen und erkennen, dass alles zum Leben gehört. Versöhnung ist Harmonie in unserem Inneren, die zu Harmonie mit der äußeren Welt führt.

Versöhnung ist eine Vereinigung von Gegensätzen.

In unserem Denken können wir die Gegensätze aber nicht vereinigen. Dies muss auf einer tieferen Ebene des **inneren Verstehens** geschehen.

Wie wichtig die Versöhnung ist, schilderte eine Dame sehr eindrücklich, die ein Konzentrationslager überlebte. Sie und ihre Zwillingsschwester waren als 10-jährige Mädchen die Opfer einer grausamen Behandlung durch Ärzte, die in Auschwitz unmenschliche medizinische Experimente an Zwillingen durchführten. 50 Jahre danach suchte die Dame einen dieser Ärzte auf, sprach mit ihm, versöhnte sich mit ihm und unterzeichnete gemeinsam mit ihm eine Amnestie-Erklärung. Später schilderte diese Dame ihre Gefühle nach der Versöhnung mit dem Arzt mit den Worten:

Ich fühlte wie eine Bürde des Schmerzes von meinen Schulter genommen wurde. Ich war nicht länger Opfer von Auschwitz. Ich war nicht länger eine Gefangene meiner tragischen Vergangenheit. Ich war endlich frei. Deshalb sage ich allen: "Vergebt eurem ärgsten Feind, das wird eure Seele heilen und euch Freiheit schenken". An dem Tag, an dem ich den Nazis vergab, verzieh ich meinen Eltern, dass sie mich nicht vor diesem Schicksal in Auschwitz bewahrt hatten und ich vergab auch mir selbst, dass ich meine Eltern hasste. - - - - -
Die meisten Regierungen und Staatschefs der Welt empfehlen und unterstützen nur eine Sache – Gerechtigkeit. Gerechtigkeit existiert nicht und durch ihre Forderung nach Gerechtigkeit verdammen sie die Opfer zu lebenslangem Leiden. Sowohl die Opfer als auch die Täter hätten - durch die Verbalisierung ihrer schmerzlichen Erinnerungen - sofort den Heilungsprozess einleiten können.------
Ich hoffe, der Welt wenigstens im Kleinen eine Botschaft der Vergebung zu vermitteln, eine Botschaft des Friedens, eine Botschaft der Hoffnung, eine Botschaft der Heilung.

Wir können die Versöhnung uns nicht selbst verordnen, sie muss von innen kommen. Aber wir können unsere Bereitschaft zur Versöhnung erhöhen. Wenn unser tägliches Üben konsequent feststellt: "gerade jetzt fühle ich mich als Opfer, jetzt sind Schuldgefühle in mir aufgestiegen, jetzt war da ein Gefühl von Selbstmitleid, gerade eben fühlte ich eine Wut und eine Flut von Gedanken überfiel mich", dann sind wir auf dem Weg zur Versöhnung (siehe Kapitel 4).

Es gibt zwei mächtige Hindernisse auf dem Weg zur Versöhnung, Wut und Stolz. Beide sind miteinander verbunden und bedingen sich gegenseitig. Wut hat stets etwas Trennendes an sich. Sie zerreißt die Dinge in Stücke. Die Wut muss nicht ausbrechen und sie muss nicht einmal nach außen sichtbar werden. Ja, häufig erkennen wir selbst nicht einmal, dass eine Wut in uns aufsteigt. Im Grunde ist jede starke Ablehnung eine Form von Wut.

Wenn z. B. eine Flut von abwehrenden Gedanken in uns aufsteigt, so ist auch dies eine Form der Wut.

Wir sollten nicht gegen die Wut ankämpfen, sie zu erkennen und als solche zu charakterisieren ist viel wichtiger. Wichtig ist nicht, ob wir in Erregung geraten, wichtig ist nur unsere Fähigkeit, diese Erregung zu beobachten.

Die Fähigkeit, innere Erregungen beobachten zu können, ist ein Ziel unserer Übung.

Vielleicht können wir irgendwann auch einmal der Frage nachgehen, warum habe ich in dieser Situation eine Wut. Eine Wut kann z.B. in uns aufsteigen, wenn jemand etwas von uns fordert, das wir nicht geben wollen. Wenn wir dann darüber nachdenken, erkennen wir, dass wir im Allgemeinen sehr nachgiebig, über-angepasst und empfänglich für Ausnützungen durch andere sind. Wenn es uns dann gelingt, die Wut und die Überanpassung näher zusammenzubringen oder gar zu vereinigen, kommen wir unserem Ziel einen Schritt näher. Die Wut löst sich auf und die Überanpassung löst sich auf und das Ergebnis der Vereinigung dieser Gegensätze ist eine liebevolle Hingabe an das Leben.

Wenn wir uns genau beobachten, erkennen wir, dass unserem Stolz auch Gefühle der Minderwertigkeit und der Wertlosigkeit gegenüberstehen und manchmal sogar Gefühle der Niedergeschlagenheit. Wenn es uns gelingt, unseren Stolz und unsere Minderwertigkeitsgefühle zusammenzubringen, sie zu versöhnen, entsteht ein natürliches, gesundes Selbstbewusstsein.

Ein berühmter Zen-Spruch fordert uns auf, durch das torlose Tor zu gehen. Ein Zen-Meister sagte:

Wenn wir unseren Stolz überwunden haben,
sind wir durch dieses torlose Tor gegangen.

Die letzte Bastion des "ich" ist der Stolz und sein Widerpart ist **die Angst nichts zu sein.** Wenn wir unseren Stolz vollkommen überwinden können, unterscheiden wir uns in nichts mehr von allen und allem anderen. Wir sind bei der Einheit allen Lebens angelangt und vollkommen in ihr aufgegangen.

Die Versöhnung innerer Gegensätze führt zur Befreiung.

Reifung und Befreiung ist also eine fortwährende Vereinigung von Gegensätzen oder Vergebung und Versöhnung. Wenn wir Achtsamkeit üben, um im Hier und Jetzt zu verweilen, so üben wir damit gleichzeitig auch die innere Versöhnung. Üben bringt uns in eine bessere Übereinstimmung mit allen Dingen, wodurch wir uns dem Fluss des Lebens besser hingeben können. Wir können dann auch den Sinn unseres Lebens besser verstehen und verwirklichen und das Neue und Einmalige unseres Lebens in seinem tieferen Wert erkennen. An herausragenden Persönlichkeiten, die das Leben hervorgebracht hat, wie z.B. Platon, Hippokrates, Goethe, Paracelsus oder Max Planck und vielen anderen mehr, durch die das Leben menschlicher, geistvoller und ein Stück weit von Leiden befreit wurde, können wir diesen Sinn leichter erkennen. Aber wir sollten nicht vergessen, dass jegliches Leben - auch das unsere - diesem Ziel dient. Damit ein Buddha, ein Aristoteles, ein Kant oder ein Konrad Röntgen geboren werden konnte, bedurfte es unzähliger vorangegangener Mütter und Väter, die den Ruf des Lebens angenommen und weitergegeben haben. Niemand weiß, welche Wirkungen seine Gedanken und Taten, so banal sie uns auch erscheinen mögen, in einer fernen Zukunft haben werden.

Und niemand weiß, welche zukünftigen Früchte aus seinem Leben hervorgehen mögen, auch wenn uns unser Leben noch so unscheinbar oder gar bedeutungslos erscheinen mag. Jedes Menschenleben ist in genau seiner gelebten Form vollkommen richtig und ein unersetzlicher Teil des universalen Lebens.

Die Tatsache der Evolution öffnet uns die Augen dafür, dass die Realität nicht dort enden kann, wo die von uns erlebte Wirklichkeit zu Ende ist. Der Entwicklungsweg der Menschheit ist nicht vorhersehbar und der Umfang und die potentielle Entfaltungsmöglichkeit des Universums übersteigt den Horizont, der aus unserem derzeitigen Entwicklungsniveau ableitbar ist, quantitativ und qualitativ um unvorstellbare Dimensionen und sein Ziel bleibt unserem rationalen wissenschaftlichen Zugang verborgen.

Ein japanisches Zen Wort lautet:
Heiso Ni Ari
Unermüdliche tägliche Arbeit.

Die während jeden Tages geübte Achtsamkeit durchdringt unseren ganzen Körper und offenbart sich in unserem Verhalten. Wenn unvorhergesehene, ungewöhnliche Dinge geschehen, manifestieren sich unsere tägliche Übung und tägliche Achtsamkeit spontan. Es ist äußerst wichtig, diese tägliche Übung unermüdlich fortzuführen.

(E. Shimano {11})

Glück ist Liebe, nichts anderes.
Wer lieben kann, ist glücklich.
(Hermann Hesse)

Widerstand überwinden

111

4. Was bewegt mein Herz?

Kein Mensch weiß, was in ihm schlummert
und zutage kommt, wenn sein Schicksal anfängt,
ihm über den Kopf zu wachsen.

(Marie von Ebner-Eschenbach)

4. Erkennen und beobachten unserer Gedanken, Gefühle und Emotionen

Gedanken sind Illusionen.
Die Zeit ist eine Illusion.
Mache die Frage von Leben und Tod
zur wichtigsten Sache deines Lebens.

Liebe Leserin, lieber Leser,

Kapitel 3 und 4 befassen sich mit Beispielen für Hindernisse, die Ihnen auf dem inneren Weg begegnen können, aber keineswegs müssen, was den falschen Eindruck erwecken könnte, als sei das Leben ein einziger Berg voller Probleme. Genießen Sie jeden Tag, so wie er Ihnen geschenkt wird. Haben Sie Mut und leben Sie Ihr Leben, so wie es Ihnen in jedem Augenblick begegnet, fühlen Sie die Lebensenergie, die Ihnen zufließt und zur Entfaltung drängt. Entwickeln Sie Freude an Ihren Tätigkeiten und seien Sie bitte auch einmal zufrieden mit sich selbst. Träumen Sie nicht Ihr Leben, leben Sie Ihre Träume. Erfühlen Sie die Dinge, die in Ihnen zur Entfaltung drängen und wenn die Gewissheit aufkeimt: Das ist meine Lebensaufgabe, dann folgen Sie ihr mit ganzem Herzen. Genießen Sie die Momente, in denen Sie sich frei und glücklich fühlen, die es auch in jedem Leben gibt.

In diesem Buch geht es nicht nur darum, Ihnen Information über die Meditation zu vermitteln, es geht um Sie selbst. In diesem Kapitel 4 wollen wir Sie anregen, Ihre Gefühle, Emotionen und innere Prozesse bewusster wahrzunehmen. Gefühle helfen uns, die momentane Situation richtig einzuschätzen, sie geben uns ein Zeichen, dass etwas wichtig für uns ist und sie warnen uns vor Gefahren. Wenn wir ein Gefühl sehr stark empfinden, hat der Auslöser wahrscheinlich eine besondere Bedeutung für uns.

Bitte finden Sie selbst heraus, welche von diesen Anregungen für Sie persönlich zutreffend und wichtig sind.

4.1. Unsere Gedanken und Gefühle

Man kann fünf Grundgefühle unterscheiden: Angst (Scheitern, Versagen, Bedrohung), Freude (alles ist gut, alles ist richtig), Traurigkeit (Trennung, Verlust), Wut (das ist falsch, das muss sich ändern, ich bin dagegen) und Scham (ich bin falsch, ich bin dumm, ich habe Fehler gemacht). Das Schamgefühl wird von einem inneren Zensor verursacht, während die anderen vier Grundgefühle meist von äußeren Ereignissen angeregt werden. Darüber hinaus kann man innere Zustände feststellen, wie die Beobachtung der Sinneswahrnehmungen und die Kommunikation nach außen, hinzukommt das Denken. Im Alltag erlebt man die Gefühle und inneren Zustände in vielen Verfeinerungen und vielfältigen Variationen, sie gleiten im Gefolge unseres Bewusstseins von Objekt zu Objekt und Moment zu Moment. Normalerweise kümmern wir uns nicht besonders um unsere Gefühle und inneren Zustände, sie sind einfach da.

Unsere Gefühle und Gedanken
sind unverzichtbare Bestandteile unseres Lebens.
Werden sie durch Erinnerungen verfälscht,
können sie unser Leben belasten.

Wenn wir uns zur Meditation niedersetzen, beginnen wir mit der Beobachtung des inneren Geschehens, ohne uns hineinziehen zu lassen. Werden wir doch einmal hineingezogen in den **Strom des inneren Gesprächs** und werden Teil von ihm, haben wir die Meditation verlassen. Irgendwann bemerken wir dann, ich sitze hier in der Meditationshaltung und bin nicht bei der Sache, dann können wir wieder in den Zustand der Beobachtung zurückkehren. Am Anfang müssen wir das immer, immer wieder tun. Nach einiger Übung können wir dann den Fluss der Gefühle und Gedanken beobachten, der unser vergangenes Leben kommentiert und ihn analysieren. Er beschreibt die Melodie unseres Lebens, die jeder Mensch selbst hervorbringt. Angst in vielen Variationen, verletztes Vertrauen, Verlust von Besitz und Liebe, fortwährender Kampf, Leiden, wiederkehrende Traurigkeit, endlose Gedanken, Grübeln, Ehrgeiz und vieles mehr kann der Tenor dieser Melodie unseres Lebens sein.

Erkennen wir diese Melodie, eröffnet sich die Chance, sie zu beenden und eine neue freiere Lebensphase, eine neue Melodie einzuleiten.

Besonders wichtig ist dabei die Frage: "Wie gehe ich mit meinen Gefühlen und inneren Zuständen um, unterdrücke ich sie, lebe ich sie spontan aus, übertrage ich sie auf andere Personen, arbeite ich an ihnen und so weiter?". Durch die Beobachtung des **Inneren Gesprächs** können wir allmählich herausfinden, welche Gefühle und wiederkehrenden Gedankenmuster uns ganz besonders geprägt haben, aber auch belasten und die freie Entfaltung unserer Persönlichkeit hemmen. Wird der sinnlose durch Erinnerungen verursachte Inhalt des Inneren Gesprächs in der Meditation erkannt und näher betrachtet, kann man ihn für immer überwinden und loslassen.

**Es geht bei der Meditation nicht darum, etwas zu erreichen,
es geht darum, alle Hemmnisse zu beseitigen,
die den natürlichen Fluss des Lebens hemmen.**

Bitte, machen Sie eine kleine Pause und fragen Sie sich: "Welche Gefühle und Gedanken begleiten mich bei der täglichen Arbeit, beim Essen oder bei meinen üblichen Unterhaltungen?". Fühlen Sie in sich hinein, nehmen Sie bewusst wahr, was Sie innerlich gerade jetzt erleben.

Durch einige tiefe Atemzüge und lautes oder leises Sprechen eines kurzen Textes vor der Meditation können Sie Ihre Alltagsgedanken besser loslassen und Ihr Bewusstsein auf die Meditation vorbereiten. Die bewusste Beobachtung des inneren Gedankenflusses wird erleichtert und Sie gelangen zur Wahrnehmung des Augenblicks.

Jeder Tag des Lebens ist Übung,
Übung für mein Selbst.
Mag ich auch scheitern, ich lebe
in Einheit mit allen Dingen.
Offen bereit für was immer kommt,
bin ich lebendig, bin der Moment.
Meine Zukunft ist hier und jetzt.
Kann ich das Heute nicht ertragen,
wann und wo sollt' ich's können?

(Zen-Meister Soen-Ozeki)

Glücklich allein ist die Seele, die liebt.

(J.W. von Goethe)

4.2. Wie können wir unsere Gedanken zügeln?

Ein Herbsttag wird sein,
auch wenn ich einmal nicht mehr bin,
so sonnig wie heute.

Normalerweise ist jede Minute unseres Lebens angefüllt mit Gedanken. Unsere Gedanken kommen und gehen, wie sie wollen und beherrschen unseren Alltag. Üblicherweise lassen wir unseren Gedanken vollkommen freien Lauf, ohne zu fragen oder zu prüfen, ob diese Gedanken wirklich wahr und richtig sind. Wenn wir sie genauer anschauen könnten, würden wir unschwer erkennen, dass viele unserer Gedanken Phantasien und vage Vermutungen sind oder einen Sachverhalt sehr einseitig darstellen. Manchmal sind unsere Gedanken auch reine Spekulationen und Behauptungen ohne jeden wahren Hintergrund. Und ab und zu vollführen unsere Gedanken und inneren Stimmen ein richtiges Schauspiel oder ein Drama. Es erhebt sich die Frage, ob es möglich ist, diesen stetig erscheinenden Fluss zu unterbrechen. Ja, es ist möglich aus unserem Gedankenstrom quasi herauszutreten und uns zu fragen:

Ist es wirklich wahr, was ich denke?

Es ist so, als würden wir unsere Gedanken einen Moment lang anhalten und überprüfen, was wir in den vergangenen Sekunden gedacht haben (siehe Kap. 3, Achtsamkeit). Nicht selten werden wir dabei feststellen, dass unsere Gedanken eine Phantasiewelt erfinden. Wir können uns dann ermahnen:

Du fliehst aus deiner Wirklichkeit in eine Traumwelt
und vergeudest damit dein Leben.

Ebenso können wir auch die Frage stellen: "Warum fliehe ich in eine Traumwelt, was ist an meinem Leben so problematisch, dass ich es nicht ertragen kann?". Bei der Betrachtung vieler weiterer Gedanken werden wir bemerken, dass diese einer kritischen Prüfung nicht standhalten.

117

Zahlreiche Gegenargumente werden uns einfallen und uns die Einseitigkeit unserer Gedanken, wenigstens ein Stück weit, verdeutlichen. Mit der Frage: "Warum denke ich so einseitig über diese Sache?", können wir der Ursache unserer Gedanken tiefer nachspüren. Wenn unser Gedankenstrom dann ruhiger und klarer wird, so ist dies ein erster Übungsschritt.

Wir können auch die Frage an uns stellen:

Welche Gegenargumente zu meinem Standpunkt gibt es?

Mit dieser an uns selbst gerichteten Frage beginnt dann die gezielte Suche nach der Gegenposition. Wenn wir uns z.B. Vorwürfe machen, dass wir in irgendeiner Sache versagt haben, so können wir uns klar machen, dass man hinterher immer klüger ist, wenn man mit mehr Information, mehr Zeit zum Überlegen und größerer Distanz die Sache betrachtet.

Auch erkennen wir bei der Betrachtung unseres Gedankenstroms, dass wir uns mehr zutreffende Information beschaffen müssen oder wir erkennen, dass wir selbst ein inneres Problem haben, das diesen Gedankenstrom verursacht hat.

Mit der Frage:

Warum beschäftigen mich diese Gedanken so sehr?

ist es möglich, tiefer zu gehen und herauszufinden, welche innere Berührtheit den Gedankenstrom ausgelöst hat. Die Suche nach der Antwort auf diese Frage kann uns dann zu unseren Gefühlen hinführen, wobei eine rationale Antwort nur bedingt möglich sein wird, aber auf irgendeine Weise antwortet uns unser Inneres.

Auf den tiefsten Kern unseres "ich"-Geistes treffen wir aber mit der Frage:

Wer hat diese Gedanken?

Mit dieser Frage, die an die Wurzel unseres "ich"-Geistes führt, wollen wir uns im Kapitel 5 näher beschäftigen.

Die Analyse unserer Gedanken wird uns aber nur gelingen, wenn wir uns immer wieder zur Übung ermahnen. Wenn wir dies tun, wird es dann irgendwann soweit sein, dass diese Art der Selbstreflexion Selbstverständlichkeit für uns ist.

Am Anfang des Übens erhebt sich manchmal die Frage, ob die vielen negativen, abwehrenden und angstbesetzten Gedanken, die uns überfallen nicht sogar die primäre Natur unseres Geistes sind. Wäre dies der Fall, so wären diese Gedanken beständig in uns vorhanden, da sie ja unsere Natur wären. Da wir aber alle auch einmal fröhliche, entspannte und glückliche Zeiten erleben, so können diese Gedanken nicht die primäre Natur unseres "ich"-Geistes sein, da sie ja sonst immer präsent wären. Daraus folgt, dass negative Gedanken und innere Einstellungen allmählich verschwinden werden, wenn man sich nur beständig in wahren und guten Einstellungen übt, die ja stets begründbar sind. Eine grundlegende Erkenntnis besagt, dass in Abhängigkeit von der Natur des "ich"-Geistes - nämlich Lichthaftigkeit und Erkenntnis - der "ich"-Geist letztlich alle Wahrheit erkennen kann. Dieses philosophische Argument stützt ebenfalls die These, dass positive Einstellungen in uns unbegrenzt vermehrt werden können [lati].

Für unser tägliches Leben ist es also sinnvoll, das Wesen unseres "ich"-Geistes zu ergründen und sich auf seine Wurzeln zu konzentrieren. Das ist zwar schwierig, weil der "ich"-Geist gleichsam von unseren begrifflichen Vorstellungen verdeckt wird **und wir unablässig damit beschäftigt sind, an das Vergangene zu denken und über unsere Zukunft zu spekulieren.** Wenn wir aber üben und den Bewusstseinsstrom dahinfließen lassen, ohne permanente begriffliche Vorstellungen zu formen, so können wir uns von unseren Gedankenströmen befreien. Lassen wir das Bewusstsein in seinem natürlichen Grund ruhen, so können wir es beobachten. Am Anfang, wenn diese Übung noch ungewohnt ist, wird es uns schwierig erscheinen, aber nach einiger Zeit wird der "ich"-Geist immer klarer werden und wir können in diesem ursprünglichen Zustand verweilen, ohne dass dabei Vorstellungen entstehen, d.h. wir verweilen dann im **Hier und Jetzt** (siehe auch Abschnitt 2.7).

119

4.3. Wie können wir unsere Gefühle besser erkennen?

Wie viel du auch wünschen magst,
der Wunsch wird weitergehen.
Glück ist nur da allein,
wo die Wünsche stille stehen.

(unbekannt)

Gedanken und Gefühle sind der tragende Boden unseres "ich"-Geistes und Grundzustände des normalen menschlichen Seins. Unsere Gedanken bestimmen die Grundorientierung unseres Lebens. Sie regen uns an zu Aktivität oder sie warnen uns und lassen uns innehalten oder sie lassen uns über uns selbst nachdenken. Ohne Gefühle wären wir in vielen Situationen sehr hilflos, vielleicht sogar bedroht. Zum einen beschreiben sie, wie ein äußeres Geschehen auf uns wirkt, zum anderen verdeutlichen sie uns unseren inneren Zustand. Sie zeigen, was uns berührt oder bewegt und bilden damit einen großen Teil unserer Lebendigkeit.

Unsere Gedanken und Gefühle bestimmen die Grundorientierung unseres Lebens.

Um authentisch zu sein, müssen wir mit unseren Gefühlen verbunden sein. Oft glauben wir, wir müssten unsere Gefühle wegdrängen und speichern, weil sie nicht zur momentanen Lebenssituation passen. Wir meinen dann, wir könnten unsere Gefühle aufbewahren, um sie zu einem späteren, geeigneteren Zeitpunkt ausleben zu können. Dies ist aber ein Irrtum. Gefühle kann man nicht aufheben, wir müssen sie jeden Augenblick so leben, wie sie uns begegnen.
Bewusst erlebte Gefühle tragen in sich eine starke Kraft der Verwandlung. Je tiefer unsere Gefühle sind, desto intensiver ist die Kraft ihrer Wandlung. **Wenn ein Mensch bis in die Tiefen seines Seins hineinfühlen lernt, fallen oft alte Strukturen zusammen und Neues wird geboren.** Deshalb ist die Wahrnehmung unserer Gefühle für den inneren Weg sehr bedeutsam.

So vielfältig und subtil unsere Gefühle auch sein mögen, so entspringen sie doch alle nur wenigen Grundströmungen.

Aggression, Freude, Trauer, Schmerz und **Angst** sind solche elementaren Grundströmungen unserer Gefühle, die sich in verschiedenen Formen äußern, überlagern und miteinander verbinden. Die meisten Gefühlsregungen sind eine komplexe Mischung aus verschiedenen Grundgefühlen. So können wir z.B. Wut und Trauer oder Angst und Aggression nahezu gleichzeitig erleben.

Die Gefühle sind sehr wichtige Antriebs- und Energiequellen für uns. Im täglichen Sprachgebrauch wird die Aggression als etwas Negatives, das menschliche Zusammenleben Zerstörendes, angesehen. In einem weiter gefassten Sinne beinhaltet die Aggression aber auch alle Antriebskräfte, die uns zur Verfügung stehen. Die Aggression hilft uns, das Leben zu bewältigen, uns durchzusetzen. Ohne Aggression sind wir dem Leben nicht gewachsen. Nur die fehlgeleitete Aggression kann Schaden anrichten. So kann sich z.B. die Aggression auch gegen uns selbst richten.

Wer sich auf den inneren Weg begibt, muss lernen seine Gefühle wahrzunehmen und sie auch zu zeigen, aber dies ist für viele Menschen nicht leicht und bedarf der Übung.

Mit der Frage:

Was fühle ich im Augenblick?

können wir aus unseren Gedanken heraustreten und uns unseren Gefühlen zuwenden.

Am Anfang werden wir dabei versucht sein, uns selbst mit Gedanken statt mit Gefühlen zu antworten, wie z.B. "ich setze mich mit dem Ereignis am gestrigen Tag auseinander" oder "ich befasse mich mit diesem oder jenem Ereignis". Unsere eigenen Gefühle, wie z.B. "ich bin gereizt oder angespannt" oder "ich bin heiter, überschwänglich und gelöst" oder "ich bin angstvoll und verkrampft" oder "ich bin deprimiert" zu erkennen und uns einzugestehen, bedarf der Übung und ist ein erster wichtiger Schritt auf dem Weg zur inneren Freiheit.

Das Führen eines Tagebuchs und die Aufzeichnung unserer Träume können ebenfalls hilfreich sein auf dem Weg nach innen.

Wenn wir es uns zur Aufgabe machen, jeden Tag einige Male nach unseren Gefühlen zu fragen, werden wir sie bald näher kennen lernen und Fortschritte dabei erzielen.

Die folgenden Beschreibungen sollen uns das Erkennen und Annehmen häufig auftretender Gefühle erleichtern.

Eine zarte Flamme der Sehnsucht,
lodert in mir, gerade jetzt.
Woher kommt sie?

4.3.1. Opferrolle und Selbstmitleid

Manchmal gehe ich voll Selbstmitleid durchs Leben.
Doch immer werde ich von starken Winden
von Horizont zu Horizont getrieben.

(Indianische Weisheit)

Natürlich ist jedem Menschen in seinem Leben Unrecht widerfahren. Unsere Eltern haben Sorgen, Ärger und Enttäuschungen bei uns abgeladen. Lehrer haben uns Unrecht getan, uns falsch beurteilt und durch Umstände wie Krieg, Armut oder mangelnde Gelegenheit zu Bildung wurde unser Leben belastet. Alle Geschehnisse dieser Art gehören aber mehr oder weniger unvermeidbar zum Leben. Meist erinnern wir uns später an diese früheren Opfersituationen nicht mehr, dennoch sind sie in unserem Unbewussten da.

Wir fühlen uns z.B. nicht geliebt oder wir glauben, dass man uns ständig übertriebene Leistungen abverlangt. Wir glauben um unsere Rechte kämpfen zu müssen oder wir haben Existenzängste. Viele Menschen fühlen sich auch einsam und tragen Bitterkeit in sich oder sind gefangen im Selbstmitleid.

Selbstmitleid ist ein Hindernis auf dem Weg
zur inneren Reifung.

Die Gefühle wahrzunehmen ist der Sinn unserer Übung und bewusst festzustellen: "Ich fühle mich vom Leben betrogen. Ich fühle mich als Opfer von diesem und jenem". Wenn wir bereit sind, diese Gefühle zu erkennen und anzunehmen, immer wieder, werden sie abnehmen und schließlich verschwinden. Wir sollten also nicht an einer Märtyrerrolle festhalten und sie durch wiederkehrende Gedanken dieser Art verstärken, denn sie belastet unser Leben.

Selbstmitleid ist eines der großen Hindernisse auf dem Weg zu einem glücklichen Leben. **Haben Sie Mut zu leben!**

123

4.3.2. Schuldgefühle

Dem echt Religiösen ist nichts Sünde.

(Novalis)

**Gedanken über Schuld fressen sich langsam
in die Herzen der Menschen.
Es ist ein hartnäckiges, sehr beständiges Gefühl,
gerade deshalb ist es so wichtig, daran zu arbeiten.**

Wenn wir unser Leben ehrlich betrachten, erkennen wir unschwer, dass wir alle nicht nur Opfer, sondern auch Täter sind. Als Eltern sind wir unkonzentriert, launisch, oder rechthaberisch und erkennen unsere Aufgaben und Pflichten nicht oder vernachlässigen sie.

Als Lebenspartner sind wir vielleicht egoistisch, fordernd, manchmal wütend oder beleidigend. Als Nachbarn sind wir gleichgültig. Es geht aber nicht darum, die Anforderungen an uns noch höher zu schrauben als sie ohnehin meist schon sind, nein, es geht darum zu erkennen, dass das Leben uns prinzipiell auch zu Tätern macht. Wir können nicht anders. **Leben heißt immer auch Täter sein** und Täter sein bedeutet stets Schuldgefühle zu haben. Welchen Sinn könnten solche nachträglichen Selbstbeschuldigungen aber haben? In aller Regel wussten wir zum Zeitpunkt des Geschehens keine bessere Lösung. Unser vergangenes Leben hat unser Unbewusstes so geprägt, dass wir zu einem bestimmten Zeitpunkt gar nicht anders handeln konnten.

Es ist daher viel sinnvoller und nützlicher, wenn wir uns der momentanen Lebenssituation zuwenden und das gerade Notwendige tun und damit aufhören, uns selbst zu beschuldigen. Manche Menschen pflegen geradezu ihre Schuldgefühle, klagen sich selbst immerzu an und fügen sich damit tiefe, schmerzende Wunden zu.

124

Es kann aber auch geschehen, dass jemand häufig Selbstbeschuldigungen äußert, um bei seiner Umgebung einen ganz bestimmten Eindruck von edler Selbstkritik zu erwecken. Schuldgefühl-Szenarien können also auch eine egozentrische Angelegenheit sein. Wann immer wir solche Selbstbeschuldigungen erkennen, sollten wir aus diesen Gedanken aussteigen. Sie sind eine Art von Selbstvergiftung. Alle Schuldgefühle sind die Folge von urteilenden Gedanken über uns selbst. Wann immer wir solche Gedanken an uns beobachten, muss daher unsere innere Alarmglocke läuten.

Selbstbeschuldigungen sind Verletzungen,
die wir uns selbst zufügen.

Unsere Gedanken sind in Wahrheit Schutzmechanismen unseres "ich"-Geistes, damit seine einengende Lebenssicht nicht erkannt wird. Bei der Meditation können wir diese Mechanismen anschauen. Mit zunehmendem Fortschritt werden wir irgendwann in der Lage sein, das Drama unseres vergangenen Lebens zu erkennen. Wir sehen dann, auf welche subtile, unbewusste Art wir unsere **inneren Probleme wie ein Theaterstück immer wieder aufführen und damit auch an andere weitergegeben.** Es ist der Zeitpunkt, an dem wir erkennen, dass wir im Laufe unseres Lebens dieses Drama in einer gewissen Weise sogar lieben gelernt haben und es deshalb nicht loslassen wollen. Es dient uns dabei zur Rechtfertigung für unsere Verhaltensmuster, die viele Geschehnisse auf eine typische Weise bestimmt haben. So lange wir aber an unserem Drama hängen, bleiben wir unfrei.

Die Beobachtung unserer negativ urteilenden Gedanken
über uns selbst und über andere
ist ein zentraler Punkt unserer Meditation.

Der Übungsweg ist vor allem deshalb schwer, weil er uns unsere inneren Lebensprobleme klar vor Augen führt und damit Unbehagen in uns hervorbringt.

4.3.3. Schamgefühle

**Wer Erbarmen hat
wird niemand beschämen.**

Schamgefühle entstehen, wenn wir etwas falsch gemacht haben und ein äußerer oder innerer Zensor unsere Unzulänglichkeit oder unsere Fehler beurteilt. Schamgefühle sind die Folge von Urteilen über uns selbst. Wenn wir uns schämen, schämen wir uns vor jemandem. Wir schämen uns vor anderen Menschen, unserer Familie, unseren Arbeitskollegen, unseren Freunden oder der Gemeinschaft, in der wir leben. Und darin unterscheiden sich Schamgefühle von Schuldgefühlen, die uns allein betreffen können, weil uns eine innere Instanz unser falsches Handeln signalisiert.

Schuldig fühlen können wir uns auch, ohne dass eine andere Person etwas von unserer Schuld weiß. Schuldgefühle sind letztlich etwas Intimes, während Schamgefühle meist durch die Missbilligung anderer entstehen. So können wir uns z.B. auch schämen, wenn wir bloßgestellt werden. Scham führt häufig dazu, dass wir uns zurückziehen und uns von der Gruppe oder Gesellschaft absetzen, vor der wir uns schämen. Wenn uns bei der Begegnung mit bestimmten Menschen oder den Menschen einer bestimmten Gruppe ein beklommenes Gefühl beschleicht, sollten wir prüfen, ob wir nicht an Schamgefühlen leiden. Erinnerungen an Schamgefühle können uns lange verfolgen und immer wieder im Bewusstsein erscheinen.

4.3.4. Trauer

**Trauer ist ein Gefühl, das uns daran erinnert,
dass wir verletzlich, vergänglich und menschlich sind.**

Verlust, Trennung und Abschied sind Lebenssituationen, mit denen jeder
Mensch im Laufe seines Lebens immer wieder konfrontiert wird. Dabei geht
es nicht nur um die **einschneidenden Ereignisse** in unserem Leben, sondern
auch um die **kleinen Abschiede** wie z.B. der Abschied am Ende eines
Urlaubes, der Abschied von einem Nachbarn, der wegzieht, die Trennung
von einem alten Auto, der Abschied von einem Tier oder einer Pflanze oder
der Abschied beim Antritt einer Reise. Verlust, Trennung und Abschied sind
Ereignisse, die uns ständig begleiten. Das dazugehörige Traurigsein ist
deshalb ein Gefühl, das uns auch ständig begleitet und immer neu
angenommen sein will, auch wenn seine Schwere von der Schwere der
großen Trauerfälle in unserem Leben sehr verschieden ist.

Das Kostbarste, das wir besitzen, ist die Zeit unseres Lebens und auch
von dieser müssen wir unerbittlich Tag für Tag Abschied nehmen, das was
gerade eben noch geschah, ist schon Vergangenheit und unwiederbringlich
vorbei. Trauern ist deshalb etwas Alltägliches, auch wenn uns dies meist
nicht hinreichend bewusst ist. Wenn wir aber dem Trauern ausweichen und
die unvermeidbare und notwendige Trauerarbeit, bei den alltäglichen wie
bei den ernsthaften Ereignissen, nicht leisten, dann ist das so, als würden wir
die inneren Wege unserer Gefühle mit Schutt überladen und unpassierbar
machen. Im Laufe der Zeit leidet dann unsere Fähigkeit, Gefühle überhaupt
wahrzunehmen. Aktivität, Lebenswille und Lebensfreude können sich nur
dann auf natürliche Weise entfalten, wenn wir die Trauerarbeit leisten, die
uns in den verschiedenen Stadien unseres Lebens abverlangt wird.

**Wenn wir dem Trauern ausweichen, blockieren wir den Fluss
unserer Gefühle und verringern unsere Lebens- und
Entwicklungsfähigkeit.**

127

Trauern ist eine spontane und natürliche Gefühlsregung, die uns von den Schmerzen über einen Verlust befreit und uns damit unseren Lebensmut zurückgibt. Wenn wir nicht trauern, bleibt der Schmerz gewissermaßen in uns stecken, manchmal zerstört er uns sogar. Trauerarbeit hat viele Gesichter, sie ist ein Prozess, bei dem wir sehr unterschiedliche Gefühle und Zustände durchleben können, wie z.B. stumm sein, schweigen, weinen, schreien, toben, hadern, resignieren, sich Vorwürfe machen, sich selbst aufgeben, verzweifeln, hassen, bitten, wütend sein. Da die Erscheinungsformen der Trauerarbeit so sehr verschieden sind, fällt uns der Umgang mit ihr ganz besonders schwer. Zudem versucht unsere Umgebung oft, uns durch gut gemeinte Aufmunterungen von der notwendigen Trauerarbeit abzulenken. Weit verbreitet ist auch die irrige Meinung, dass Trauer etwas sei, das wir mit uns ganz alleine ausmachen müssten und dass wir die Trauer am besten in unserem Inneren behalten sollten.

Wie können wir aber unseren Schmerz überwinden, wenn wir ihn nicht zum Ausdruck bringen?

Trauern heißt, den Schmerz in uns annehmen.

Wenn jemand bereit ist, uns auf diesem Weg zu begleiten, so gibt dies Mut und hilft. Der Verlust eines geliebten Menschen schmerzt. Wir fühlen uns verlassen, isoliert und ein Schmerz brennt in uns, der uns lähmt und zur Resignation führt. Das Leben scheint keinen Sinn mehr zu haben und unser Lebenswille schrumpft. Zum einen schmerzt es, dass ein zukünftiges Leben mit dem geliebten Menschen nicht mehr möglich ist, zum anderen schmerzt es, dass es in der Vergangenheit nicht möglich war, ein intensiveres Leben mit ihm zu führen.

Wenn wir die Phase der tiefen Trauer bewusst durchlebt haben, beginnt eine Phase der Neuorientierung, die neuen Lebensmut und Lebenssinn gibt.

Unsere Traurigkeit anzunehmen und nicht zu verdrängen ist sehr wichtig. Die Trauerarbeit reinigt uns von den Schmerzen des Verlustes und verhilft uns zu einem neuen Anfang.

Zwiegespräche, Lieder, Gedichte und Abschiedsbriefe an die von uns Gegangenen können die Trauerarbeit mobilisieren und uns helfen, den Schmerz in uns anzunehmen, zu ertragen und zu überwinden.

Die innere Bewältigung der Trauer
gibt uns neuen Lebensmut und Lebenssinn.

Mit der Frage:

Was fühle ich in diesem Augenblick?

können wir uns immer wieder bewusst unserem inneren Schmerz zuwenden, ihn annehmen und damit allmählich auflösen. Solange wir in unseren Gedanken steckenbleiben, leiden wir an unserem Schmerz, aber wir lösen ihn nicht auf. Es kommt darauf an, unseren Schmerz und unser Traurigsein bewusst zu fühlen und zu erleben.

Das Leben endet, die Liebe nicht.

(Charles Dickens)

4.3.5. Innere Verletztheit

Heilung beginnt, wenn wir den Mut haben,
uns unseren inneren Wunden zu stellen
und den Willen haben, sie zu heilen.

(Unbekannt)

Nicht wenige Menschen besitzen innere Wunden oder innere Verletzungen. Eine innere Verletzung ist eine Beeinträchtigung des gesunden Selbstwertgefühls, deren erste Ursache weit zurückliegt und meist in der Kindheit zu suchen ist. Wann immer ein äußeres Ereignis auftritt, das in der Nähe einer solchen Wunde liegt, erleben wir diese Situation als gegen uns gerichtet und empfinden es wesentlich intensiver als ein Mensch mit einem gesunden Selbstwertgefühl. Wenn jemand z.B. in der Kindheit häufig kritisiert und gescholten wurde, so kann er eine solche innere Verletzung erleiden. Wird er als Erwachsener auf einen Fehler hingewiesen oder wird eine harmlose Äußerung von ihm sachlich richtig gestellt, so kann dies als massive Kritik oder sogar als Ablehnung der eigenen Person erlebt werden.

Infolge dieses verzerrten Erlebens treten selbstkritische Gedanken auf, die den eigenen Wert in Frage stellen und damit das Selbstwertgefühl erneut verletzen. Eine innere Verletzung unterliegt daher einer Art von Teufelskreislauf. **Da die innere Verletzung besteht, werden die äußeren Erlebnisse falsch erlebt und interpretiert. Weil sie falsch erlebt und interpretiert werden, entstehen neue, ungewollte aber letztlich doch selbstgemachte weitere innere Verletzungen.**

Eine innere Verletzung unterscheidet sich daher von einem Gefühl, dass uns innerlich etwas weh tut. Ein gelebter Schmerz vergeht meist relativ schnell, eine bestimmte Verletztheit kann ein Leben lang anhalten. Bei der Verletztheit verursacht das aktuelle Geschehen Gefühle, die bereits in früheren Lebenssituationen nicht bewältigt werden konnten und uns deshalb um so intensiver belasten.

**Bei einer inneren Verletzung
verstärken unsere Gedanken den Schmerz
und verhindern sein Abklingen.**

Eine innere Verletzung ist daher immer etwas, was wir in letzter Konsequenz uns selbst zufügen, weil wir die momentane Wirklichkeit falsch interpretieren. Nach einem festgefügten Muster läuft dabei ein psychischer Prozess ab, an dessen Ende wir uns selbst durch bestimmte Gedankengänge, nicht eintreffende Erwartungen und nicht zutreffende Interpretationen eine Wunde zufügen oder deren Abheilen verhindern. Wenn zum Beispiel ein junges Mädchen von ihrem Freund durch eine etwas herabsetzende Bemerkung verletzt wird, so tut ihr dies spontan weh, sie belässt es aber nicht dabei, sondern beginnt sein Verhalten zu interpretieren: "Er hält nichts von mir, wahrscheinlich will er mich nur ausnutzen, wenn er eine Bessere hat, verlässt er mich bestimmt!". Durch diese und viele weitere Gedanken dieser Art bleibt ihre Verletzung bestehen oder verstärkt sich sogar, was dazu führen kann, dass sie sich von ihrem Freund trennen möchte. **Bei einer inneren Verletzung wird also der anfängliche Schmerz festgehalten und vergrößert, so dass er sich nicht auflösen kann.**

Nicht selten wird das Verletztsein dazu benutzt, um sich zu verweigern oder um etwas Bestimmtes zu erreichen. Genau so wie bei allen anderen Gefühlen kommt es auch bei der Verletztheit darauf an, dass wir sie erkennen. Wenn wir unsere Verletztheit erkennen und vor uns selbst eingestehen, können wir auch die Gedanken abbauen, die sie am Leben erhalten.

**Alle Gedanken, die uns selbst herabsetzen
oder verletzen, sollten wir kritisch beobachten und
uns unmittelbar sagen:
"Nein, das stimmt nicht, ich bin so, wie das Leben mich geformt hat".**

4.4. Annehmen unserer Ängste und Emotionen

Die Befreiung besteht darin, dass ihr dem, was euch begegnet,
nicht verhaftet bleibt und dass euer Geist still ist und nirgendwo verweilt.
(Hui Hai{46})

Im normalen Alltagsleben spüren wir unsere Ängste meist nicht. Nur wenn besondere Ereignisse oder Reize vorliegen, werden wir ärgerlich, geraten in Wut, werden eifersüchtig, fühlen uns angegriffen oder übervorteilt, fühlen uns abgelehnt oder ausgeschlossen, kritisiert oder nicht für voll genommen. In allen diesen Fällen ist der Beweggrund im weitesten Sinne eine Angst, und wir spüren als Ergebnis einen Affekt oder eine Emotion und diese ist eine Eigenschaft unseres "ich"-Geistes.

Es kann also geschehen, dass Gefühle in uns sehr mächtig werden und wir versuchen, sie zurückzudrängen. Wir haben dann oft Angst vor der Erschütterung, die uns erfasst, wenn wir diese Gefühle zulassen würden. Wenn wir die Zurückdrängung längere Zeit praktizieren, **stauen** sich unsere Gefühle gewissermaßen auf und werden zu Emotionen, was den Umgang mit ihnen sehr erschwert. Jedes längere Zeit unterdrückte Gefühl kann z.B. zu Depressionen führen. Es ist deshalb wichtig, dass wir unsere Gefühle kennen lernen.

C.G. Jung schreibt:
Unter Emotion ist ein Gefühlszustand zu verstehen, der einerseits durch eine merkbare Körperinnervation (Körperreizung), andererseits durch eine eigentümliche Störung des Vorstellungsablaufs gekennzeichnet ist. Die Emotion ist verschieden vom Gefühl, das eine willkürlich verfügbare Funktion sein kann, wenngleich der Übergang zwischen Emotion und Gefühl fließend ist.

Emotionen sind Störungen
des gewohnten Ablaufs unserer Vorstellungen.

132

Starke Emotionen erkennen wir also an ihren körperlichen Auswirkungen, wir werden rot oder blass, wir werden starr vor Schreck oder sind wie gelähmt oder wir fühlen ein eigenartiges Kribbeln im Bauch und sind unfähig, etwas zu sagen oder zu tun und unsere Kehle ist wie zugeschnürt. Gleichzeitig reißt die normale, kontinuierlich fließende innere Bilderwelt ab und Angst- und Abwehrmechanismen treten an ihre Stelle.

Manch einer fängt dann an heftig zu reden und zu argumentieren ohne jede Logik, ein anderer beginnt zu schimpfen oder zu schreien und ein dritter gerät in rastlose Aktivität oder geht zu einem oberflächlichen Gespräch über. Auch stumm bleiben kann ein Zeichen für eine Emotion sein. An diesen und ähnlichen Symptomen können wir erkennen, dass Emotionen in uns aufgestiegen sind. Emotionen sind für den, der sie erlebt, sehr unangenehm und nicht selten auch peinlich. Wer viele und tiefe Emotionen hat, leidet sehr. Ebenso wie die Angst {51} so kommt auch die Emotion vollständig aus dem "ich"-Geist und hat Einfluss auf das weitere Leben. - Wenn wir in einer ruhigen Stunde die emotionsgeladene Situation noch einmal vor unserem geistigen Auge ablaufen lassen, so können wir uns fragen, welches wohl die verdrängten Gefühle bzw. die Angst gewesen sein könnten, die diese Emotion hervorgerufen hat. Wer sich genau beobachtet, wird feststellen, dass es einen Unterschied gibt zwischen Emotionen und Gefühlen. Emotionen sind affektgeladene, tief verankerte Regungen, die zu vehementer Äußerung drängen. Wenn sich Emotionen entladen, ist der Körper in viel stärkerem Maße in das Geschehen hineingezogen als bei den Gefühlen. Emotionen besetzen uns und drängen zu unkontrolliertem Handeln. Sie sind ein Ausdruck des "ich"-Geistes. Sie enthalten meist eine wichtige Botschaft des Unbewussten, weshalb ihre Erkenntnis für unseren Heilungsprozess sehr bedeutsam ist. Allerdings können sie einen Menschen auch schrecklich tyrannisieren. Bei manchen Therapien werden sie angeregt und ihre Entladung als Heilungsweg benutzt.

**Für den inneren Übungsweg ist es entscheidend,
dass wir die Emotionen in Gefühle umwandeln.**

133

Ein bildhafter Vergleich soll uns eine Lebenssituation mit Emotionen verdeutlichen. Es ist so, als müssten wir ein Feld bestellen, in dem unter der Erde (in unserem Unbewussten) verschiedene Gasblasen verborgen sind. Die Blasen sind entweder mit explosiven, giftigen oder übel riechenden Gasen gefüllt und symbolisieren Wut, Hass, Neid, Eifersucht usw. Wann immer wir uns auf der Oberfläche einer Blase nähern, treten Gase aus, was uns sehr unangenehm ist und dazu führt, dass wir diese Gebiete nach Möglichkeit meiden.

Im Laufe der Zeit haben wir zwar ein paar Wege gefunden, die ungefährlich sind und auf denen wir uns unproblematisch bewegen können, aber die Beschränkung auf diese Wege ist ein großer Verlust an Freiheit, der für die freudvolle und glückliche Entfaltung unseres Lebens ein starkes Hindernis darstellt. Erst wenn alle Gasblasen geöffnet und entleert sind, können wir frei und ungehindert in unser Feld gehen, es bestellen und die Früchte unserer Arbeit ernten.

Wenn wir z.B. einen Hass auf unseren Vater haben und in eine Diskussion über Väter geraten, werden wir entweder die Diskussion verlassen oder unser Beitrag wird wahrscheinlich sehr unklar sein. Wir werden aber unser getrübtes Bewusstsein durch ein unangenehmes Gefühl spüren. Vielleicht geraten wir auch in Wut und schimpfen. Da wir am Anfang die Ursache nicht erkennen können, werden wir glauben, es liege an der Diskussion und ihren Teilnehmern. Solange wir überzeugt sind, dass die Probleme außerhalb von uns liegen, ist eine Besserung und ein Fortschritt nicht möglich.

**Erst wenn wir uns unsere Emotionen eingestehen,
können wir an ihnen arbeiten.**

Wenn wir in ruhigen Augenblicken selbstkritisch über belastende Ereignisse in unserem Leben nachdenken, können wir unsere Emotionen erkennen.

Welche Umstände führen nun dazu, dass z.B. Hass entsteht? Hass entsteht, weil wir unsere Erwartungen und negativen Urteile auf die Wirklichkeit projizieren und dann erhebliche Abweichungen von dieser feststellen.

Auf diese Weise entwickeln wir Ärger über das, was der Erfüllung unserer Vorstellungen zum Beispiel Wünsche und Begierden im Wege steht. Aber weder unsere Wünsche und Erwartungen, noch unsere Beobachtung der momentanen Wirklichkeit sind ihrer Natur nach von Hass geprägt. Erst das Zusammentreffen dieser beiden unvereinbaren geistigen Vorstellungen lässt den Hass entstehen.

Ein erster Schritt, um unsere Emotionen zu lösen, besteht daher in der Abmilderung unserer Urteile. Die Annahme, Hass sei dem "ich"-Geist inhärent, ist also nicht zutreffend.

Die Natur unseres "ich"-Geistes als Klarheit und Liebe zu begreifen, hat hingegen eine zutreffende Grundlage. (Dalai Lama)

Bei genauer Betrachtung werden wir feststellen, dass es immer gefühlsmäßig ähnliche Situationen gibt, die unsere Emotionen aktiv werden lassen. Dabei sind die Auslöser der Emotion in aller Regel sehr harmlose alltägliche Geschehnisse wie etwa die Begegnung mit einem Polizisten, oder einem Arzt, ein unbedachtes Wort von einem Arbeitskollegen oder einem Freund, eine andere Meinung oder eine Mahnung des Chefs oder des Lebenspartners, der Hinweis, eine fällige Aufgabe endlich zu erledigen und ähnliches mehr.

Unglücklicherweise sind unsere Reaktionen oft gerade so, dass wir bei unseren Partnern auch eine Emotion provozieren, was dann nicht selten der Auftakt zu einem Streit ist.

Alles, was wir an anderen und an uns selbst nicht annehmen können, ist ein Hindernis auf dem Weg nach innen und eine Aufgabe zum üben.

**Alle psychischen Eigenschaften von uns,
die wir verurteilen,
blockieren unsere innere Weiterentwicklung.**

Es erhebt sich die Frage, ob man Emotionen in Gefühle umwandeln kann. Gefühle sind die feineren Regungen in der Psyche, sie sind diesem starken Reagieren und Ausleben nicht unterworfen.

Bei den Gefühlen bleibt die Situation weitgehend unter der Kontrolle des Bewusstseins, während bei einer Emotion die Kontrolle bis zu einem gewissen Grade verloren geht. Wir haben dann das Gefühl, dass etwas mit uns geschieht, dem wir mehr oder weniger hilflos ausgeliefert sind.

**Wenn wir unsere Emotionen zulassen und gleichzeitig versuchen,
mit wachem Bewusstsein zu beobachten was geschieht,
haben wir mit ihrer Bearbeitung begonnen.**

Meditation ist eine der Möglichkeiten, Emotionen in Gefühle umzuwandeln (siehe Kapitel 2 und 7). Bei der Meditation werden die Emotionen und Gefühle nicht verdrängt, sondern gelöst und geläutert. Wer sich genau beobachtet, wird den Unterschied zwischen Emotion und Gefühl bald sehr genau feststellen.

Wenn ein Mensch wirklich reifen und wachsen will, muss er so weit kommen, dass er seine alten, eingefahrenen Reaktionen auf äußere Reize, nämlich seine Emotionen, ändert. Er bleibt sonst ein Gefangener seines "ich"-Geistes und kann nicht in tiefere seelische Schichten vordringen. Am Anfang mag es empfehlenswert sein, wenn wir unsere Emotionen zulassen und sie damit zum Ausdruck bringen. Dies kann uns Erleichterung bringen, Einsichten vermitteln und eine Wandlung einleiten. Aber irgendwann kommt dann der Zeitpunkt, zu dem wir lernen müssen, Emotionen zu haben, ohne von ihnen besetzt zu sein oder vor ihnen angstvoll davonlaufen zu müssen. Ein unkontrolliertes Ausleben ist dann nicht nur unnötig geworden, sondern für die Entfaltung der Persönlichkeit sogar hinderlich. Zum Beispiel hat eine ausgelebte Wut ja in aller Regel viele unangenehme Folgen, deren Wirkungen oft Jahre andauern können. Es kann geschehen, dass wir durch unkontrolliertes Verhalten unsere Stelle verlieren, oder jemanden verletzen und die Beziehung zu einem uns nahestehenden Menschen sehr belasten.

**Wenn unsere Selbstbeobachtung voranschreitet,
erleben wir unsere Emotionen zunehmend bewusster.**

Wenn man sich wütend fühlt, soll man zwar wütend sein, aber vollkommen bewusst wütend sein. Die Wut darf unser Bewusstsein nicht ersticken, d.h. wir müssen unsere Wut klar erkennen und wissen: ich bin wütend. Wenn uns dies mit hinreichender Ausdauer immer wieder gelingt, wird sie sich ganz auflösen. Man spürt dann im Laufe der Zeit, wie sehr die Emotion unser Leben beherrscht hat und wie problematisch und töricht es war, sie unkontrolliert auszuleben.

Wenn wir Wut also nicht verdrängen, sondern zulassen, wird sie sich durch Bewusstwerdung allmählich von selbst auflösen. Das gleiche gilt für Hass, Gier, Eifersucht, Neid oder jede andere Emotion. Wir müssen lernen, sie wach anzuschauen, ohne dass sie uns überwältigen, Besitz von uns ergreifen oder uns gar ersticken kann. Durch Übung werden wir allmählich freier und erkennen, dass alle Emotionen nur psychische Abläufe sind, die wie Wolken durch unseren Geist ziehen.

Wenn wir soweit vorangeschritten sind, können wir klarer entscheiden, ob es notwendig ist zu reagieren, d.h. unsere Gefühle auszudrücken oder nicht. **Tiefes Ausatmen kann uns dabei helfen, unseren Bewusstseinsstrom immer wieder aus den Vorstellungen der Vergangenheit und den Phantasien über die Zukunft abzuziehen und auf die Gegenwart zu lenken.**

Die Lebensenergie, die wir früher für die Auseinandersetzung mit Emotionen vergeudet haben, steht uns jetzt für die Bewältigung unserer eigentlichen Lebensaufgaben zur Verfügung. Ein wichtiges Kriterium für den Erfolg unseres Übens ist unsere Fähigkeit, Emotionen in lebensbejahende Aktivität umzuwandeln.

**Am Anfang ist es wichtig,
dass wir uns unsere Emotionen eingestehen,
dass wir sie nicht verdrängen und auch nicht beschönigen.
Das heißt, wir müssen die Emotionen zulassen, wobei
unser Bewusstsein mit fortschreitender Übung klar bleiben sollte.
Außerdem ist von Bedeutung,
dass wir unsere Werturteile stetig abmildern.
Was wir verurteilen und ablehnen,
können wir auch an uns nicht akzeptieren.**

Der einzige Weg, wirklich aus unseren emotionalen Verstrickungen herauszukommen, besteht darin, genügend Selbstwertgefühl zu entwickeln, das unabhängig macht vom Verhalten anderer. Aber Selbstwertgefühl kann man nicht machen. Es muss wachsen und dazu brauchen wir Geduld. Wenn wir durch die Auflösung unserer Emotionen Zugang finden zu unseren tieferen seelischen Schichten, werden wir unabhängiger von unseren oberflächlichen Emotionsstürmen und unsere Lebensenergie wächst an.

Die beste Heilung unserer
verletzten Seele ist die Erkenntnis,
dass der Schmerz und die Trauer
uns tiefgehend verändern,
uns stärker und menschlicher machen.

4.5. Wie können wir das Gefängnis unserer Befürchtungen und Erwartungen verlassen?

Wer die Angst überwindet, erlangt Freiheit.

(Ralph Waldo Emerson)

Wann immer wir handeln, verfolgen wir damit eine Absicht, d.h. wir hoffen, dass unsere Handlungen bestimmte Wirkungen hervorbringen. Wenn wir uns den Mühen eines Studiums aussetzen, hoffen wir auf einen entsprechenden Abschluss. Wenn wir uns für eine Firma engagieren, hoffen wir, dass sie erfolgreich sein wird. Wenn wir uns für die Ziele eines Vereins oder einer Organisation einsetzen, erwarten wir, dass diese Ziele verwirklicht werden. Mit der Absicht entsteht also gleichzeitig eine Vorstellung von der eintretenden Wirkung und diese verbindet sich auf subtile Weise mit einer hoffenden und wünschenden Vorstellung, die wir Erfüllungswunsch oder Erwartung nennen wollen. Mit Erfüllungswunsch ist der Teil der Erwartung gemeint, der ein Ergebnis haben möchte. Neben diesem wünschenden Anteil enthält der Begriff Erwartung auch noch einen rationalen, die Handlung lenkenden Anteil, der hier aber nicht gemeint ist, wenn der Begriff Erwartung verwendet wird. Unter Erwartung verstehen manche Menschen, dass eine höhere Macht eingreifen wird und ihr Schicksal lenken wird, diese Erwartung ist hier ebenfalls nicht gemeint.

Ist unsere Erwartung oder unser Erfüllungswunsch sehr stark, werden wir leiden, wenn er nicht in Erfüllung geht. Ist unser Erfüllungswunsch nur schwach, werden wir weniger leiden, wenn unsere Absicht nicht zum gewünschten Ziel führt. Da die momentane Wirklichkeit aber immer mehr oder weniger von den Vorstellungen abweicht, die unseren Absichten zu Grunde liegen, verursacht jeder Erfüllungswunsch auch mehr oder minder starke Enttäuschungen und frustrierende Gefühle.

Erfüllungswünsche (Erwartungen) führen häufig zu Enttäuschungen.
Erfüllungswünsche sind begleitet von Furcht vor Enttäuschungen,
aber auch von Hoffnungen.

139

Erfüllungswünsche oder die Furcht vor Enttäuschungen sind unersättliche Quälgeister, weil sich die Wirklichkeit immer in der einen oder anderen Form von unseren Erwartungen entfernen wird. Es liegt daher in unserem eigenen Interesse unsere Erfüllungswünsche zu beobachten und ihre Intensität wahrzunehmen und uns bewusst zu machen. Wenn wir dies mit hinreichender Ausdauer tun, wird ihre Intensität abnehmen und wir werden weniger intensive Enttäuschungen erleben.

Ob unsere Absichten in der Zukunft eintreffen, hängt aber häufig nicht nur von uns ab, sondern auch von anderen Personen. Unsere Erfüllungswünsche dehnen sich dann auch auf andere Personen und Umstände aus, die häufig nicht mehr in unserer Macht liegen.

Erfüllungswünsche sind Vorstellungen und Gedanken,
wie wir selbst, wie andere und wie die Umstände in Zukunft sein sollen.

Wenn wir starke Erfüllungswünsche haben und unsere Absichten erfüllen sich, dann halten wir dies oft für selbstverständlich. Aber ist es wirklich selbstverständlich, dass wir nie arbeitslos sind? Ist es wirklich selbstverständlich, dass wir nie einen Unfall erleiden, auch wenn wir mit großer Achtsamkeit am Verkehr teilnehmen? Ist es wirklich selbstverständlich, dass wir immer eine schöne und warme Wohnung haben? Ist es wirklich selbstverständlich, dass wir nie krank werden, auch wenn wir sehr gesund leben? Ist es wirklich so, dass unser Lebenspartner uns immer glücklich macht? Nein, natürlich nicht.

Wenn eine Absicht fehlschlägt und eine Erwartung sich nicht erfüllt, kann uns dies sogar aus dem gewohnten Gleis werfen, wir bilden uns dann ein, alles sei verloren, dabei fängt nur etwas Neues an. Wenn wir den Mut entwickeln, unsere neue Lebenssituation offen zu betrachten und anzunehmen, wie sie ist, erkennen wir meist auch viele neue Möglichkeiten und positive Aspekte.

Je weniger Erfüllungswünsche wir haben, desto mehr Grund zur Freude haben wir, wenn unser Leben gut verläuft. Wenn wir keine Erfüllungswünsche haben, werden wir uns häufig freuen und unserem Schicksal dankbar sein, wenn wir gesund sind, keine Unfälle erleiden und in einer friedlichen Gesellschaft leben dürfen.

Eine Verminderung der Erfüllungswünsche führt zu mehr Lebensfreude, Dankbarkeit und Zufriedenheit.

Wenn wir erst einmal erkannt haben, in welch ungeheurem Maße unsere Erwartungen (Erfüllungswünsche) unsere Lebensqualität bestimmen, werden wir motiviert sein, ihre Intensität zu vermindern, so dass wir mehr Dankbarkeit für unser Leben empfinden.

Irrationale Erfüllungswünsche führen hingegen zwangsläufig zu Enttäuschungen, wenn das erwartete Ereignis nicht eintritt, was meist der Fall sein dürfte. Es empfiehlt sich daher, unsere Erfüllungswünsche eingehend zu betrachten und irrationale Erfüllungswünsche aufzulösen.

Zukunftsängste sind die negative Form der Erfüllungswünsche. Wir hoffen, dass bestimmte Ereignisse nicht eintreten mögen. Zukunftsängste sind der unrealistische Anteil unserer Befürchtungen, die wir aber als solche nicht erkennen können. Mit Befürchtungen sind hier nur diese unrealistischen Anteile gemeint, also die Anteile, die einer vernünftigen und erfassbaren Begründung entbehren. Natürlich sollten wir zum Arzt gehen, wenn es Anzeichen für eine Erkrankung gibt, aber nicht wenige Menschen sind fortwährend ohne ersichtlichen Grund um ihre Gesundheit besorgt und vergrämen sich damit ihr Leben.

Auch Befürchtungen hinsichtlich unserer wirtschaftlichen und politischen Lage sind weit verbreitet. Man glaubt dabei, dass sich unsere Wirtschaft stets nur verschlechtert und unsere weltpolitische Situation zu Auseinandersetzungen und Kriegen führen wird, ohne dass es wirklich greifbare Anzeichen für diese Ängste gibt.

Manche Menschen befürchten, dass ihr Hab und Gut und sie selbst von Naturkatastrophen bedroht sind und jedes schlechte Wetter dient ihnen als Begründung für diese Meinung. Die permanente Sorge von Eltern, ihren Kindern könnte etwas geschehen oder es könnte ihnen schlecht ergehen, ist eine andere, weit verbreitete Befürchtung, die viele Menschen begleitet. Bei diesen Beispielen ist nicht der realistische Anteil gemeint, den es je nach Sachlage auch geben mag, der uns vor möglichen Gefahren warnen möchte. **Die tiefere Ursache der Zukunftsängste ist eine Furcht vor der Zukunft und der Unvorhersehbarkeit unseres Lebens im Allgemeinen.** Sie ist ein Angstgefühl in uns, das wir je nach persönlicher Struktur in den einen oder anderen Lebensumstand hinein projizieren. Ein besonderes Merkmal dieser Projektion ist es, dass wir ihr blind ausgeliefert sind und meist nichts gegen die Abwendung der Gefahr tun können. **Der Ursprung unserer Befürchtungen ist die Angst, äußeren Mächten und Umständen ausgeliefert zu sein, es ist die Angst vor Veränderungen und Ungewissheit.** Weil wir die Veränderungen ablehnen oder gar hassen, die das Leben unvermeidlich mit sich bringt, lehnen wir schließlich unser Leben selbst ab.

**Zukunftsängste nehmen uns die Lebensfreude
und entmutigen uns.**

Zukunftsängste sind ruhelose Quälgeister, die uns ständig verfolgen, obwohl die meisten Befürchtungen, die wir in uns tragen, gar nicht eintreffen. Um unsere Zukunftsängste abzubauen, können wir die Zuversicht in uns stärken, die immer auch da ist. Zuversicht und Vertrauen sind die Basis unseres Lebens.

**Eine Stärkung unserer Zuversicht
vermindert unsere Zukunftsängste.**

Es geht also darum, unsere Erfüllungswünsche, die eine Form der Begierde sind und unsere unrealistischen Befürchtungen, die eine Form der Angst und der Ablehnung sind, in uns zu erkennen und unsere Zuversicht zu stärken. Durch das wiederholte bewusste Erkennen unserer Erwartungen und Befürchtungen verschwinden diese.

Es ist etwas Wunderbares, wie unser Bewusstsein durch ehrliche Selbstbeobachtung die Knoten unseres Unbewussten auflösen kann.

So intensiv unsere Gefühle auch sein mögen und so nachhaltig sie unser Leben auch beeinflussen mögen, so dürfen wir uns doch nicht mit ihnen identifizieren. Wir sind nicht identisch mit unseren Gefühlen und wir dürfen uns auch nicht von ihnen besetzen lassen.

Unsere Gefühle sind nicht unsere Wesensnatur.

Wenn Gefühle von uns Besitz ergreifen und wir sie permanent ausleben, vergeuden wir meist Lebensenergie, die uns für die Bewältigung unseres Lebens nicht mehr zur Verfügung steht.

Wir sollen Gefühle haben und zeigen, aber Gefühle zeigen und ausleben ist etwas Grundverschiedenes. Beim Erlebnis eines leidvollen Gefühls wissen wir: Ich erlebe ein leidvolles Gefühl; beim Erleben eines angenehmen Gefühls wissen wir: Ich erlebe ein angenehmes Gefühl. Unsere Reaktion auf diese Gefühle unterliegt aber dennoch der Kontrolle unseres Verstandes.

Die Wahrnehmung unserer Gefühle, die entweder von außen angeregt werden oder von innen kommen, ist ein fundamentaler Bestandteil der Übung auf dem inneren Weg. Je besser es uns dabei gelingt, uns an den inneren Ursprung unserer Gefühle heranzutasten, desto näher kommen wir unserem "ich"-Geist. Mit zunehmender Erkenntnis unserer Gedanken und Gefühle nehmen daher unsere Anhaftungen an der Welt der Erscheinung ab.

Die bewusste Wahrnehmung unserer Gefühle bedarf der Übung.

Es besteht aber die Gefahr, dass wir das Üben mit den gleichen Augen betrachten wie das normale Leben. Wir wollen durch Anstrengung etwas erreichen. Das Wesen unserer Übung besteht aber gerade darin zu erkennen wie wir sind.

Üben heißt, unser Bewusstsein dafür zu öffnen,
welche Gedanken, Gefühle und Ängste unser Inneres erfüllen.

Außerhalb von uns selbst nach wahrem Frieden zu suchen, ist hoffnungslos. Der Zen-Meister Dogen {6} sagte:

Wenn ihr außerhalb von euch selbst nach dem wahren Leben sucht, ist es, als setztet ihr euch einen Teufel auf den Kopf.

Wir müssen uns also immer wieder überprüfen und herausfinden, wohin wir schielen und wonach wir suchen. **Alle Konzepte über unser Leben sind Hindernisse auf dem Weg zur Freiheit,** weil in jedem Lebenskonzept auch Erwartungen versteckt sind. Und wer Erwartungen hat, der hat auch Befürchtungen, dass sich seine Erwartungen nicht erfüllen könnten.

Erwartungen und Befürchtungen sind daher Zwillinge, von denen manchmal der Eine und manchmal der Andere mehr in den Vordergrund tritt.

Erst wenn wir jede Form der Suche aufgeben können, was immer es auch sei, sind wir frei. Was könnte uns noch belasten, wenn wir alle Erwartungen aufgeben, alle Befürchtungen loslassen und nach nichts mehr suchen? Alles ist dann gut und richtig, so wie es ist und nichts findet dann mehr unseren Widerstand. Je mehr Erwartungen wir loslassen, desto größer ist unsere innere und äußere Harmonie.

Wenn wir keine Erwartungen mehr haben, mit wem oder was sollten wir dann unzufrieden sein?

Den größten Fehler, den man im Leben machen kann, ist, immer Angst zu haben, einen Fehler zu machen.

(Dietrich Bonhoeffer)

Jeder Augenblick, egal wie er ist, ist dann eine Manifestation der momentanen Wirklichkeit. Wenn wir mit dem Bestreben üben, einfach der gegenwärtige Augenblick zu sein, dann wird sich unser Leben allmählich verwandeln und genau in der richtigen Weise entwickeln.

Dabei wächst unser Wohlwollen zu allem und jedem und wir fragen immer weniger nach Sympathie und Antipathie, nach Freund und Feind. Es ist das, was im Christentum **Agape** genannt wird, etwas, was man nicht machen kann. Es muss in uns aufbrechen.

Mit jeder tieferen Erfahrung wächst dieses Wohlwollen zu allem, was existiert und bleibt selbst dann erhalten, wenn andere uns negativ begegnen. Wenn es uns gelingt, in dieser Kommunion mit unserem tiefsten Wesen zu bleiben, werden wir nicht verunsichert und reagieren gelassen und ruhig. Dieses tiefe Verständnis für alle und alles verwandelt alle negativen Gefühle. Dann können auch Zorn und Strenge positiv sein. Diese verstehende Liebe wächst mit der inneren Erfahrung, wie ein Zenwort sagt:

Je tiefer meine Erfahrung, desto größer meine Barmherzigkeit

4.6. Wie können wir unser unbewusstes Selbstideal erkennen?

Das Schwierigste am Leben ist es,
Herz und Kopf dazu zu bringen, zusammenzuarbeiten.
In meinem Fall verkehren sie noch nicht mal auf
freundschaftlicher Basis.

(Woody Allen)

Sobald wir ahnen, dass die Probleme unseres Lebens nicht außerhalb, sondern in uns liegen, haben wir mit dem Üben begonnen.

Innerer Fortschritt ist immer verbunden
mit klarem Erkennen und Verstehen
der momentanen Wirklichkeit, in der wir leben.

Dies gilt in ganz besonderem Maß für die Erkenntnis unserer inneren Führung hin zu unserer Wesensnatur (dem Selbst). Nur wenn wir uns dieser Führung vertrauensvoll öffnen, können wir uns auch ihr gemäß entfalten und leben (siehe auch 3.5).

Die meisten Menschen wurden nie angeleitet, über sich nachzudenken oder sich zu sehen, wie sie sind. Sie leben daher mit dem mehr oder weniger statischen Selbstbild, das sie in ihrer Kindheit übermittelt bekamen. Dieses Bild hat häufig eine ganz bestimmte Prägung, die uns in der Kindheit als Leitmotiv mit auf den Weg gegeben wurde. Zum Beispiel das Bild des ehrlichen, redlichen und guten Menschen oder das Bild des klugen informierten Menschen, der stets Bescheid weiß. Eine andere Lebensrolle ist die des starken Menschen, der sich durchsetzt, der keine Schwäche zeigt und der weiß, worauf es im Leben angeblich ankommt. Auch das Selbstbild des Hilfsbereiten, der sich für andere aufopfert, der die Interessen anderer über seine eigenen Interessen stellt, ist weit verbreitet. Alle diese weitgehend unbewussten Selbstbildnisse engen uns ein und beschneiden unsere Lebensmöglichkeiten in gravierender Weise, weil wir vieles, was in uns angelegt ist, nicht entfalten können.

**Wenn wir idealen inneren oder äußeren Vorbildern nacheifern,
verlieren wir unsere Lebendigkeit und Kreativität
und engen uns selbst ein.**

Darüber hinaus haben diese Idealbilder eine mehr oder weniger große Unaufrichtigkeit und Sterilität zur Folge, die wirkliche menschliche Nähe verhindern. Erst wenn wir wissen, dass alles seine Ursache hat, was sich in unserem Inneren als Leben regt, werden wir allmählich fähig und bereit uns zu sehen, wie wir sind. Nichts davon ist **schlecht** oder **gut**, alles ist einfach so, wie es ist und alles ist wert, angeschaut, bewusst gelebt und erlebt zu werden. Wenn wir lernen, in Ruhe hinzuschauen, wie wir sind, werden wir uns weiterentwickeln und uns allmählich auch annehmen lernen, wie wir sind.

An gelebten Idealen an sich ist nichts verkehrt, natürlich sollten wir tolerant und großzügig sein und liebevoll mit unseren Mitmenschen umgehen. Verkehrt sind unsere Vorstellungen im Kopf, die sich fast unablässig mit dieser Thematik befassen und der sich daraus ergebende Zwang, den wir auf uns selbst ausüben, damit wir in die von uns selbst erdachte Idealform hineinpassen. Verkehrt ist der Gedanken-Kokon, in den wir uns selbst eingesponnen haben.

**Wir sind das Opfer unserer eigenen Ideologien
und Lebenskonzepte.**

Natürlich gibt es auch negative Leitbilder, Leitbilder, die zum kämpfen, Gewalt anwenden und betrügen hinführen. Die Opfer dieser Leitbilder sind ganz besonders zu bedauern.

**Sich der inneren Leitbilder bewusst werden
erfordert eine ehrliche und ausdauernde Betrachtung
des eigenen Lebens.**

Wer wirklich frei werden möchte, muss sich dieser inneren Arbeit mit Hingabe widmen und sich immer wieder und immer wieder die Frage stellen:

Warum handle ich, wie ich handle?

Lange wird die ehrliche Antwort auf diese Frage lauten: **Ich weiß es nicht.** Aber ganz allmählich wird irgendwann die Antwort kommen und die Einsicht dämmern: **Ich kann auch handeln, wie es mir entspricht.**

Tag und Nacht
Tag und Nacht, was immer euch begegnet, ist euer Leben;
daher sollt ihr euer Leben der Situation anpassen,
der ihr im Augenblick begegnet.
Verwendet eure Lebenskraft dazu,
aus den Umständen, die auf euch zukommen,
eine Einheit mit eurem Leben zu gestalten
und die Dinge an ihren richtigen Platz zu setzen.

(Dogen Zenji, {6})

Die Zeit flieht dahin
rasch wie die Frühlingswolken,
ohne Wiederkehr.

148

4.7. Psychische Arbeit und psychischer Widerstand

Die ganze Mannigfaltigkeit, der ganze Reiz
und die ganze Schönheit des Lebens
setzen sich aus Licht und Schatten zusammen.

(Leo Tolstoi)

Der Mensch steht erst am Anfang seiner inneren Entwicklung. Deshalb haben wir kaum genaue Vorstellungen von unseren vielfältigen und tiefen psychischen Möglichkeiten. Der Grund dafür liegt in unserer Gebundenheit auf der Ebene des "ich"-Geistes. **Unsere wahre Identität bleibt dabei in der Tiefe verborgen und trifft, wenn sie sich entwickeln will, auf den massiven Widerstand unseres "ich"-Geistes, unserer mächtig herangewachsenen, komplexen "ich"-Vorstellungen.**

Wie wir gesehen haben, ist unser "ich"-Geist das Produkt von Gedanken, die sich im Laufe der Zeit in Gewohnheiten, Ängste, Emotionen und Begierden verwandelt haben, die unsere Vorstellungen von uns selbst und der Welt bestimmen {17}.

Die Überwindung dieser selbst gemachten "ich"-Vorstellung und die Annahme von uns selbst, so wie wir sind, ist eine herausfordernde Aufgabe für jeden Menschen. Der Theologe Romano Guardini beschreibt beispielhaft, wie unser "ich" mit der selbst geschaffenen "ich"-Vorstellung unzufrieden sein kann und mit eben dieser Unzufriedenheit sich selbst verstärkt und die Entwicklung zu neuen Einsichten und Verhaltensweisen hemmt. Er schreibt:

> *Es gibt das Gefühl, mit sich selbst betrogen, in sich selbst eingesperrt zu sein: Nur soviel bin ich, und möchte doch mehr. Nur diese Begabung habe ich, und möchte doch größere, leuchtendere. Immer muss ich das Gleiche. Immer stoße ich an die nämlichen Grenzen. Immer begehe ich dieselben Fehler, erfahre dasselbe Versagen.*

149

Reifung und psychische Entwicklung erfordert die Überwindung solcher Gefühle und Gedanken und den Mut, das eigene Leben auf eine neue (psychische) Bahn zu lenken.

Das volle **Menschsein**, zu dem wir heranreifen sollen, liegt wie ein Samenkorn in unserem Innern und wenn es wachsen und sich entfalten möchte, stößt es auf den Widerstand unserer einengenden Vorstellungen. Wie eine Eichel bereits alle charakteristischen Merkmale einer Eiche in sich trägt, ebenso birgt unser Inneres die Struktur und den Geist, zu dem wir heranreifen sollen. Die Eichel entfaltet ihre Dynamik aber erst, wenn sie von der Erde aufgenommen und eingehüllt wird, erst dann arbeitet sie sich ans Licht empor und beginnt zu wachsen. In gleicher Weise beginnt unser Wesenskern erst dann zu keimen und zu wachsen, wenn wir ihn durch die innere psychische Arbeit anregen und uns den Herausforderungen unseres Lebens stellen. Dabei müssen wir die harte Schale des "ich"-Geistes durchbrechen und uns zu einer neuen Sicht des Lebens emporarbeiten, einer Sicht, die unserem Leben jenen tieferen Sinn verleiht, für den zu leben es sich alleine lohnt.

Schopenhauer formulierte dies mit den Worten:

> *Es ist ganz natürlich, dass wir gegen jede neue Ansicht, über deren Gegenstand wir uns ein Urteil schon gebildet haben, uns abwehrend und verneinend verhalten. Denn sie dringt feindlich in das vorläufig abgeschlossene System unserer Überzeugungen ein, erschüttert die dadurch erlangte Beruhigung, mutet uns neue Bemühungen zu und erklärt alte für verloren. Demgemäß ist eine uns von Irrtümern zurückbringende Wahrheit mit einer Arznei zu vergleichen, sowohl durch ihren bitteren und widerlichen Geschmack als auch dadurch, dass sie nicht im Augenblick des Einnehmens, sondern erst nach einiger Zeit ihre Wirkung zeigt.*

Entwicklung ist also immer mit Widerstand und Anstrengung verbunden. Die Widerstände, auf die unser wahres Wesen bei seiner Entfaltung stößt, zeigen sich anfangs oft als **depressive Verstimmungen**. Diese haben im Entwicklungsprozess des Menschen also eine wichtige Funktion.

Was wir zu leicht als Hindernis und vielleicht sogar als Krankheit sehen, kann in Wahrheit unsere Chance zum Reifen sein.

**Psychische Arbeit und psychischer Widerstand
sind untrennbar miteinander verbunden,
das eine ist ohne das andere nicht denkbar.**

Dabei geht vom psychischen Widerstand die große Gefahr aus, dass wir gerade vor den Dingen fliehen, die uns in Wahrheit voranbringen könnten. Wir wollen uns diese Gefahr an einigen willkürlich heraus gegriffenen Beispielen etwas näher ansehen, damit wir den psychischen Widerstand leichter erkennen, wenn er uns begegnet.

Wenn wir erkennen, dass es uns z.B. gut tun würde etwas weniger zu essen, könnten wir uns selbst kontrollieren und versuchen weniger zu essen, aber bald würden wir den massiven Widerstand des Unbewussten spüren, der uns in die alten Gewohnheiten zurückdrängen wird. Ein weniger anspruchsvolles Ziel, wie z.B. länger kauen, kann auf geringeren inneren Widerstand stoßen und daher langfristig erfolgversprechender sein.

Vielleicht merken wir aber auch, dass wir zu ehrgeizig sind und wollen einige unserer Aufgaben und Ämter abgeben. Nach einiger Zeit fühlen wir uns dann nutzlos und man wird uns möglicherweise überreden können, neue Aufgaben anzunehmen.

Von ganz besonderer Wichtigkeit sind die Widerstände, die sich direkt gegen die psychische Arbeit richten. So kommt es vor, dass wir beim Meditieren häufig müde werden. Dann sollten wir ein Glas frisches Wasser zu uns stellen und einen Schluck trinken, wenn sich Müdigkeit einstellt. Sollten Widerstände unerträglich werden, können wir eine Weile aussetzen und dann wieder weitermachen. Wenn wir prinzipiell aufgeben, wenn sich Widerstände einstellen, haben wir keine Chance, unser Leben grundlegend zu verändern.

Unser "ich"-Geist ist im Erfinden von Widerständen sehr trickreich. So kann es durchaus vorkommen, dass wir den Wochentag verwechseln oder die Uhrzeit übersehen, wodurch die psychische Arbeit vereitelt wird, die wir uns zu diesen Zeiten vorgenommen haben.

Es kann auch durchaus sein, dass uns viele intelligente Gründe einfallen, warum die psychische Arbeit gar nicht sinnvoll ist. Gedanken wie z.B. "Wozu soll das gut sein, was bringt mir das, ich bin für diese Methode nicht geeignet, ich muss einen anderen Weg wählen, die Leute liegen mir nicht" sind geradezu typisch für psychische Widerstände. Die Psychologie nennt diese intelligenten Abwehrgründe **Rationalisierungen**. Wenn man die psychische Entwicklung eines Menschen genauer betrachtet, stellt man fest:

Psychische Arbeit ist fortwährende Analyse der Widerstände.

Es ist also von großer Wichtigkeit, dass wir diese psychische Abwehr erkennen und unserem "ich"-Geist wenigstens im Prinzipiellen nicht nachgeben. Wenn man sich für einen Weg entschieden hat, sollte man ihn nicht leichtfertig wieder aufgeben.

Wer psychisch an sich arbeiten möchte, hat also mit psychischem Widerstand zu rechnen. Wir müssen deshalb wachsam sein und diese psychischen Reaktionen möglichst früh erkennen.

Eine Gefahr, die man erkennt, ist meistens schon halb gebannt. Auch sollten wir uns keine zu großen Schritte vornehmen und mit Geduld abwarten, bis die neuen Maßnahmen ganz fest in unser Leben integriert sind.
Wenn der Widerstand zu groß wird, können wir geschickt etwas nachgeben, aber wir sollten uns nie von der prinzipiellen Richtung abbringen lassen. Man sagt: Nur ein starker Geist kann sich selbst aufgeben.

Die Betrachtungen in diesem Kapitel möchten Sie anregen, Ihr eigenes Innenleben zu erforschen und Ähnlichkeiten mit den beschriebenen Inhalten festzustellen. Beispiele zu diesem Kapitel folgen in den Kapiteln 5 und 7.

Bitte betrachten Sie Ihr Leben in den letzten Jahren und finden Sie heraus, welches ihre drei größten Probleme waren und noch sind.

**Je bewusster wir unsere Lebenssituation beherrschen,
desto mehr Selbstbewusstsein werden wir entwickeln
und unser Leben frei und bewusst gestalten.**

Erkenne dein Selbst und das ganze Universum wird Dein sein, denn du bist das Universum (tat tvam asi). Der Weg zur Erkenntnis des Selbst führt durch Einsamkeit und Stille und diese Stille ist wie Musik, Musik, die wir brauchen, um uns selbst ganz nah zu sein. Jeder Tag ist eine gute Gelegenheit, sich selbst näher kennenzulernen.

**Jede Berührung mit dem Selbst, der Stille in uns
hilft uns zu leben.**

*Zur Morgenröte
Steht noch ein Regenbogen
Um das gelbe Maisfeld*

Stufen

Wie jede Blüte welkt und jede Jugend
dem Alter weicht, blüht jede Lebensstufe,
blüht jede Weisheit auch und jede Tugend
zu ihrer Zeit und darf nicht ewig dauern.
Es muss das Herz bei jedem Lebensrufe
bereit zu Abschied sein und Neubeginne,
um sich in Tapferkeit und ohne Trauern
in andere, neue Bindungen zu geben.
Und jedem Anfang wohnt ein Zauber inne,
der uns beschützt und der uns hilft, zu leben.

Wir sollen heiter Raum um Raum durchschreiten
an keinem wie an einer Heimat hängen,
der Weltgeist will nicht fesseln uns und engen,
er will uns Stuf' um Stufe heben, weiten.
Kaum sind wir heimisch einem Lebenskreise
und traulich eingewohnt, so droht Erschlaffen;
nur wer bereit zu Aufbruch ist und Reise,
mag lähmender Gewöhnung sich entraffen.

Es wird vielleicht auch noch die Todesstunde
uns neuen Räumen jung entgegensenden,
des Lebens Ruf an uns wird niemals enden...
wohlan denn, Herz, nimm Abschied und gesunde.

(Hermann Hesse)

das Dunkle annehmen

5. Erforschung des "ich"-Geistes, der direkte Weg zur Befreiung

Der Mensch ist ein dunkles Wesen. Er weiß nicht,
woher er kommt, noch wohin er geht, er weiß
wenig von der Welt und am wenigsten von sich selber.

(Johann Wolfgang von Goethe (1749 – 1832))

5. Die Suche nach der Wurzel des "ich"-Geistes - Erkenne dich Selbst! {50}

*Um das Streben nach Befreiung
auf ein solides Fundament zu stellen,
muss man die eigene Lage sorgfältig prüfen.*

Liebe Leserin, lieber Leser,

unser Leben wird von drei Wesenheiten (Dingen) bestimmt, dem "ich"-Geist, der Welt {2} und dem seelischen Urgrund, den man auch Wesensnatur oder das Selbst nennt. Das Selbst {12} ist unveränderlich, es bleibt stets so, wie es ist, es kennt keine Zeit. Der "ich"-Geist und die Welt oder Weltvorstellung verändern sich im Laufe unseres Lebens nahezu kontinuierlich, wodurch Spannungen zwischen dem "ich"-Geist und der Weltvorstellung entstehen. Durch Zazen-Meditation und Achtsamkeit können wir die Probleme zwischen dem "ich"-Geist und der Weltvorstellung verringern (siehe Kap. 2 bis 4), aber ganz auflösen können wir sie nicht. Durch den unaufhörlichen Wandel der Welt ist der "ich"-Geist zu ständigen Änderungen, Anpassungen und Weiterentwicklungen gezwungen, er braucht Nahrung, Kleidung und wünscht sich vieles mehr. Solange der "ich"-Geist etwas wünscht, etwas erreichen möchte, und etwas nicht möchte, bleibt er in eine Auseinandersetzung mit der Welt verstrickt.

Das überlieferte Wissen von Menschen, die die Selbsterforschung intensiv betrieben haben, ermöglicht uns eine Erweiterung der Betrachtung und die Einbeziehung des Selbst, unserem seelischen Urgrund.

157

Erfahrungsberichte verdeutlichen, dass die Probleme des "ich"-Geistes leichter lösbar und ertragbar sind, wenn dem "ich"-Geist Berührungen mit dem Selbst möglich sind. Zazen-Meditaion und die Übung der Achtsamkeit sind eine Vorbereitung des "ich"-Geistes für diese Berührungen mit dem Selbst, die man willentlich nicht erzwingen kann, aber einem ruhigen und zufriedenen "ich"-Geist besser gelingen. Im folgenden Kapitel wollen wir die Bereinigung der Konflikte des "ich"-Geistes mit der Welt näher betrachten.

So viele Dinge
ruft ins Gedächtnis mir
die Kirschblüte.
                    (Basho)

5.1. Das Selbst, der "ich"-Geist und die Welt

Unsere Außenwelt ist ein Phantasieprodukt,
wobei frühere Phantasien als gewohnte
eingeübte Tätigkeiten wieder zum Bau verwendet werden.

(Friedrich Nietzsche {40})

Friedrich Nietzsche beschreibt die Entwicklung unseres "ich"-Geistes sehr zutreffend. Baustein für Baustein entwickeln wir unseren "ich"-Geist, bis er im Erwachsenenalter einen beachtlichen Umfang und eine beachtliche Komplexität erreicht. Nicht alle Bausteine passen gut zusammen und die Gesamtfunktion des "ich"-Geistes weist viele Fehlfunktionen auf, die wir als unsere Lebensprobleme erleben und daran leiden. Diese Leiden sind unsere Wegweiser auf dem inneren Weg, sie zu überwinden ist unsere Lebensaufgabe.

5.1.1. Die Erfahrung des Selbst, die Stille in uns

Des Menschen Verstand
kann die wahre Unterweisung nicht erfassen.
Doch wenn ihr zweifelt und nicht versteht,
könnt ihr gern darüber mit mir diskutieren.

(Yoka Daishi {35})

Unser Leben beruht auf drei Säulen: **Dem Selbst, dem "ich" und der Welt.** Das Selbst ist eine fundamentale Wesenheit {14}, die Grundlage alles Seienden. Seit Urzeiten hören die Menschen in sich hinein und erforschen sich selbst. Dabei haben sie festgestellt, dass sie in eine unbekannte Wesenheit vordringen, sobald ihre Gedanken und ihre Sinne vollkommen zur Ruhe kamen. Sie nannten diese Wesenheit **das Selbst.** Vergleiche der gewonnenen Einsichten mit anderen, die ebenfalls solche inneren Erfahrungen gemacht haben, zeigten ihnen, dass die Einsichten weitgehend

159

übereinstimmten. Wenn sie das Selbst erreichten, erlebten sie eine tiefgründige "Stille", die sie glücklich machte und sie von allen Ängsten und Sorgen befreite. Die Erkenntnisse, die sie machten, geschahen ohne Beteiligung ihrer Sinne und ohne gedankliche Aktivität und sind daher mit den üblichen sinnlichen Erfahrungen der Welt nicht vergleichbar und auch mit Sprache und Denken nicht erfassbar. Die erfahrene "Stille" ist eine Berührung mit dem Selbst, sie kann daher mit der Sprache nur andeutungsweise umschrieben werden. Im Laufe der Jahrhunderte entstanden aber im Grundsätzlichen übereinstimmende Berichte über das Selbst in unterschiedlichen Kulturen und an weit voneinander entfernten Orten. Im japanischen Zen sagt man z.B.:

Das Selbst ist ewig, selbstlos, heiter und rein.

Im Vedanta (Hinduismus) heißt es:
Das Selbst ist die Einheit ohne Zweiheit,
das, was ewig bleibt, rein, immer frei, einzig,
makellos, unerschütterlich und klar,
die ununterbrochene Seligkeit.

Den Erforschern unserer Innenwelt (siehe z.B. {15},{16}) wurde bewusst, dass sie in eine abgeschlossene, universale Wesenheit vorgedrungen waren, die die Grundlage unseres Geistes ist und daher **alles einschließt.** Je tiefer und eingehender die Menschen ihre Beziehung zum Selbst erforschten, desto klarer erkannten sie, dass das Selbst die tragende Lebensenergie {25} ihrer Gedanken ist und dass das Selbst auch die tragende "Lebensenergie" von allen sinnlichen Wahrnehmungen ist. Sie begriffen, dass das Selbst diejenige "Lebensenergie" ist, die sie lebendig machte. Ein simpler Vergleich soll das nicht Fassbare etwas verdeutlichen und zeigen, wie das Selbst erlebt wird:
So wie ein Stück Eis sich auflöst,
wenn es den warmen Ozean berührt,
so löst sich der "ich"-Geist auf, wenn er das Selbst berührt.

Daraus ergibt sich, dass das Selbst die Grundlage von allem ist, was in unserem Geist erscheint. Die Erkenntnis des Selbst wurde im Laufe der Jahrhunderte durch zahllose Berichte vielfach bestätigt. Die Anfänge dieser Erkenntnisperiode liegen mehrere tausend Jahre zurück und sind zum Beispiel in den Sanskrit-Texten und mündlichen Überlieferungen zu finden. Der Begriff, der das Wesen des Selbst für den heutigen Menschen am klarsten beschreibt ist **reines Bewusstsein.** Das reine Bewusstsein ist die "Ur-Substanz", aus der alle Gedanken und Vorstellungen hervorgehen und auch alles Seiende, alle Materie, auch unser Körper, alle Gefühle und Wahrnehmungen; dies alles ist das Selbst und bleibt selbst doch in seinem Wesen stets unverändert {12}.

Das Selbst umfasst alles, was es gibt und ist immer gleichbleibend, es ist das Inspirierende und Tragende unseres Geistes und unserer Sinne.

Das Selbst ist in dieser Darlegung eine Erfahrungstatsache und nicht das Ergebnis von theoretischen Überlegungen. Grundsätzlich kann jeder Mensch die Erfahrung des Selbst machen, wenn er zu einer entsprechenden Vorbereitung seines Geistes bereit ist.

Das Selbst ist die wahre Quelle unseres Geistes.

So wie das Licht die unverzichtbare Quelle für einen Filmprojektor ist und alle Bilder erscheinen lässt, so ist das Selbst die Quelle für die Entstehung der "ich"-Vorstellung und der "Welt-Vorstellung". - Im Zen sagt man:

*Die wahre Erkenntnis des Selbst wird
direkt von Mensch zu Mensch übertragen.
Von meinem Geist zu deinem Geist.*

161

Das Selbst überschreitet unser Erkenntnisvermögen

Das Selbst ist eine Wesenheit.
die unser geistiges Erkenntnisvermögen überschreitet,
weil es diesem zu Grunde liegt.
Das Gewissen wird vom Selbst inspiriert,
es unterliegt aber auch gesellschaftlichen Normen.
Das Selbst kann man nicht sehen, man kann es nur sein.
Das Selbst ist aber auch nicht getrennt von der Welt.
Die Welt ist im Selbst.
Das Selbst ist das Tragende in allem Lebendigen
und die einzige Wirklichkeit {18},
die es gibt.

Am Anfang ist das schwer zu verstehen, weil hier das Ende des rationalen Erkenntnisvermögens erreicht wird und unsere gewöhnliche Sicht der Welt bis an den Rand erweitert wird.

Weil das Selbst allen Erscheinungsformen zu Grunde liegt, auch unserem Körper und unserem Geist, kann man das Selbst nur sein und es in anderen Erscheinungsformen beobachten.

Wie Wasser zum Beispiel als Wolke, Ozean oder Gletscher auftreten kann, aber immer die gleiche Ur-Substanz bleibt. So kann das Selbst in ähnlicher Weise als "Welt" in Erscheinung treten und somit auch unser Körper sein. In diesem Fall wäre unser Geist reines Bewusstsein, eine Form des Bewusstseins und unser Körper so etwas wie kondensiertes Selbst, eine andere Form des Bewusstseins, aber auch Bewusstsein. Diese bildhafte Vorstellung wäre dann in Einklang mit unserer bisherigen Weltsicht. Es wäre eine Stütze, um das Unfassbare doch irgendwie plausibel zu machen. - Wenn unsere Gedanken einmal zur Ruhe kommen, dann spüren wir die "Lebensenergie" {25} in uns und wir erleben die Stille und nur darauf kommt es an.

Es ist sinnlos, sich Vorstellungen über das Selbst zu machen, da jeder Versuch in dieser Hinsicht nur zu unsinnigen Widersprüchen führt. Wir fühlen, dass wir lebendig sind und können darauf vertrauen, dass das ausreicht, um vom Selbst berührt zu werden.

Der persische Mystiker Rumi gewährt uns einen Blick in seine innere Erfahrung:

Die Stille bedeutet mehr
Als tausend Leben,
Und diese Freiheit ist mehr wert
Als alle Reiche der Welt.
Die Wahrheit in sich selbst erblicken,
Nur für einen Augenblick,
Gilt mehr als alle Himmel, mehr als alle Welten,
mehr als alles, was es gibt.

(Rumi {39})

5.1.2. Das "ich" und seine falsche Identifikation mit dem Körper {23}

Habe Mut, dich deines eigenen Verstandes zu bedienen.

(Immanuel Kant)

Das "ich" oder der "ich"-Geist ist eine persönliche, gedankliche Konstruktion, die jeder Mensch selbst hervorbringt. Der Anfang dieser Gedanken-Konstruktion ist der erste "ich"-Gedanke aus unserer frühen Kindheit. Alle sinnlichen Wahrnehmungen, Erlebnisse und Gedanken werden nach diesem ersten "ich"-Gedanken auf das neu gebildete "ich" bezogen und in Kategorien eingeteilt: Mein, angenehm, unangenehm, gefährlich, nützlich, gut für mich, schlecht für mich, will ich haben, will ich nicht und so weiter. Im Laufe des Lebens entwickelt und wandelt sich diese "ich"-Gedankenkonstruktion fortwährend und wächst zu einem komplexen Gedankengebäude heran, dem "ich"-Geist auch "ich"-Vorstellung genannt {17}.

Da alle sinnlichen Erfahrungen mit dem Körper in Verbindung stehen, trifft das "ich" sehr bald eine grundlegende Entscheidung, es identifiziert sich mit dem Körper:

"ich" bin der Körper.

Von nun an ist alles, was mit dem Körper und den "ich"-Gedanken in Verbindung steht, der "ich"-Geist und alles, was nicht dazugehört, ist die Außenwelt.

Diese Aufspaltung des einheitlichen Geistes in den "ich"-Geist und die Außenwelt ist die Ursache für alle Probleme und Leiden, die die Menschen erfahren.

Menschen, die das Selbst verwirklicht haben berichten, dass das Selbst das Wahre-ich ist. Sie äußern, dass der "ich"-Geist, der uns zur Orientierung in dieser Welt dient, immer vom Selbst, dem Wahren-ich getragen wird. Das gilt auch für die Menschen, die sich dieser Erfahrung nicht bewusst sind.

Das Selbst, das "Wahre-ich", ist das einzige Subjekt, das es gibt.

Der menschlichen Geist ist eine Manifestation des Selbst.
Der Zen-Meister Obaku Kiun {37} formulierte es mit den Worten:

Dein wahres Wesen (das Selbst) ist etwas,
das in der Verblendung
nicht verloren geht und im Augenblick
der Erleuchtung nicht gewonnen wird.
In diesem Urgrund, der die Soheit ist,
gibt es weder Verblendung noch Erleuchtung.

Ungerührt steht sie da, so als
könnte ihr nichts etwas anhaben.
Die alte knorrige Akazie.

5.1.3. Das "ich" und seine Probleme

Das "ich" ("ich"-Geist) ist nichts anderes als Wollen und Vorstellen.

(Novalis)

**Wenn wir in uns selbst keinen Frieden finden,
werden wir ihn nirgendwo finden.**

Manche Wünsche und Ängste sind unserem Tagesbewusstsein sehr nahe und können zu Spannungen zwischen dem "ich"-Geist und der Welt führen. - Sehr tief in unserem Unbewussten liegende Ängste und Probleme können zu Konflikten zwischen dem "ich"-Geist und dem Selbst führen.

**Die Auflösung von Ängsten und
die Weiterentwicklung des "ich"-Geistes verringern einerseits
die Konflikte zwischen der Welt und dem "ich"-Geist
und verringern andererseits auch die Konflikte
zwischen dem "ich"-Geist und dem Selbst.**

Unser Wissen über ein menschenwürdiges, harmonisches Leben und unsere Fähigkeit, nach diesem Wissen wirklich zu leben, liegen meist weit auseinander. Deshalb müssen wir üben. Wenn dieses Üben einen Sinn haben soll, so muss es dazu führen, dass sich an unserem täglichen Leben etwas verändert. Damit ist nicht gemeint, dass wir große äußere Veränderungen in die Wege leiten müssen, wie z.B. den Beruf wechseln oder dass wir an einen fernen Ort umziehen sollen. Ganz im Gegenteil, ein konstantes Umfeld ist meist eine große Hilfe für unsere innere Reifung. Es geht um eine neue Sicht und Art des Erlebens des täglichen Lebens.

Es geht um unsere Fähigkeit zu beobachten, was wir denken und fühlen. Wenn wir lernen wahrzunehmen, was sich in unserem Inneren regt, werden sich unsere Ängste, Sorgen und Leiden allmählich auflösen und unser Leben wird sich zunehmend auf die richtige Art und Weise entfalten (siehe Kap. 4).

Haben wir erst einmal erfahren, wie sich ein inneres Problem Schritt für Schritt auflöst, wenn es immer wieder **bewusst angenommen** und betrachtet wird, werden wir die Beobachtung unseres Inneren gerne fortsetzen.

**Üben heißt, mit wachem Bewusstsein
immer wieder feststellen, was sich in unserem Inneren
an Gedanken, Ängsten und Gefühlen regt.**

Dieses Kapitel soll aufzeigen, wie wir in der Vielfalt unseres Alltags durch meditative Übung eine erste spirituelle Orientierung finden können und wie wir die mannigfaltigen Wechselbeziehungen zwischen unserem "ich"-Geist und unserer Außenwelt besser verstehen können. Die Beschreibungen sind als Beispiele zu verstehen, die uns anregen sollen, über uns selbst nachzudenken. Jeder Mensch hat seine eigene persönliche innere Gedanken- und Gefühlswelt, die es zu erkennen und als zu ihm gehörig anzunehmen gilt (siehe Kap.4).

Der Zen-Meister E. Shimano {11} schreibt:
Jo Raku Ga Jo ist eine Zeile aus dem Enmei Jukku Kannon Gyo, dem "Zehnzeiligen lebensverlängernden Kannon-Sutra", das in vielen Zen-Klöstern am Morgen rezitiert wird:

Ewig, heiter, selbstlos und rein

ist eine Beschreibung unserer wahren Natur. Die nicht erleuchteten Menschen meinen, das Leben sei endlich, doch dem ist nicht so. Sie denken, das Leben sei schmerzhaft, doch dem ist nicht so. Sie betrachten die Menschen als selbstsüchtig, doch sie sind es nicht, und sie halten das Leben für unrein, doch das ist nicht wahr.

Dieses Sutra hebt die wesentliche Wirklichkeit unserer wahren Natur hervor, während die nicht erleuchteten Menschen nur die Welt der Verblendung sehen und diese für wirklich halten. Durch die Rezitation dieses Sutras kann man Ewigkeit, Heiterkeit, Selbstlosigkeit und Reinheit verwirklichen.

Die Welle ist das Meer und das Meer ist die Welle

Diese Beschreibung eines verwirklichten Menschen gibt uns den Mut und die Ausdauer, um mit der Meditation fortzufahren, damit wir diesem erhabenen Ziel näher kommen.

5.1.4. Die Welt-Vorstellung {2}

Wir sind das, was wir denken.
Alles, was wir sind, entsteht mit unseren Gedanken.
Mit unseren Gedanken formen wir die Welt.

(Die Reden Buddhas)

Betrachten wir den dritten Pfeiler unseres Lebens, die Welt.
Die Gesamtheit aller Gedanken und Erfahrungen eines Menschen spaltet sich durch die Bildung des "ich"-Geistes auf in den "ich"-Geist und einen großen Rest, die Außenwelt, die **Welt-Vorstellung oder kurz die Welt.**

Die Welt-Vorstellung ist ebenso wie der "ich"-Geist eine Gedanken-Konstruktion, die jeder Mensch selbst erschafft. Sie ist einmalig und charakteristisch für jeden Menschen (siehe Leitspruch für dieses Kapitel).
Bedingt durch die Erbanlagen, die Erziehung und die gesellschaftliche Bildung enthält diese individuelle Weltvorstellung eines Menschen auch viele Anteile, die mit dem üblichen Weltbild der Gesellschaft, in der er lebt, gut übereinstimmen. Betrachtet man zum Beispiel die starken inneren Veränderungen, die man in der Pubertät oder nach der Geburt eines eigenen Kindes erlebt hat, versteht man besser, dass man den "ich"-Geist und die Welt-Vorstellung von der eigenen Geburt an selbst erschaffen hat.

Alles, was in dieser persönlichen **Welt-Vorstellung** gewachsen ist, hat Rückwirkungen auf den "ich"-Geist und seine weitere Entwicklung und umgekehrt. Alles, was wir denken, tun oder nicht tun, fällt daher irgendwann auf den eigenen "ich"-Geist und seine Welt-Vorstellung zurück und muss zu Korrekturen führen, sonst gerät der "ich"-Geist in innere Konflikte mit seiner Weltvorstellung.

Die **Welt-Vorstellung,** die ein Mensch entwickelt, kann man in einen biologisch bedingten und einen sozial bedingten Anteil aufgliedern. Der biologisch bedingte Anteil der Individuen weist dabei starke Gemeinsamkeiten auf, während der sozial bedingte Anteil größere Unterschiede aufweist und sich durch eine einmalige persönliche Struktur und persönliche Inhalte auszeichnet, was man bei der Beobachtung eines Streits oder einer Diskussion über Politik leicht feststellen kann.

Unsere Welt-Vorstellung erscheint uns sehr real und handfest. Es fällt uns sehr schwer zu glauben, dass diese Welt-Vorstellung, die seit unserer Kindheit in uns gewachsen ist, nicht wirklich so sein soll, wie wir sie entwickelt haben. - **Aber eine objektive Weltsicht, losgelöst vom Individuum, gibt es nicht.** In Folge der sehr guten Übereinstimmung der biologischen Organe für die Entwicklung unseres Geistes erreicht der Mensch einen sehr hohen Übereinstimmungsgrad bei der direkten Wahrnehmung der Außenwelt durch die Individuen. Dass die entwickelten Welten aber auch bei der direkten Wahrnehmung (sehen, hören, tasten) nicht vollkommen übereinstimmen, kann man erkennen, wenn man zum Beispiel an Farbenblinde oder gehörlose Menschen denkt. In den Bereichen, in denen sehr viele Menschen übereinstimmende Erfahrungen machen, mag man aus Gründen der praktischen Vernunft von einer quasi objektiven Welt sprechen, aber diese objektive Welt gibt es nicht, sie ist eine Fiktion.

**Wenn du der Tatsache ins´Auge blickst,
dass du und sonst niemand, für deine Welt
und für dich selbst verantwortlich bist, für alles,
was du denkst, was du fühlst und wie du handelst,
dann verschwindet der vermeintliche äußere Verursacher
und damit alles Selbstmitleid.**

5.1.5. Unsere Konfliktfelder

Nur eine, nur eine einzige wirkliche Aufgabe haben wir:
mit den Brüdern in Liebe zu leben, mit allen.

(Leo Tolstoi)

Durch die Entwicklung des "ich"-Geistes entstehen in uns **zwei Konflikt-oder Spannungsfelder.** Zwischen dem "ich"-Geist und dem Gewissen bzw. dem Selbst entsteht ein inneres Spannungsfeld und zwischen dem "ich"-Geist und der Welt (= Welt-Vorstellung) entsteht ein äußeres Spannungsfeld. Mit jeder neu aufgenommenen Erfahrung und Information verändern sich diese Spannungsfelder. Zur Welt-Vorstellung gehören natürlich auch die Menschen, die uns nahe stehen, unser Lebenspartner und unsere Kinder oder Personen, mit denen wir es beruflich zu tun haben. Das Spannungsverhältnis zwischen dem "ich"-Geist und der Welt ist daher einer ständigen Veränderung unterworfen, die den "ich"-Geist zu permanenten Reaktionen, Korrekturen und Anpassungen zwingt, damit die beiden sich verändernden Spannungsfelder nicht in zu große Anspannung geraten und in einem ausgewogenen Verhältnis zueinander bleiben.

Wohnen in unserer Nachbarschaft arme Leute, dann haben wir ein Problem. Geben wir von unserem umfangreichen Besitz nichts ab, dann entsteht zwischen unserem "ich"-Geist und unserem Gewissen eine innere Spannung. Geben wir aber großzügig ab, dann leidet unser "ich"-Geist, der die Dinge ja gerne behalten möchte, sich aber andererseits auch gerne in der besonderen Beachtung und Wertschätzung der Nachbarschaft sonnen möchte.

Der "ich"-Geist lebt in einem äußeren
dynamischen Spannungsfeld mit der Welt.
Und in einem inneren Spannungsfeld mit dem Selbst.

171

Unser Leben wird nach heutiger Auffassung bestimmt durch unsere Erbanlagen und die vielfältigen Einflüsse, die unsere Eltern, Erzieher, Freunde, Nachbarn, Lehrer und viele andere Begegnungen, Erlebnisse und Geschehnisse auf uns ausüben. Das Leben und die geistige Einstellung unserer Eltern und Lehrer wurde natürlich ebenfalls stark beeinflusst von deren Eltern und deren Lehrern, so dass eine Kausalkette entsteht, die die gesamte menschliche Entwicklung, ja sogar die gesamte vergangene Evolution des Universums einschließt, was als Karma bezeichnet wird {20}.

Es geht um unsere Fähigkeit zu beobachten, was wir denken und fühlen. Wenn wir lernen wahrzunehmen, was sich in unserem Inneren regt, werden sich unsere Ängste, Sorgen und Leiden langsam auflösen und unser Leben wird sich zunehmend auf die richtige Art und Weise entfalten, weil wir, ohne es groß zu bemerken, **eine neue Empfindung für unser Leben entwickeln,** wir nehmen vieles gelassener und angstfreier an, so wie es auf uns zukommt.

Wenn wir erst einmal erfahren haben, wie sich ein inneres Problem Schritt für Schritt auflöst, wenn wir es bewusst annehmen, betrachten und innerlich verarbeiten, werden wir die Beobachtung unseres Inneren in der Meditation gerne fortsetzen.

**Üben heißt, mit wachem Bewusstsein
immer wieder feststellen, was sich in unserem Inneren
an Gedanken, Ängsten und Gefühlen regt.**

Dieses Kapitel soll aufzeigen, wie wir in der Vielfalt unseres Alltags durch meditative Übung eine spirituelle Orientierung finden können und wie wir die mannigfaltigen Wechselbeziehungen zwischen unserem "ich"-Geist und unserer Welt (= Außenwelt) besser verstehen können. Die Beschreibungen sind als Beispiele zu verstehen, die uns anregen sollen, uns zu beobachten und über uns selbst nachzudenken. Jeder Mensch hat seine eigene persönliche innere Gedanken- und Gefühlswelt, die es zu erkennen und als zu ihm gehörig anzunehmen gilt.

Der Mensch ist ein ewig Suchender. Wir suchen nach einem besseren Leben, wir suchen nach einem schönen, wir suchen nach einem friedlichen, wir suchen nach einem sinnvollen Leben. Manche von uns finden bei dieser Suche zur Meditation, in der Hoffnung, dass uns diese eine Antwort auf unsere Fragen gibt und unsere rastlose Suche beendet.

Die Meditation ist ein Weg, um die Spannungen im inneren und äußeren Spannungsfeld des "ich"-Geistes abzubauen.

Vollmond im Herbst
Die ganze Nacht bin ich
rund um das Haus gegangen
(Basho)

173

5.2. Innere Arbeit mit dem Koan: Wer bin ich?

Ganz begreifen werden wir uns nie,
aber wir werden und können
uns weit mehr als begreifen.

(Novalis)

Ein Koan ist eine Frage, auf die es keine sprachlich ausdrückbare Antwort gibt, die befriedigend ist. Trotzdem kann die Frage etwas bewirken, das auf der Suche nach einer Lösung oder einem Weg hilfreich sein kann {10}. Die Frage: "Wer bin ich?" Ist eine solche Frage, die niemand mit Worten wirklich beantworten kann. Der Mensch ist viel zu komplex, um eine solche formulierbare Antwort finden zu können. In der Regel antworten wir auf die Frage: "Wer bist du?" Mit der Antwort: "Ich bin Hans". Aber Hans ist nur unser Name, ein Etikett, das man uns angeheftet hat. Bemerken wir bei der Meditation, dass sich unsere Gedanken mit einem Streit beschäftigen, in dem uns Unrecht widerfahren ist, was uns wütend gemacht hat, dann können wir die Fragen an uns stellen: "Wem ist Unrecht widerfahren? Wer ist wütend?" Durch diese Fragen wird unser Geist von der Gedanken-Ebene der Argumente auf die Erfahrungs-Ebene der gefühlten Ungerechtigkeit und der erlebten Wut hingeleitet. Durch das erneute bewusste Fühlen des Unrecht-Schmerzes und der Wut, die wir früher einmal erlebt haben oder auch gerade erneut erleben, arbeiten wir direkt an diesen Erfahrungen, lösen sie ein Stück weit auf und verhindern ihre Verdrängung. Die Antwort auf das Koan: "Wer ist wütend?". Diese Frage provoziert ein Echo aus dem "ich"-Geist heraus: Fühlbare Wut. Eine logische Antwort auf die Frage: "**Wer**" (ist wütend?) erfolgt aber nicht, sie bleibt weiterhin ein Geheimnis.
In der Meditation nach Kapitel 2 haben wir den Atem beobachtet und gelernt, unsere Gedanken wie die Wolken am Himmel vorbeiziehen zu lassen. Unser Bewusstsein ruhte beim **Beobachter** des inneren Geschehens, der diese Gedanken (Vorstellungen), quasi wie Objekte an sich vorbei ziehen sah. Diesen inneren Beobachter benötigt man auch bei der Arbeit mit einem Koan.

Bei dieser Arbeit muss er feststellen, wann der "ich"-Geist Aussagen über sich selbst macht, wie zum. Beispiel: …. "Das lasse ich mir nicht gefallen"….. Dies bemerkt der innere Beobachter und unterbricht die innere Beobachtung mit der Frage: "Wer lässt sich das nicht gefallen?". **Diese Funktion des neutralen Beobachters muss ebenso wie bei der Beobachtung des Atems trainiert werden, was aber nach einigen Übungen meist gut gelingt, wenn der Meditierende die feste Absicht hat, sich selbst so ehrlich wie möglich anzuschauen und von seinen Leiden zu befreien.**

Diese Koan-Methode können wir während der Zazen Meditation anwenden, aber auch während des normalen täglichen Geschehens.

Der Geruch des Waldes durchzieht mein ganzes Sein. Wer nimmt ihn wahr?

5.3. Bearbeiten der Konflikte zwischen dem "ich"- Geist und der Welt (Bearbeitung des äußeren Spannungsfeldes)

**Befreiung suchen bedeutet,
den Kampf zwischen den negativen und den positiven Kräften
im eigenen Geist zu führen.**

Wenn wir dem "ich" oder "ich"-Geist {24} unsere volle, aber distanzierte Aufmerksamkeit schenken, werden wir erkennen, wie betriebsam, nutzlos und ziellos unser "ich"-Geist im Hinblick auf unsere Reifung und die richtige Erkenntnis unseres Lebens umherirrt. Wir werden dann mehr und mehr feststellen, wie blind wir Ideen nachlaufen und Ziele verfolgen, die uns in letzter Konsequenz immer nur Leid einbringen. Je weiter die Beobachtung unseres "ich"-Geistes voranschreitet, desto besser wird es uns gelingen, **die Distanz zwischen unseren Gedanken und dem inneren Beobachter zu vergrößern,** bis wir schließlich im reinen Bewusstsein verweilen und unsere Gedanken wie Wolken am Himmel beobachten können.

Die Erforschung des "ich"-Geistes ist der zentrifugalen Bewegung unseres normalen Denkens entgegengesetzt, das nach außen gerichtet ist. "Ich"-Erforschung bedeutet eindringen in unseren eigenen Geist. Wir gehen dabei von einem ersten Gedanken, den wir beobachtet haben, aus und fragen uns, welches Motiv oder welcher Bewusstseinszustand zu diesem Gedanken geführt hat. Wenn wir diesen zweiten Gedanken betrachtet haben, fragen wir weiter, welcher dritte Gedanke oder Bewusstseinszustand zu diesem zweiten Gedanken geführt hat und so weiter. Wenn wir auf diese Weise **rückwärts gerichtet** in unseren "ich"-Geist eindringen, gelangen wir meist nach wenigen Schritten **zum Ursprung aller Gedanken, dem ersten "ich"-Gedanken.** Dieses Zentrum ist die Ursache, dem alles Weitere entströmt und in dem alles seine charakteristischen Ausprägungen erfährt, die wir unser Leben nennen. Gedanken, die sich zum Beispiel mit dem reichen Nachbarn beschäftigen, können wir mit der Frage konfrontieren:

"Wer beschäftigt sich mit dem reichen Nachbarn?" Für einen Moment werden wir dann in die Gefühle und Erinnerungen hineingezogen, die zur gedanklichen Beschäftigung mit dem Nachbarn geführt haben und dann unseren Neid spüren. Halten wir diesem Gefühl Stand und wiederholen wir die Frage immer wieder, wenn der Nachbar in unseren Gedanken auftaucht, haben wir bald einen Teil unserer Neidgefühle aufgelöst.

Verfallen wir in heftig argumentierende Gedanken über einen Arbeitskollegen, können wir die Frage an uns richten: **"Woher kommen diese heftigen Gedanken?"**. In der kleinen Pause, die auf diese Frage folgt, werden wir die enttäuschten und wütenden Gefühle über den Arbeitskollegen spüren. Halten wir ihnen Stand, können wir dem Gefühl der Wut und der Enttäuschung in uns bis auf den Grund folgen. Wahrscheinlich werden uns dann auch weitere Erlebnisse, die mit Enttäuschungen und Wut in Verbindung stehen, in unserer Erinnerung auftauchen.

Die innere Haltung dieses Beobachters ist die eines aufmerksamen, neutralen Zeugen. Jede wollende Anstrengung, die der Beobachter vornehmen könnte, würde dem "ich"-Geist entspringen und diesen stärken und seiner Macht Dauer verleihen. Es kommt also ganz wesentlich darauf an, sich dem Strom der Ereignisse des Lebens zu öffnen und diesen Fluss mit einer möglichst **neutralen Haltung** zu betrachten.

Die rechte Anstrengung besteht darin,
unseren eigenen "ich"-Geist aufmerksam zu beobachten
und ihn anzunehmen, so wie er ist.

"Ich"-Erforschung heißt, unserem "ich"-Geist unermüdlich nachzugehen, der sich hinter den Erscheinungen und Ereignissen des täglichen Lebens verbirgt. Erreicht man den Ursprung des "ich"-Geistes, beginnt sich dieser allmählich aufzulösen und macht dem Selbst Platz, das dann die Führung des "ich"-Geistes übernimmt. Wenn wir die Reinheit dieser inneren Führung erst einmal erlebt haben, werden wir stets den Wunsch verspüren, zu ihr zurückzukehren.

5.3.1. Beispiele

➢ **Eifersucht**

Ein Paar, Hans und Grete, leidet unter der Eifersucht von Hans, wodurch die Beziehung nahe an den Rand des Scheiterns geraten ist. Durch die Meditation kam Hans zu der Einsicht, dass seine Eifersucht das Problem ihrer Beziehung ist und er verstand auch, dass das Thema von ihm bearbeitet werden muss. Diese Erkenntnis bedeutete aber nicht, dass seine Eifersuchtsgefühle sich damit schon aufgelöst hätten. Er beobachtete Grete weiterhin sehr argwöhnisch, wie sie mit anderen Personen umging und machte Grete auch weiterhin heftige emotionsgeladene Vorwürfe, wenn er seinen Verdacht für gerechtfertigt hielt, was meist der Fall war.

Die Gedanken von Hans beschäftigten sich sehr, sehr häufig mit Grete, auch wenn sie gar nicht anwesend war. Oft rief er sie dann an und kontrollierte ihre Anwesenheit zu Hause, ein Verhalten, das Grete sehr belastete und auch beim Arbeitgeber von Hans Missbilligung hervorrief. Die Einsicht, dass er etwas an seinem Leben ändern muss, veranlasste Hans mit der Anwendung der Koan-Methode zu beginnen. Wenn Gedanken an Grete auftauchten, stellte er sich sofort die Frage: "Wer denkt an Grete?". Die Reaktion auf diese Frage war eine momentane innere Berührung mit seinen Gefühlen im "ich"-Geist, die ihn mit Grete verbanden und ihn zu seinen Eifersuchtsgefühlen hinführten. Mehrere Monate praktizierte Hans diese Methode, wenn Gedanken an Grete auftauchten, fragte er sich: "Woher kommen die Gedanken an Grete?" Er fühlte im Laufe der Zeit immer deutlicher, die gefühlte Antwort nicht nur aus seinen Vorstellungen kam, sondern aus seinem ganzen Körper herausfloss. Nach einiger Zeit der konsequenten Anstrengung nahm sein Zwang Grete anzurufen und zu kontrollieren langsam ab.

Eines Tages stand Grete am Gartenzaun und plauderte angeregt mit dem Nachbarn, was Hans beobachtete. Früher hatte Grete sich immer kontrolliert und kaum mit fremden Männern gesprochen, um Hans möglichst keinen Anlass zu geben. Seit ihre Beziehung aber kurz vor der Trennung stand, sah sie keinen Anlass mehr, um sich weiterhin Beschränkungen aufzuerlegen.

Beim Anblick der beiden am Zaun Stehenden erlebte Hans eine starke Aufwallung seiner Gefühle. Seine Gedanken überschlugen sich und eine starke Aversionen gegen Grete und auch den Nachbarn beherrschte ihn. Im letzten Moment vor einer emotionalen Explosion flüchtete sich Hans zu der Frage: "Wer hat diese Gedanken?" Die Reaktion waren heftige Schmerzen, die ihn tief erschreckten. Statt seine Gefühle nach außen abzureagieren, gelang es Hans diesmal, die Kontrolle über seine Gefühle und seine Gedanken wiederzugewinnen. Er schwieg und lief ins Haus. Es ereigneten sich noch einige Fälle ähnlicher Art, bei denen es Hans gelang, mit der Frage nach seinen "ich"-Gedanken einen momentan Schmerz auszulösen, ihn zu ertragen und danach die Kontrolle über seine Gedanken wiederzu-erlangen.

Die nachträgliche Betrachtung seiner Gedanken, machte ihn meist tief betroffen. Er unterstellte Grete bösartige Eigenschaften und betrachtete Grete als seinen Besitz: "Sie ist meine Frau, sie gehört mir, sie hat…". Nach vielen Monaten der inneren Arbeit erkannte Hans allmählich, wie normal sich Grete verhielt und wie haltlos die meisten seiner Unterstellungen waren. Sogar Gefühle der Reue regten sich bei Hans und ganz allmählich löste sich seine Angst Grete könnte ihn verlassen oder betrügen.

Eines Tages kam der ältere Bruder von Grete zu Besuch. Grete hatte diesen Bruder ganz besonders in ihr Herz geschlossen und entsprechend herzlich und liebevoll ging sie mit ihm um. Ihre seit langer Zeit aufgestaute Sehnsucht nach Nähe, Zärtlichkeit und Liebe floss nun ihrem Bruder entgegen. Hans beobachtet die beiden Geschwister eine Weile, dann überfluteten ihn seine Gefühle vollkommen. Er lief davon, ohne ein Wort zu sagen, rannte längere Zeit kopflos durch die Straßen und setzte sich dann auf eine Parkbank. Er fing sofort an zu weinen und zu schluchzen, es schüttelte ihn, sein ganzer Körper war aufgewühlt. Er fühlte plötzlich den Schmerz seiner Eifersucht im ganzen Körper, bisher hatten sich seine Reaktionen vorwiegend in seinem Kopf abgespielt. Nach einer Weile trat Beruhigung ein und er spürte auch eine lähmende Angst im ganzen Körper.

179

Nach dem langsamen Abklingen der Emotionen wurde auch sein Geist ruhiger und er begann zu ahnen, was seine Eifersucht angerichtet hatte und wie Grete wohl unter ihr gelitten hatte. Es war eine Mischung aus Mitleid mit Grete und Selbstmitleid, da er auch spürte, um welche innere Erfahrungen er sich selbst gebracht hatte. Als er spät am Abend nach Hause schlich, war er ein anderer, ein Verwundeter, dessen Seele blutete. Der Wendepunkt war erreicht. Die Beziehung zwischen Hans und Grete wandelte sich nun sehr rasch und führte zu einem neuen Anfang.

Mitten in einer Wolkenbank,
kann man das Dunkle
der Wolke nicht sehen.

➤ Ein Beziehungsproblem

Er ist sehr selbstbewusst, männlich, stark und gibt sich so, als sei er allen Problemen des Lebens gewachsen. Er ist vollkommen zum äußeren Leben hin orientiert, das er gut meistert. - Sie ist sehr zart, sinnlich, sehr nach innen hin orientiert und offen für Gefühlserlebnisse. Er liebt sie und doch erdrückt er sie mit seiner männlichen Stärke und Überlegenheit, die er genießt, ohne zu bemerken, wie seine Auftritte bei ihr ankommen. Auf den ersten Blick eine sehr gute Beziehung, weil beide Partner sehr viel voneinander lernen können und jeder dem Partner etwas geben kann, etwas, das zum Leben dazugehört und notwendig ist. - Damit der Austausch stattfindet, muss aber jeder seine gewohnte Welt verlassen und sich in die Welt des anderen hinein bewegen, um neue Erfahrungen machen zu können. Das Verlassen der eigenen vertrauten, sicheren und gut beherrschten Innen-Welt ist aber immer mit Gefahren verbunden, man kann dabei scheitern, in unangenehme Situationen geraten und sich in Probleme verstricken.

Kommt der Austausch der Gefühle und das voneinander Lernen zum Stillstand, besteht aber die Gefahr der Abkapselung in der eigenen Innenwelt und es droht der innere Stillstand der Beziehung. Je größer der psychische Abstand der Innenwelten eines Paares ist, desto größer ist daher auch die Gefahr, dass der seelische Austausch nach einer gewissen Zeit zum Erliegen kommt.

In dieser Situation ist es kaum hilfreich, wenn nur einer der Partner etwas unternimmt, um die Liebe und den seelischen Austausch wieder lebendig werden zu lassen. Die Bereitschaft, sich weiter zu entwickeln und sich auf den Partner zu zubewegen, müssen beide Partner einbringen. Beschließen sie gemeinsam, etwas zu unternehmen, sind die Aussichten für einen erfolgreichen Weg hin zu einander viel aussichtsreicher.

Er könnte sich zum Beispiel mit dem Koan: "Was fühle ich?" auf seine eigene unbekannte Innenwelt zubewegen und seine Angst vor Gefühlen und inneren Bewegungen überwinden lernen. Sie könnte mit dem Koan: "Wovor habe ich im täglichen Leben Angst?" ihre Furcht vor der realen Welt überwinden lernen und sich öfter der Realität des praktischen Lebens stellen. Beim Abendessen fragt er sie: "Hast du die Abrechnung mit der

181

Krankenkasse schon erledigt?" Sie sagt: "Nein", wobei sie ein peinliches Gefühl beschlich. Etwas später fragt er erneut: "Hast du deine Zuckerwerte schon kontrollieren lassen?" Sie antwortet wieder mit: "Nein" und das unangenehme Gefühl ertappt worden zu sein, wurde noch stärker.

Eines Tages gehen sie gemeinsam an einem krummen knorrigen alten Baum vorbei und sie fragt ihn: "Siehst du den knorrigen alten Baum dort drüben?" Er antwortet: "Ja, der gehört weg, den sollte man verbrennen, aus dem wird nichts mehr" und fügt dann, ihre Absicht ahnend, hinzu: "und was siehst du?" Nach einer kleinen Pause antwortet sie: "Ich sehe etwas Lebendiges, das sein ganzes Leben mit der Natur, mit Stürmen, Hitze und Kälte, Eis und Schnee gekämpft hat und leben will".

Er schwieg und beide gingen eine Weile stumm nebeneinander her. Bei solchen und ähnlichen Szenen beginnt er zu ahnen, in welcher inneren Welt seine Frau lebt. Weil er sie liebt, beschließt er sein Koan immer wieder anzuwenden, um der Innenwelt seiner Frau näherzukommen. Viele ähnliche Szenen folgen, es ist für beide ein schwieriger und langer Weg, sie ahnen es. Aber irgendwann beginnt er zu verstehen, was er alles in seinem Leben versäumt hat und ist dankbar, dass seine Frau ihm eine Türe geöffnet hat, damit er in ihre, diese ganz andere Welt eintreten durfte. Aber auch sie ist dankbar, durch sein Vorbild lernte sie, das Alltägliche, sich scheinbar Wiederholende im Leben anzunehmen. Die Meditation und die Koan-Arbeit hat sie näher zueinander hingeführt.

5.3.2. Wutausbrüche

Eine Frau leidet an unkontrollierten Wutausbrüchen, wobei gelegentlich auch einmal ein Teller oder ein Glas zerbrochen wird. Die Frau und auch ihre Umgebung wissen nicht, was diese Wutausbrüche auslöst, sie kommen scheinbar wie aus dem Nichts. Es kommt daher sehr darauf an, jede Kritik zu vermeiden und der Frau zu helfen, ihre Wutausbrüche anzunehmen, als etwas, das zu ihr gehört. Manche Menschen haben einen Schuhtick, andere leiden an einem Fußballwahn und wieder andere leiden an einem Helfersyndrom. Wenn die Frau lernt, ihre Wutausbrüche anzunehmen, so wie andere ihre Eigenarten annehmen, sind ihre Aussichten, die Auslöser zu finden und aufzulösen, erfolgversprechend. Vorher kann jeder Versuch der Einflussnahme jedoch dazu führen, dass die Eigenschaft, die aufgelöst werden soll, nur noch weiter ins Unbewusste zurückgedrängt wird. Die stille Meditation (siehe Kap. 2) ist für die Frau ein guter Weg, das eigene Leben in ruhige Bahnen zu lenken und die inneren Prozesse zu beobachten und verstehen zu lernen. Sind die auslösenden Mechanismen erst einmal klar erkannt, dann kann ein Koan helfen, den Heilungsprozess zu beschleunigen.

5.3.3. Trägheit und Dumpfheit

Die Ursachen der Trägheit können sehr vielfältig sein und sie zu ergründen ist am Anfang des inneren Weges kaum möglich. Die Initiative etwas zu tun, etwas zu unternehmen, ist bei allen an Trägheit leidenden Menschen blockiert und diese Blockade zu beseitigen, ist der erste wichtige Schritt. Zu welcher Aktivität sie sich am Anfang auch aufraffen mögen, ist nicht von Wichtigkeit, die Hauptsache ist es, sie unternehmen überhaupt etwas, etwas, das Erfolg versprechend ist. Der träge Mensch glaubt von vornherein, dass er scheitern wird und weil er das glaubt, unternimmt er nichts. Da er nichts unternimmt, wird seine Annahme quasi im Nachhinein bestätigt, er ist schon wieder einmal gescheitert. Die folgenden Koans könnten einem an Trägheit leidenden helfen, die Blockaden zu lösen: "Wer denkt, dass alle Aktivitäten scheitern?, Wer hat Angst vor dem Scheitern?, Bei welcher Aktivität kann man nicht scheitern? Wer bestimmt, ob meine Aktivität scheitert?" u.s.w.

Nicht nur träge Menschen haben Angst vor dem Scheitern. Viele Menschen trauen sich nicht, ihr Potential auszuleben, weil sie sich vor Kritik, Blamage und Verlusten fürchten. Ihnen fehlt es an Mut zum Risiko, an Mut, das Leben zu wagen. Viele Menschen, die Großartiges geleistet haben, sind am Anfang ihrer Laufbahn ein großes Risiko eingegangen, ihre Biografie kann uns motivieren (siehe auch 3.3.5). Die Entwicklung einer inneren Bewusstheit, dass das Scheitern zum Leben unweigerlich dazugehört, ist für jeden Menschen von Bedeutung. Ebenso wichtig ist aber die Fähigkeit zu einer realistischen Abschätzung des Risikos.

5.3.4. Stolz und Minderwertigkeitsgefühle

MUKUDOKU
Gar kein Verdienst,
überhaupt keine Tugend.

(Zen-Wort)

Der Stolz ist das letzte Hindernis auf dem inneren Weg, das wir überwinden müssen. Der Stolz ist eine Anhaftung des "ich"-Geistes an einer Eigenschaft, einer Fähigkeit, einer vollbrachten Leistung, einer Zugehörigkeit zu einer besonderen Gemeinschaft und vielen anderen Dingen. Es gibt kaum etwas, an dem wir Menschen nicht anhaften können.

Auf Entenflügel
Der zarte Schnee sich häuft:
Oh, diese Stille!

(Shiki)

184

**Aber dieses Besondere, an das wir uns anklammern,
das gibt es nicht.**

Es gibt nur das eine Selbst. Wer glaubt, er sei etwas Besonderes, der hat in seinem Geist etwas ungewöhnliches, nicht gemeines, ganz besonderes geschaffen, und gleichzeitig auch das Gegenteil davon. Mit anderen Worten, er hat tief in seinem Inneren eine Spaltung erzeugt und Minderwertigkeitsgefühle geschaffen. Diese Minderwertigkeitsgefühle sind das psychische Gegenstück zu dem Besonderen und beide zusammen sind das ganz Gewöhnliche, das in uns allen ist.

Der Zen-Meister Eido Shimano schreibt:
Wir neigen dazu, Dinge zu tun in der Erwartung, dafür entschädigt zu werden. Da ist jemand, der gibt, und jemand, der empfängt, und dazwischen ist Belohnung. Doch in der Welt der Einheit (dem Selbst) *gibt es keinen Geber, keinen Nehmer und keine Gabe. Da ist einfach nur reines Handeln, und deshalb keine Erwartung und keine Enttäuschung.*

Wenn wir zu diesem Verständnis des Lebens, unseres Lebens, durchdringen, dann wird sich auch unser Stolz auflösen und ebenso alle Minderwertigkeitsgefühle und alle Demütigungen, die wir erlebt haben. Danach gibt es nur noch das Sein. Alles entfaltet sich unaufhörlich nach den Gesetzen des Universums. Nichts weiter.

MUKUDOKU

Ergänzt man die Zazen-Meditation mit der Koan-Methode, kann man den Weg zur Befreiung erleichtern und innere Hindernisse besser abbauen.

**Die Wahrnehmungen des menschlichen Geistes
sind noch umfangreicher als die Staubkörner in einem Sonnenstrahl.
Der Meister hat klar erkannt, dass man die Erscheinungen
so lassen muss, wie sie sind.**

(Milarepa)

Die reife Schönheit
Erblüht im hohen Alter
Am Sicherinnern (Basho)

die Stille empfinden

187

6. Berührung des Selbst führt zur Befreiung

Überschreiten der Dualität

Geist ist Natur
Und Natur ist Geist.
Einheit.

Vergangenheit und Zukunft
Keine Erinnerungen, keine Illusionen,
Keine Ängste, keine Wünsche.
Jetzt.

Innen- und Außen
Vollkommene Übereinstimmung.
Soheit aller Dinge.

Leben und Tod
Nur ein Traum
Ohne Vorstellungen.
Sein.

6. Üben zur Beseitigung aller Hindernisse auf dem Weg zum Selbst

In der vollkommenen Stille hört man die ganze Welt.

(Kurt Tucholsky)

Liebe Leserin, lieber Leser,

Im vorangegangenen Kapitel haben wir die Reduzierung der Konflikte zwischen dem "ich"-Geist und der Welt näher betrachtet. In diesem 6. Kapitel wollen wir uns dem inneren Spannungsfeld zwischen dem "ich"-Geist und dem Selbst zuwenden. Diese inneren Spannungen entstehen, weil der "ich"-Geist sich mit dem Körper oder anderen Wesenheiten identifiziert und Ziele anstrebt, die auf Widerstände stoßen und Leiden verursachen. Erkennt der "ich"-Geist die Ursachen seiner Leiden und Schwierigkeiten und lernt daraus, dann enden seine Leiden und er wird frei. Der Lernprozess, der hier gemeint ist, betrifft insbesondere die falsche Identifikation des "ich"-Geistes mit dem Körper. Wird konsequent jede Identifikation verneint, und die im "ich"-Geist und im Körper gespeicherten Erinnerungen (Anhaftungen) durch intensives Üben gelöscht, kann sich der "ich"-Geist allmählich dem Selbst nähern, sich auflösen und seine Befreiung erreichen. Es geht nicht darum zu vergessen, was sich in der Vergangenheit ereignet hat, es geht darum den Erinnerungen ganz bewusst und ohne Rechtfertigungen stand zu halten und den "ich"-Geist damit von seinen Bindungen zu befreien.

189

Der "ich"-Geist darf sich auf diesem Weg nicht täuschen lassen und muss jeder Versuchung widerstehen sich mit etwas, was es auch sein mag, zu identifizieren. Nur so kann er seine Anhaftungen an sein vergangenes und sein gegenwärtiges Leben überwinden (siehe die Beschreibungen in Kap. 4).

Die Erfahrung zeigt, dass die Probleme des "ich"-Geistes leichter lösbar und ertragbar sind, wenn dem "ich"-Geist Berührungen mit dem Selbst gelingen. Zazen-Meditaion und die Übung der Koan-Methode sind eine Vorbereitung des "ich"-Geistes für diese angestrebten Berührungen mit dem Selbst, die man willentlich nicht erzwingen kann, aber einem ruhigen und zufriedenen "ich"-Geist besser gelingen. Im folgenden Kapitel wollen wir die Bereinigung der inneren Widersprüche und Konflikte des "ich"-Geistes näher betrachten und ihre Auflösung einleiten.

Auf schmalem Wege
Gebete des Gedenkens.
Entschwindende Stimmen.

6.1. Methoden zur Bearbeitung des inneren Spannungsfeldes.

Jaku, Sei, Kei, Wa
Stille, Reines Herz, Demut, Sanftheit

(Zen Wort)

Die Berührung mit dem Selbst ist der Anfang des inneren Weges und
führt uns zur inneren Reinigung,
zu Sanftheit und Harmonie mit allem Seienden.

Die Empfindung des Selbst, die Stille in uns (siehe 5.1.1) ist der Ausgangspunkt für die Erkenntnis, wie Leid entsteht und gleichzeitig der Wegweiser zur Auflösung des Leids. Seit jeher ist das Selbst die Wesenheit, zu der die Menschen Zuflucht nehmen und die sie verehren, wie es der folgenden Text zum Ausdruck bringt:

ATTA DIPA
VIHARATHA
ATTA SARANA
DHAMMA DIPA
DHAMMA SARANA
ANANNA SARANA

Verweile!
Du selbst bist das Licht.
Vertraue auf dein Selbst.
Baue nicht auf etwas anderes.
Der Dharma, dein Leben, ist das Licht.
Vertraue auf den Dharma.
Vertraue nicht auf irgend etwas anderes als den Dharma.

("Atta Dipa" siehe {27}, {28})

191

Ersetzt man "der Dharma" durch "dein tiefstes Sein" oder durch "die Gesetze des Universums", findet man Interpretationen dieses grundlegenden, über zweieinhalb tausend Jahre alten Textes. Er ist eine Hilfe auf dem inneren Weg, ganz besonders wenn man ihn öfter wiederholt.

Im Kapitel 5.1 wurde dargelegt, dass der "ich"-Geist in zwei sich wandelnde Spannungsfelder eingesperrt ist:

Der "ich"-Geist lebt zwischen einem äußeren
dynamischen Spannungsfeld mit der Welt.
Und in einem inneren Spannungsfeld mit dem Selbst.

Die Konflikte des "ich"-Geistes im äußeren Spannungsfeld wurden in den Abschnitten 5.2 und 5.3 näher beleuchtet und im Folgenden sollen die Aufgaben des "ich"-Geistes im inneren Spannungsfeld betrachtet werden. Die Bearbeitung des inneren Spannungsfeldes wird meist erst dann erfolgversprechend möglich, wenn die Konflikte des "ich"-Geistes mit der Welt weitgehend abgeklungen sind, ganz verschwinden werden sie nie.
Die Meditation erfüllt eine therapeutische Funktion, indem sie aus der Ruhe der Meditation heraus einen Ausgleich in den beiden Spannungsfeldern bewirkt. Strebt man nach einer möglichst **vollkommenen Befreiung,** ist eine umfassende Korrektur des gesamten inneren Systems erforderlich. Dabei muss der nach eigenen Zielen strebende, suchende und leidende "ich"-Geist weitgehend aufgelöst werden, so dass es niemanden mehr gibt, der leidet und alles so angenommen wird, wie es ist. Zwei Methoden führen zu diesem umfassenden Ziel:

a. Blockierung aller Urteile und Identifikationen.
Im Zen sagt man: *Der suchende "ich"-Geist muss durch die totale Verneinung gehen.* Man könnte auch sagen, man muss durch die innere Verwirrung gehen und sie auflösen, weil alle gedanklichen Vorstellungen des "ich"-Geistes, von mein, du und der Welt und dem Selbst unzureichend oder falsch sind. **Jede Identifikation des "ich"-Geistes, mit was und wem es auch immer sei, muss verneint werden.**

In der Meditation muss man dann jeden auftauchenden Gedanken auslöschen, indem man in ihn "hinein atmet": **Mu oder Muhhh** {13}. **Auf diese Weise wird das Bewusstsein im Hier und Jetzt gehalten.** Diese Praxis muss man so lange aufrecht erhalten, bis alle belastenden Emotionen und "ich"-Anhaftungen (siehe 3.3.1) ausgelöscht sind.

b. Suche und Auflösung der "Wurzel" des "ich"-Geistes {17}.
Dies geschieht durch die Anwendung eines Koan {10}. **"Wer bin ich?"** **oder "Wer hat diesen Gedanken?"** könnten solche Koans sein.
Das Erste, was ein Mensch nach seiner Geburt tun muss, ist atmen. Das Atmen ist daher der Leitfaden, an dem man zurück findet zum ersten "ich"-Gedanken. Durch die Beobachtung der Atmung gelangen wir in der Meditation zurück in die psychische Region der Entstehung unseres "ich"-Geistes und der "Welt-Vorstellung" und können diesen Bereich von Emotionen, Widersprüchen und falschen Vorstellungen bereinigen. Wenn in unseren Gedanken das Wort "ich" erscheint, können wir uns die Frage stellen: "Wer ist dieses "ich"? Was will dieses "ich"?" Wir gelangen dann kurzzeitig zurück in die psychische Region des ersten "ich"-Gedanken.
Empfängt man in der Meditation jeden "ich-Gedanken" mit der Frage: "Wer bist du?" "Woher kommst du?" "Was willst du?" …, dann wird der erste "ich-Gedanke" geschwächt und löst sich schließlich ganz auf, was längerfristig den Umbau und schließlich die Integration des "ich"-Geistes in die Wahrnehmung des momentanen Augenblicks, des **Hier und Jetzt** zur Folge hat.

Ist der "ich"-Geist aufgelöst,
wird das Selbst, das "Wahre-ich" empfindbar.

6.2. Arbeit im inneren Spannungsfeld

Leidenschaften sind nichts anderes als Ideen
auf ihrer ersten Entwicklungsstufe.
Sie sind ein Attribut des jungen Herzens,
und nur ein Narr glaubt,
sie könnten ihn sein ganzes Leben lang bewegen.
Viele ruhige Ströme fangen als brausende Wasserfälle an,
doch keiner springt und schäumt bis zum Meer.

(Michael Lermonow)

Übung ist der einzige Weg,
der zur Befreiung führt.

Die Entwicklung des Menschen erfolgt in Stufen und auf jeder Stufe machen wir bestimmte Erfahrungen, entwickeln eine bestimmte Weltsicht und begegnen etwas, das wir für die momentane Wirklichkeit halten. Wenn wir dann die nächste Stufe der Entwicklung erreichen, wird die alte Wirklichkeit nicht als falsch erkannt oder ungültig, sie wird nur in eine umfassendere Sicht eingebettet und verliert dabei ihren absoluten Gültigkeitsanspruch und ihre beschränkende Einengung, die sie zuvor auf uns ausgeübt hat. Die momentane, selbst erschaffene Wirklichkeit {18} jeder Stufe ist später auch nicht bedeutungslos für uns, ihr Wert beschränkt sich nur auf den Erfahrungsbereich der entsprechenden Stufe. Meist ist das Durchlaufen einer bestimmten Entwicklungsstufe sogar eine Voraussetzung für das Erreichen der nächst höheren Stufe.

194

Wirklich durchlaufen können wir eine Entwicklungsstufe dabei nur, wenn wir alles Essentielle, das zum Erfahrungsbereich dieser Stufe gehört, auch bewusst durchleben, verinnerlichen und in unser Weltbild integrieren.

Beginnen wir mit den Aufgaben einer höheren psychischen oder spirituellen Entwicklungsstufe, obwohl die Reifungsschritte der vorangegangenen Stufen noch nicht alle vollendet sind, so erfolgt entweder ein Rückfall (Regression) auf die früheren Stufen oder es treten Blockaden auf, d.h. es tritt ein Stillstand in der Entwicklung ein, obwohl wir uns bemühen. Nun ist aber unsere Lebenssituation ein klares Spiegelbild des momentan erreichten Entwicklungsstandes und bei der Bewältigung der vor uns liegenden Lebensaufgaben können wir genau das erlernen, was für unsere weitere Entwicklung gut und notwendig ist. Es ist daher das Beste für uns, wenn wir unsere näheren Lebensumstände genau betrachten und **alle uns zufallenden Aufgaben mit Ernsthaftigkeit, Mut und Ausdauer bearbeiten.** Jede Flucht aus unserer Lebenswirklichkeit, die nicht mit einem klaren Verstehen und innerem Bewältigen unserer Situation verbunden ist, wird uns deshalb nicht weiterhelfen. Die vollständige Annahme, Verinnerlichung und geistige Durchdringung unserer Lebenswirklichkeit ist die wichtigste Voraussetzung für die Erforschung des "ich"-Geistes.

Der Zweck des Lebens ist die bestmögliche Hinwendung zum Selbst.

Es gibt auch gar keinen anderen Lebenszweck als den der Hinwendung zum Selbst. Wir alle sind auf diesem Wege, ob wir dies wissen oder nicht, ob wir dies wollen oder nicht. Jeder Mensch hat dabei bestimmte Reifungsschritte und eine bestimmte Lebensaufgabe zu erfüllen, die durch seine persönlichen Lebensumstände (seine Vergangenheit und Herkunft) bestimmt wird. Die vorbehaltlose Annahme und Lösung dieser Lebensaufgabe ist genau das, was dem betreffenden Menschen am besten bei seiner Reifung hilft, aber genau dies mögen wir sehr oft nicht wahrhaben.

195

Aber nur das Annehmen dieser Lebensaufgabe gibt unserem Leben einen tieferen Sinn und erfüllt uns mit großer Zufriedenheit und Dankbarkeit dafür, dass wir leben dürfen. Weichen wir zurück und verweigern die Annahme unserer Lebensaufgabe, so führt uns dies oft zu innerer Leere und Depressionen. Der Psychologe Viktor D. Frankl (1905 - 1997) hat wie kein anderer darauf hingewiesen, dass der **Wille zum Sein**, also das Bedürfnis, ein sinnerfülltes Leben zu führen, für den Menschen von viel zentralerer Bedeutung ist als zum Beispiel das Streben nach Fortpflanzung und die Erlangung von Macht [frank].

Trotzdem versuchen wir oft vor den Herausforderungen, die von außen und von innen auf uns zukommen, auszuweichen oder wir wollen sie umgehen, was aber häufig nur dazu führt, dass wir uns noch mehr in leidvolle Erlebnisse verstricken. Für manche wird der Weg zum Selbst so zu einer Prüfung und für wieder andere ist er eine Art geheimnisvolles Rätsel, das zu lösen ist. **Wenn wir unsere Lebensaufgabe erkannt haben und sie mit ganzem Herzen annehmen, ist das Rätsel gelöst und der Prozess der Befreiung von inneren Hindernissen ist zur nächsten Entwicklungsstufe vorangeschritten.**

Jeder Lebensweg hat somit einen individuellen Charakter, der genau zum Leben der betreffenden Person passt. Dies bedeutet, dass wir niemanden nachahmen können, unsere Eltern nicht, unsere Lehrer nicht, auch große Lehrmeister oder Buddha nicht. Wir müssen unseren eigenen Weg zur Befreiung suchen und finden (siehe Anhaftungen 3.3.2). Natürlich ist es hilfreich, sich nach den Unterweisungen großer Lehrer und Persönlichkeiten zu richten und deren Wesen, deren Tiefe und inneren Reichtum zu verstehen und deren Ziele anzustreben, aber in letzter Konsequenz müssen wir dabei doch unseren eigenen, wahren Weg erschaffen, der unverwechselbar zu uns und unserem Leben passt. Der Zen-Meister Basho formulierte dies mit den treffenden Worten:

Versuche nicht, in den Fußstapfen der Alten zu wandeln;
suche selbst, was sie suchten.

So betrachtet sind unsere Lebensumstände der beste Lehrmeister für uns. Jede Begegnung, jeder Hinweis und vor allem das, woran wir leiden, will uns helfen, uns den Weg zu unserer Wesensnatur zeigen. Wenn wir alles, was in unserem Leben geschieht in diesem Sinne als Wegweiser zu unserer Wesensnatur, dem Selbst auffassen, sind wir auf dem direkten und besten Weg zu unserem wahren Wesen.

Goethe formulierte es mit den Worten:

Der Sinn des Lebens ist das Leben selbst.

Erst wenn die Hinwendung zu unserem eigenen Inneren beginnt, wird der tiefere und eigentliche Sinn der Suche unseres "ich"-Geistes verstanden. Alle Geschehnisse und Erlebnisse unseres Lebens haben nur den Sinn, uns auf diesen inneren Weg hinzuführen.

Wenn wir mit Ernsthaftigkeit und Ausdauer
alle Bewegungen in unserem Inneren beobachten,
sind wir auf dem Weg zum Selbst.

Wir glauben stets, wir müssten noch dies oder jenes vollbringen, bis wir das Selbst erreichen könnten. Die Vorstellung der Zeit und der Dinge, die wir noch erreichen wollen, gehören aber zu den Hindernissen, die dem richtigen Verständnis entgegenstehen. Alle Zeitvorstellungen sind eine Eigentümlichkeit unseres "ich"-Geistes. Befreiung unseres "ich"-Geistes kommt nicht nach einer bestimmten Zeit, denn im reinen Bewusstsein gibt es so etwas wie die Zeit überhaupt nicht. Das Selbst berührt unser Leben, wenn wir alle Suche aufgeben, alles annehmen und vollkommen verstehen, dass es niemanden gibt, der befreit werden müsste. Dieses tiefe Verständnis unserer Wesensnatur (das Selbst) kann aber nur dann in uns erwachen, wenn der "ich"-Geist mit seinen Wünschen und Zeitvorstellungen vollkommen still geworden ist. Wann immer wir uns Sorgen machen oder an die Zeit denken, kommen diese

Gedanken aus dem "ich"-Geist und verstärken damit unseren "ich"-Geist.

Wahre Hingabe an den Weg zum Selbst äußert sich in Zufriedenheit, Harmonie und der vollkommenen und dankbaren Annahme unseres Lebens. Aus der Sicht von Außenstehenden mögen die Wege gefährlich, kompliziert und als nutzlose Umwege angesehen werden, wenn der innerer Kompass sie aber für richtig hält, dann benötigen wir sie für unsere weitere Reifung und sie sind die Richtigen für uns.

Ein wichtiger Entwicklungsschritt besteht also darin zu erkennen, dass das Problem unseres Lebens nicht außerhalb von uns liegt. Wenn dies klar verstanden wird, beginnt ein neuer Lebensabschnitt, in dem uns die Meditation intensiv weiterhelfen wird.

Erst wenn wir unser inneres Gefängnis kennen, können wir es auch verlassen. Der indische Dichter Tagore drückte es mit den poetischen Worten aus:

Immer offen ist die Pforte, nur das blinde Auge ist geschlossen.
Wer den inneren Weg nicht kennt, fürchtet sich hineinzutreten.

Das Verständnis für die in diesem Kapitel 6 zu beschreibende Methode ist meist nur dann gegeben, wenn uns ganz bewusst ist, dass es innere Strukturen sind, die unser Leben bestimmen. Wem der Zugang zu den folgenden Ausführungen schwerfällt, der sollte zunächst besser die Praxis gemäß Kapitel 2 und 3 fortsetzen.

Wenn uns klar wird, in welchem riesigen Maße unser "ich"-Geist d.h. unsere Erinnerungen, Konditionierungen und unsere Denkgewohnheiten unser Leben bestimmen, erhebt sich automatisch die Frage: "Wie können wir unsere inneren Strukturen umwandeln und auflösen."

Intuitiv wissen wir, dass es uns möglich ist, unseren "ich"-Geist zu seinem Ursprung zurückzuführen und das zu sein, was wir schon immer waren, was sich aber verdunkelt hat, weil es von vielen Gedanken und Vorstellungen zugeschüttet wurde.

Konzentrieren wir unser Bewusstsein auf einen Punkt und vermeiden dabei jede Zerstreuung oder Ablenkung, verwirklichen wir die Einheit umgehend. Das Denken schweigt und wir erkennen, wer wir wirklich sind. Mit der Empfindung unserer Wesensnatur, dem Selbst haben wir aber zugleich das Grundproblem des Menschen gelöst, weil es alle anderen Probleme einschließt, die in ihrer mannigfaltigen Durchdringung den Schicksalsfaden des Menschen weben.

**Wird die Grundfrage: "Wer bin ich?" nicht gelöst,
werden immer wieder neue ungelöste Fragen und Probleme
auftauchen, die unser Leben belasten.**

Deshalb ist es das Beste, das wir tun können, uns der Frage: **"Wer bin ich?"** mit größter Aufmerksamkeit zuzuwenden.

Alle ernsthaften Methoden, die dem spirituellen Sucher empfohlen werden, gelangen in ihrer Endphase an einen Punkt, wo es hinsichtlich der Frage: **"Wer bin ich?"** kein Entrinnen mehr gibt. Es ist deshalb sinnvoll, diese Frage von Anfang an zu stellen und ihr in die Tiefe unseres Inneren zu folgen. **Mit Hilfe dieser "ich"-Erforschung gelingt es, alle Gedanken und Wünsche in uns vollständig zum Stillstand zu bringen. Ohne diesen Stillstand ist es praktisch unmöglich, zur inneren Empfindung des in uns wirkenden Selbst zu gelangen.** Die "ich"-Erforschung ist das Mittel, das es uns ermöglicht, im reinen Bewusstsein zu verweilen und die Erscheinungen, die von den Sinnen und dem Denken hervorgerufen werden, zu ignorieren.

Wie in Kap. 5.3 beschrieben, so wird auch in diesem Abschnitt jeder "ich"-Gedanke mit der Frage: "Wer ist dieses "ich"?" oder "Was will dieses "ich"?" empfangen und dann auf die erscheinenden Empfindungen geachtet.

199

Im Unterschied zu Kap. 5.3 wird hier aber immer direkt nach dem "ich" gefragt.

Unsere Wesensnatur (das Selbst) ist mit Worten nicht zu erfassen, man kann es nur sein. Mit Worten können nur Aspekte des Selbst umschrieben werden wie z.B. die Energie, das reine Bewusstsein und die Liebe. Für die folgenden Ausführungen wird das Gemeinte am leichtesten verständlich, wenn man vom reinen Bewusstsein ausgeht, weshalb dieser Begriff hier häufig verwendet wird. Er deutet direkt auf die meditative Tätigkeit des **Bewusst-Sein** hin. Reines Bewusstsein sollte daher nicht nur als Begriff, sondern auch als meditative Aufforderung zum Sein verstanden werden.

Nur durch Bedürfnisse bin ich eingeschränkt - oder einschränkbar.
(Novalis {43})

6.3. Der "ich"-Geist und seine Welt oder der Subjekt-Objekt-Dualismus

Identifikationen.

Dies zu sein oder das
bedeutet nicht alles zu sein.
Denn solange ich dies und das bin
oder dies und das habe,
so bin ich nicht alles.
Scheide ab, dass du weder dies noch das bist,
oder dies und das hast,
so bist du alles und hast alles.

(Meister Eckhart {48})

Wenn wir gefragt werden, wer dieses oder jenes Problem hat, antworten wir **ich**. Dieses **ich** ist aber nicht etwas Eindeutiges, Greifbares, es ist ein komplexes Gedankengebäude, nämlich der "ich-Geist" oder einfach unser "ich" (siehe 5.1). Viele Menschen meinen mit **"ich"** ihren Körper. Das kann aber nicht stimmen, da sie zu Empfindungen und Gefühlen wie zum Beispiel Liebe, Hass, Eifersucht und Ärger ebenfalls **"ich"** sagen, Zustände, die in ihrem Geist auftreten. Dieses "ich" ist der Ursprung aller Probleme. Es suggeriert uns, dass wir ein abgetrenntes Subjekt seien und alles übrige seien Objekte, weshalb man in der Literatur auch vom Subjekt-Objekt-Dualismus spricht. In Wahrheit ist unser "ich" aber nur ein Schein-Subjekt, da das einzige und wirkliche Subjekt das Selbst ist. Es ist das Selbst, das allen Gedanken und Vorstellungen zu Grunde liegt und sie hervorbringt. Dem üblichen Sprachgebrauch folgend, wollen wir die Übungen aus der Sicht des "ich" darstellen und die Bezeichnung Subjekt-Objekt-Dualismus beibehalten.

Das Grundproblem des Menschen ist die Subjekt-Objekt-Beziehung oder anders ausgedrückt das dualistische Denken, das Spannungsverhältnis zwischen dem "ich", der Welt und dem Selbst.

201

Hinter diesen sehr abstrakt klingenden Worten verbirgt sich die tiefste Wurzel aller Disharmonien und Schwierigkeiten, die wir im Leben erfahren. Um es mit den Worten unserer Alltagssprache auszudrücken: Die Welt ist in Schein-Subjekte und Objekte aufgeteilt. Ich streite mit Fritz, ich muss meine Arbeit machen, ich will ein neues Surfbrett. In all diesen Fällen betrachte ich mich als Subjekt im Bezug zu einem Objekt: Fritz, meine Arbeit, neues Surfbrett. Dabei wissen wir intuitiv, dass unser Körper nicht von der Welt losgelöst ist und dass die Subjekt-Objekt-Trennung eine Illusion ist.

Um dieses intuitive Wissen zu vertiefen, üben wir.

Wenn wir den Subjekt-Objekt-Dualismus nicht verstehen, sehen wir die Objekte in unserer Welt als Ursache unserer Probleme: Fritz ist mein Problem, meine Arbeit ist mein Problem, ein neues Surfbrett ist mein Problem. So fliehen wir vor Objekten, die wir als Problem betrachten und suchen Objekte, die wir als Nicht-Problem ansehen, zum Beispiel unsere Lieben. Von diesem Standpunkt aus betrachtet besteht die Welt aus mir und aus den Dingen, von denen mir einige gefallen und andere nicht.

> **Das reine Bewusstsein, das Selbst,
> ist das einzige Subjekt, das es gibt.**

Einige meditative Übungswege leiten uns an, die Subjekt-Objekt-Dualität dadurch aufzuheben, dass man die **Objekte, die in der Meditation in unserem Geist auftauchen, von allen Inhalten befreit und damit leer macht.** Wenn diese Objekte so immer transparenter werden, sind wir nur noch ein Schein-Subjekt, das ein eigentlich inhaltsloses Objekt betrachtet. Dies ist ein glückseliger Zustand, da uns diese inhaltslosen Objekte keine Schwierigkeiten mehr bereiten. Wenn wir diesen Zustand erreicht haben, geraten wir in Versuchung, uns zufrieden über unseren Fortschritt zu freuen. Aber dies ist nur teilweise zutreffend, es bleibt immer noch ein **verborgenes Schein-Subjekt "ich" übrig, das ein virtuell leeres Objekt beobachtet,** was auf eine Subjekt-Objekt-Trennung hinausläuft.

Solche Zustände sind also bestenfalls Vorstufen einer wirklichen Befreiung oder Erleuchtung, weil ein verschleiertes Schein-Subjekt darin von einem virtuell leeren Objekt getrennt ist.

Kehren wir ins Alltagsleben zurück, löst sich das Glücksgefühl auf und wir befinden uns wieder in einer Welt von Schein-Subjekten und Objekten mit ihrem typischen Spannungsgefüge. Wir dürfen uns daher mit der Betrachtung eines inhaltslosen Objektes bei der Meditation nicht zufrieden geben **und müssen nach dem Schein-Subjekt "ich" fragen**, das das inhaltslose Objekt betrachtet. Und bei der "ich"-Erforschung tun wir dies stets zusätzlich auch noch im täglichen Leben. Mit dieser Art von Übung kommt man sehr viel langsamer weiter, **weil man sich nicht nur auf ein einzelnes Objekt konzentriert, sondern alle Geschehnisse in unserem Leben zum Üben benutzt.** Alles, was uns (unser "ich") ärgert, aufregt oder beschäftigt wird zum Übungsmaterial - und das ist, wenn wir aufrichtig sind, sehr viel.

Die Begegnung mit unserem Partner wird zur Übung, die Diskussion mit Kollegen und Kolleginnen wird zur Übung, das Alleinsein wird zur Übung, eine nächtliche Autofahrt wird zur Übung. Dabei achten wir stets auf unsere innere Bewegung und stellen fest, welche Gefühle und Gedankenfluten unsere Begegnungen und die verschiedenen Lebenssituationen hervorrufen.

Es gibt aber auch noch einen anderen diffizileren Weg:
Mit der Frage: "Wer ärgert sich? Wer hat eine Wut? Wer ist unzufrieden? Wer fühlt sich einsam?", dringen wir in das **Schein-Subjekt, den "ich"-Geist** ein und lernen es damit Schritt für Schritt kennen.

**Wenn wir mit allem üben, was in unserem Inneren geschieht,
führt das zu einer Praxis,
die jeden Augenblick unseres Lebens durchdringt.**

Die "ich"-Erforschung mit der Frage "Wer ist das ich?" führt dazu, dass wir unmittelbar mit unserem Leben arbeiten, es innerlich verdauen und formen. Erfahrungen, die wir innerlich annehmen und durchdringen, weisen uns den Weg zu neuen Lebenseinstellungen.
Wenn beispielsweise Ärger aufsteigt, wird bei den traditionellen Übungen oft versucht, den Ärger auszulöschen, indem man sich etwa auf den Atem

konzentriert. Aber auch wenn wir den Ärger beiseite geschoben haben, wird er immer wiederkehren, sobald wir kritisiert oder in irgendeiner Weise angegriffen werden, ist er wieder da. Im Gegensatz dazu geht es bei der direkten Art des Übens darum mit der Frage: **"Wer ist das ich, das sich ärgert?"** selbst zum Ärger zu werden, ihn ganz zu erleben, zu spüren, ohne sich von ihm losgelöst zu empfinden oder ihn abzulehnen, weil dieser Ärger ja aus dem Schein-Subjekt, unserem "ich"-Geist kommt. Wenn wir so arbeiten, kommt Klarheit und Ruhe in unser Leben. Wir begreifen, welche inneren Eigenschaften die Entstehung des Ärgers in uns begünstigen. **Allmählich lernen wir dann, mit unangenehmen Objekten anders umzugehen.**

Unsere emotionalen Reaktionen werden dabei nach und nach schwächer und die Objekte, die wir gefürchtet haben, verlieren so ganz langsam ihre Kraft über uns, so dass wir uns ihnen unbefangener nähern können. Es ist beruhigend zu sehen, wie diese Veränderung vor sich geht. Dieser Prozess kann lange andauern, aber wir merken dabei, wie wir schrittweise immer bewusster und freier werden. Nach einiger Zeit des Übens erkennen wir schließlich, dass **nicht nur alles außerhalb von unserem Beobachter selbst ein Objekt ist, sondern auch unser "ich"-Geist.**

Unser "ich"-Geist ist im Allgemeinen nichts Außergewöhnliches, nichts besonders Geistreiches oder uns sonst wie Unbekanntes, er ist unser ganz gewöhnliche Alltag. Trotz dieser Alltäglichkeit ist unser "ich"-Geist etwas ganz Besonderes, er ist das kostbarste Juwel, das wir besitzen, er ist unser Leben. Viele Menschen haben keine Achtung und Ehrfurcht vor ihrem "ich"-Geist und gehen mit ihm um, als sei er lediglich zum Kritisieren, Arbeiten und zum Erleben von oberflächlichen Vergnügungen geeignet. Das stimmt aber nicht. **Der "ich"-Geist jedes Menschen ist prinzipiell in der Lage, seine eigene Wesensnatur zu empfinden, weil der Ursprung des "ich"-Geistes das Selbst berührt.**
Diese Empfindung ist aber nur möglich, wenn wir unseren "ich"-Geist reinigen, läutern und von allen Begierden und falschen Vorstellungen befreien und genau dies ist das Anliegen der Meditation.

Meditation ist die Auflösung der Trübungen und Widersprüche in unserem eigenen "ich"-Geist.

Die Gedanken, die der "ich"-Geist hervorbringt, sind die Ursache für unsere Leiden. Wenn wir klar erkennen, dass die Welt eine Konstruktion unseres "ich"-Geistes ist, überschreiten wir alle Leiden. Die Befreiung besteht also in der vollkommenen Auflösung der "ich"-Wurzel, dem Ursprung des "ich"-Geistes. Die Auflösung der "ich"-Wurzel kann dabei auf verschiedenen Wegen erfolgen, z.B. kann man das "ich" Schicht für Schicht abtragen und so allmählich zum Kern des "ich"-Geistes vordringen. Ein Weg, der meist sehr langwierig ist. Man kann aber auch von Anfang an versuchen, den Ursprung des "ich"-Geistes zu erreichen und ihn in reines Bewusstsein umzuwandeln (aufzulösen). Der innerste Kern des "ich"-Geistes ist der erste "ich-Gedanke" um den herum sich der komplexe "ich"-Geist im Laufe des Lebens gebildet hat.

Die direkte Methode zur Befreiung ist die Suche nach der "ich"-Wurzel, dem Kern des "ich"-Geistes.

*Wo wäre das Licht
ohne die warme Sonne
und wo der Frühling.*

6.4. Die Suche nach dem Ursprung des "ich-Geistes"

Das Denken ist nur ein Traum des Fühlens,
ein erstorbenes Fühlen, ein blassgraues, schwaches Leben --
Ganz begreifen werden wir uns nie,
aber wir werden und können
uns weit mehr als begreifen.

(Novalis)

Um die Frage nach der Ursache eines Gedankens an uns selbst richten zu können, bedarf es eines inneren Beobachters, der das innere Geschehen wahrnimmt, die "ich"-Aktivität erkennt und dann die Fragestellung nach dem "ich" einleitet. Die innere Haltung dieses Beobachters ist die eines aufmerksamen, neutralen Zeugen. Jede wollende Anstrengung, die der Beobachter vornehmen könnte, würde dem "ich"-Geist entspringen und diesen stärken und seiner Macht Dauer verleihen. Es kommt also ganz wesentlich darauf an, sich dem Strom der Ereignisse des Lebens zu öffnen und diesen Fluss mit einer möglichst neutralen Haltung zu betrachten.

Die rechte Anstrengung besteht darin,
unseren eigenen "ich"-Geist aufmerksam zu beobachten
und ihn anzunehmen, so wie er ist.

Je weiter die Beobachtung unseres "ich"-Geistes voranschreitet, desto besser wird es uns gelingen, **die Distanz zwischen unseren Gedanken und dem inneren Beobachter zu vergrößern** und die Neutralität des Beobachters aufrecht zu erhalten.

Wird das tägliche Leben auf diese Weise zum Stoff unserer Übung, indem wir allen Ereignissen **unsere volle, aber distanzierte Aufmerksamkeit zuwenden,** durchleben wir alle Gefühle und Emotionen, die mit den Ereignissen in Verbindung stehen, erneut.

Diesmal werden sie aber nicht verdrängt, da der Beobachter des Geschehens sie nicht als zu ihm gehörig betrachtet und sie dem "ich"-Geist zuordnet, den es aufzulösen gilt.

Der Meditierende durchlebt alle Anhaftungen, Gefühle und Emotionen noch einmal und löst sie dabei allmählich auf. Je tiefer die Beobachtung in unseren "ich"-Geist eindringt, desto größer wird **die Distanz zwischen unseren Gedanken und dem inneren Beobachter,** bis wir schließlich im reinen Bewusstsein verweilen und unsere Gedanken wie Wolken am Himmel beobachten können (siehe Kap. 2 und 3 und Beispiele 5.3.1).

"ich"-Erforschung heißt, unserem "ich"-Geist unermüdlich zu folgen, der sich hinter den Erscheinungen und Ereignissen des täglichen Lebens verbirgt. Erreicht man den Ursprung des "ich"-Geistes, beginnt sich dieser allmählich aufzulösen und macht dem Selbst "Platz", das dann die Führung des "ich"-Geistes übernimmt.

Wenn wir die Reinheit dieser inneren Führung erst einmal erlebt haben, werden wir stets den Wunsch verspüren, zu ihr zurückzukehren.

Die Entwicklung eines aufmerksamen, neutralen Beobachters gelingt durch die Meditation, wie sie in Kapitel 2 beschrieben wurde sehr gut, wenn der Meditierende die feste Absicht hat, sich selbst so ehrlich wie möglich anzuschauen.

Wenn in der Meditation z.B. der Gedanke auftaucht: "Mein Vater ärgert mich schon wieder", können wir die Frage an uns richten: "Wer ist das ich, das sich ärgert?". Und dann unseren "ich"-Geist beobachten, wahrnehmen, was in uns passiert. Für einen kurzen Moment werden wir dann den Ärger spüren und damit ein Stückchen unseres "ich"-Geistes kennen lernen. Natürlich erscheint niemand und erklärt: "ich" ärgere mich. **Die Frage: "Wer bin ich?" ist als Formel zu verstehen für die Untersuchung aller "ich"-Gedanken und deren Ursprung.**

Noch direkter ist es, den zu erkennen, der den Atem oder die "ich"-Aktivität beobachtet. Wenn wir uns immer bewusst sind, wer der Beobachtende ist, können wir alles geschehen lassen.

Wenn wir auf diese Weise im Akt des Hörens auf den achten, der hört, im Akt des Sprechens auf den achten, der spricht und im Akt des Arbeitens auf den achten, der arbeitet, sind wir am Ursprung von allem angelangt, dem Wahren-ich, dem Selbst. Wenn wir auf diese Weise unermüdlich fortfahren, entdecken wir, was sich hinter den Erscheinungen und Ereignissen des seelischen Lebens verbirgt und erfahren diese Quelle in ihrer ursprünglichen Reinheit, bevor sich noch irgendetwas mit ihr vermischt oder sie verdunkelt hat. Das Einzige, was dabei zu tun ist, ist still zu sein und die Identifikation mit irgendetwas, was es auch sein mag, aufzugeben, d.h. **jeden Gedanken zurückzuweisen, der uns mit irgendetwas Begrifflichem identifizieren möchte.**

In den tieferen Bewusstseinsschichten kann man dies mit Nachdenken aber nicht mehr erreichen, weil ja auch die Gedanken über den "ich"-Geist ein Teil des Geistes sind, d.h. der nachdenkende Teil unseres Geistes kann sich selbst nicht erkennen. Aber jeder Mensch besitzt die Fähigkeit, die ganzheitliche Wirklichkeit intuitiv zu erfassen und in ihr zu verweilen. Weil wir uns im Allgemeinen aber zu wenig um unseren "ich"-Geist kümmern, leiden wir, oder von der anderen Seite betrachtet:

Leiden sind unsere Wegweiser zu neuen Sichtweisen und Erfahrungen und Ängste sind die Hindernisse, die wir auf diesem Wege überwinden müssen.

Im Erwachsenenalter ist unser "ich"-Geist zu einem großen inneren Komplex herangewachsen, der viele Gedanken, Erfahrungen und Vorstellungen umfasst, die sich teilweise widersprechen oder unvereinbare Gegensätze enthalten. Sich selbst verstehen und ganz annehmen und den "ich"-Geist von allen Schranken befreien, ist daher eine herausfordernde Aufgabe. Wenn wir uns aufraffen, unseren "ich"-Geist mit einem ehrlichen Blick und einem offenen Herzen zu durchdringen, werden wir bald merken, wie blind wir bisher waren und wir werden entdecken, was der Sinn unseres Daseins ist.

6.5. Die 'Ich bin'-Empfindung

Die "ich"-Erforschung beruht auf drei einfachen, aber unser Sein berührenden Elementen:

- Verweilen in der Empfindung: **'Ich bin'**

- Erkennen und zurückweisen aller Identifikationen: **Ich bin nicht** der Körper, **Ich bin** nicht die Gedanken usw.

- Suche nach dem Ursprung des "ich"-Geistes: Mit Hilfe der Frage (Koan-Methode): "**Wer bin "ich"?**"

Das **'Ich bin'** in dieser Aufzählung ist verschieden vom "ich"-Geist. Die **'Ich bin'-Empfindung** ist verschieden von unserer "ich"-Vorstellung, "ich" bin Klaus und 42 Jahre alt und….. Mit **'Ich bin'** ist die Empfindung {29} des Seins gemeint, **Ich** existiere, **Ich bin da**, **'Ich bin'**. Diese **'Ich bin'-Empfindung** hat sich im Laufe unseres Lebens nicht verändert, sie ist immer gleich geblieben und sie ist verschieden von einem Gedanken. In besonderen kritischen, entscheidenden Momenten unseres Lebens spüren wir sie intensiver, während die Gedanken des Alltags sie meist überdecken, so dass ihre Präsenz nicht mehr in unser Bewusstsein vordringt, aber da ist sie. In unserer Kindheit war diese **'Ich bin'-Empfindung** sehr häufig für uns wahrnehmbar. Im Laufe unseres Lebens wurde sie aber in zunehmendem Maße von unseren Vorstellungen und Problemen überdeckt. **Lassen wir uns beim Musik hören ganz in die Musik hineinfallen, so dass alle Gedanken verschwinden, hört das 'Ich bin' die Musik.** Beobachten wir bei der Meditation die Atmung (Abschnitt 2.4) und unsere Gedanken verstummen dabei vollständig, dann tritt das **'Ich bin'** in unser Bewusstsein ein und ist der Beobachter des Geschehens. Wenn wir bei der Übung der Achtsamkeit (Kap. 3) ganz bei der Tätigkeit sind, die wir ausführen, dann ist das **'Ich bin' die treibende Ursache dieser Tätigkeit.** Diese **'Ich bin'-Empfindung** war schon immer da, sie begleitete uns von Anfang an und hat sich nicht verändert. Normalerweise nehmen wir diese **'Ich bin'-Empfindung** nur gelegentlich bewusst wahr, aber in besonderen Situationen wie zum Beispiel in Gefahrenmomenten können wir dieses **'Ich bin'** sehr stark empfinden**,** nämlich dann, wenn wir ganz präsent sind.

209

In solchen Momenten erahnen wir, dass wir dieses **'Ich bin'** sind. Es umfasst uns in einer Ganzheit, die wir seit unserer Kindheit kaum mehr bewusst erlebt haben. In manchen tief berührenden Momenten unseres Lebens ist die 'Ich bin'-Empfindung sehr stark und wir erleben die Berührung mit dem Selbst, die im **'Ich bin'-Empfinden aufleuchtet.** Verweilen in der **'Ich bin'-Empfindung** können wir jederzeit, wenn wir ganz bewusst wahrnehmen, was in uns da ist und alle Gedanken still stehen. Sehen, was wir gerade sehen, hören, was wir gerade hören, erleben, was wir gerade erleben, ohne Kommentar da sein und still auf einer Bank in einem Park sitzen. Weil wir diese innere Situation aber langweilig finden, beginnen unsere Gedanken irgendein Thema, das uns in Aktivität und viele Gedanken versetzt.

Auch wenn wir ganz im **Hier und Jetzt** verweilen und keine Gedanken über die Vergangenheit und die Zukunft auftauchen, können wir die **'Ich bin'-Empfindung** erleben. Die Empfindung bei der Berührung des Selbst kann man beschreiben, aber das Selbst nicht. So wie ein Eisbrocken im warmen Ozean sein Schmelzen erfährt, aber keinerlei Auskunft über den Ozean geben kann. Man sollte die Empfindung bei einer Berührung mit dem Selbst daher nicht mit dem Selbst gleichsetzen.

Die reine 'Ich bin'-Empfindung entspringt einer Berührung mit dem Selbst.

Die **reine 'Ich bin'-Empfindung**, die Berührung mit dem Selbst, führt direkt zum Ursprung des "ich"-Geistes, auch dann, wenn wir das nicht bewusst realisieren, was ja meistens der Fall ist. Wenn der Atem ganz zur Ruhe kommt und auch der "ich"-Geist still wird, kann das **'Ich bin'** für einen Moment in uns aufleuchten. Man kann daher entweder den Atem (siehe Kapitel 2) oder den "ich"-Geist beobachten. Aber sobald sich der "ich"-Geist mit etwas identifiziert, was ein gedanklicher Vorgang ist, wird die Verbindung zur **'Ich bin'-Empfindung** unterbrochen. Die Zurückweisung jeglicher Identifikation, welcher Art sie auch sein mag, ist eine Voraussetzung für die Entstehung einer andauernden Verbindung mit der 'Ich bin'-Empfindung und der Berührung mit dem Selbst (siehe 6.1).

Die 'Ich bin'-Empfindung ist eine unbeschreibliche Feinheit des Seins, die man mit Worten nicht erfassen kann.

Das dritte Element zur Befreiung ist die "ich"-Erforschung, die Suche nach dem Ursprung des "ich"-Geistes. Diese wurde in Kapitel 5.3 und 5.7 bereits ausführlich beschrieben. Wenn wir uns dem Ursprung des "ich"-Geistes nähern, gelangen wir zur **'Ich bin'**-Empfindung, die vom Selbst berührt wird und reines Bewusstsein ist.

Die Frage: "Wer bin ich?"
führt zu einer Berührung mit unserer Wesensnatur,
dem Selbst und zu einer 'Ich bin'-Empfindung.

Wenn wir mit der Frage: **"Wer bin ich?"** unseren "ich"-Geist von allen Anhaftungen befreit haben und der "ich"-Geist gereinigt ist, ist der Weg zur dauerhaften Berührung des Selbst geebnet. Das Selbst wartet bereits auf uns, um uns zu empfangen, erklären uns die Weisen, die diesen Weg bereits gegangen sind. Was immer zu tun ist, das wird dann ohne unser Wollen geschehen. An diesem Punkt angelangt, verschwinden alle unsere Zweifel und Diskussionen, ebenso wie jemand, der schläft, alle seine Sorgen vergisst.
Der Meditierende erfährt ein tiefgründiges Gefühl der Geborgenheit verbunden mit einer unbeschreiblichen Gelassenheit. Er ist erfüllt von dem Wissen, dass ihm nichts geschehen kann, was auch immer in der Welt der Erscheinung geschehen mag. Er ist frei.

Die Frage: **"Wer bin ich?"** ist also das Werkzeug, mit dem wir in unseren komplexen "ich"-Geist und in unsere Welt-Vorstellung eindringen und sie bis auf den Grund unseres Bewusstseins erforschen können. Man geht dabei von einem vorliegenden Gedanken zurück zum Motiv, das ihn hervorgebracht hat und fragt dann nach dem, der dieses Motiv erzeugt hat. Diese Untersuchung führt uns zwangsläufig irgendwann zu dem ersten **"ich-Gedanken"**, in dem wir dann aufgehen und zum **'Ich bin'** gelangen.

Es geht also darum, jenen Punkt zu finden, an dem alle "ich"-Gedanken ihren Ursprung haben und in diesem Ursprung zu verweilen. Dort angekommen werden wir eine **'Ich bin'-Empfindung** erleben (Seins-Erfahrung machen) und diese ist eine Berührung mit dem Selbst. In dieser **'Ich bin'-Empfindung** zu verweilen, ist unsere einzige Aufgabe.

Das "ich" oder der "ich"-Geist, der so bis zum letzten Schlupfwinkel verfolgt wird, wird sich dann allmählich auflösen und dem **'Ich bin'-Empfinden** Platz machen. Uns selbst (den eigenen verworrenen "ich"-Geist) ohne Angst annehmen und damit alle Anhaftungen auflösen, ist alles, was wir tun müssen. Der Mensch wird wahrhaft in diesem seinem tiefsten Grund erwartet, wo er zum Sein geboren wurde.

> **Wenn unser Denken vollkommen verstummt**
> **und wir in die stille Empfindung 'Ich bin' eintauchen**
> **beginnt etwas, das nicht beschrieben,**
> **aber empfunden werden kann.**
> **Dieses wieder und wieder zu versuchen, ist alles, was notwendig ist.**

Es geht also darum, dem permanenten Verlangen etwas anderes sein zu wollen als wir sind, ein Ende zu bereiten. Entspannt im reinen Bewusstsein ('Ich bin'-Empfinden) zu verweilen, ist alles, was notwendig ist, um die Befreiung von innen her geschehen zu lassen. **Es geht um ein tiefes Vertrauen in eine Dimension, die sich vom intellektuellen Verstehen grundsätzlich unterscheidet** (siehe Atta Dipa {28}).

Intellektuelles Verstehen und Glaube beruhen auf Argumentation und Logik und sind die Folge von Auseinandersetzung und Anstrengung. Vertrauen beruht auf intuitivem Verstehen, einem vorbehaltlosen Annehmen, was völlig frei von Zweifeln oder Meinungen ist. **Dieses vollständige und vorbehaltlose Annehmen des jetzigen Moments, des Seins im Hier und Jetzt, ist der Weg in die Freiheit. Die momentane Wirklichkeit dieses Seins im Hier und Jetzt ist die Tür zu der tieferen Dimension, die wir suchen.**

Die Welt der Erscheinung ist einem unaufhörlichen Wandel unterworfen und wird gerade durch diesen Wandel charakterisiert. Bemerken können wir dies aber nur über unsere Sinne, d.h. die Welt der Erscheinung und die Bewegung in unseren Sinnen ist prinzipiell dasselbe Geschehen. Die Wahrnehmung durch die Sinne und das begleitende Denken fließt also an uns vorüber wie ein dauernder Strom, den nichts aufhalten kann, der Strom der Entfaltung aller Dinge. Während das Geschehen der Welt vorüber strömt, ist das **beobachtende Ich, ist die 'Ich bin'-Empfindung** in einer unberührbaren Gegenwart und verändert sich nicht, es ist das Selbst. Alles entsteht, alles vergeht, alles strömt dahin, **Ich** (das reine Bewusstsein) dagegen bin. Was bin ich? Wer bin ich? Es gibt keine andere Antwort als die, ich **bin** dieses reine Bewusstsein, das jeden Gedanken übersteigt, **'Ich bin'** reines Sein.

Es gibt also nichts zu erreichen, denn **'Ich bin'** war schon immer dieses **'Ich bin'** und wird dieses **'Ich bin'** auch immer bleiben.
Die Empfindung **'Ich bin'** oder die Empfindung, da zu **sein** war auch schon in unserer Kindheit, Jugendzeit und unserem früheren Erwachsenenleben in gleicher Weise vorhanden. Diese Empfindung hat unser ganzes Leben in völlig gleichbleibender Weise begleitet, was sich verändert hat, das sind die Inhalte unserer Gedanken und Vorstellungen.

Etwas Konkretes oder Abstraktes, von dem wir sagen können "das bin ich", gibt es nicht. Es gibt nur Dinge, von denen wir sagen können, das bin ich nicht, wie z.B. der Körper, Gefühle, Gedanken, Ideen, Zeit und Raum.
In uns gehen und entdecken, was wir nicht sind, ist der Weg, um frei zu kommen. Das, was wir sind, sind wir bereits und in diesem natürlichen Zustand, dem **'Ich bin'**, bleiben ist unsere Aufgabe. Durch die Verneinung aller "ich"-Identifikationen beschreiten wir den Weg hin zur Befreiung. Das Wirkliche, unsere Wesensnatur, dieses **'Ich bin'** können wir aber erst dann ganz entdecken, wenn wir alle falschen Identifikationen, ich bin dies und ich bin das, aufgegeben haben.
Im Zen heißt es:
Man muss durch die totale Verneinung gehen.

213

Wenn der Zwang der Gewohnheit, sich mit irgendetwas zu identifizieren, verloren geht, erscheint unsere Wesensnatur. Uns bleibt dann nur noch eines zu tun: Uns diesem Licht, das aus unserem Inneren aufleuchtet und selbst unfassbar ist, zu übergeben. Und dieses Licht der Wirklichkeit ist keine sinnliche Erfahrung. Sinnliche Erfahrung ist ein dualistischer Vorgang, bei dem es einen Erfahrenden und ein Objekt der Erfahrung gibt. Die Wirklichkeit erfahren heißt Sein, 'Ich bin'.

Um dieses Licht der Wirklichkeit, das reine Bewusstsein, zu erfahren, bedarf es also keiner Sinne und um es zu empfinden, bedarf es keines psychischen oder geistigen Vorgangs, es ist einfach da. Das reine Bewusstsein ist nicht wahrnehmbar, weil es das ist, was Wahrnehmung ermöglicht. Es ist jenseits von jeder konkreten Existenz, es ist zeitlose, universale Wirklichkeit, es ist das Lebendige selbst.

*Den Blüten gleich
sind wir Gäste auf Erden,
im Vorübergehen.*

Sind wir in dieser 'Ich bin'-Empfindung angekommen, haben wir keinen Aufenthaltsort mehr, wir sind wortlos, jenseits von Raum und Zeit, jenseits von Worten und Gedanken, **jenseits der Erscheinungswelt**, wir sind. Es geht also darum, den Erfahrungsbereich des Bewusstseins über die Grenzen der individuellen Persönlichkeit und der zeitlichen Erscheinungsformen hinaus auszudehnen und an die Grenze zum Absoluten vorzudringen. Das reine Bewusstsein (das Selbst) kann sich in jeder Form verkörpern, in einem Stein, in einer Pflanze, in einem Tier oder einem Lied. Es ist der Körper, der das reine Bewusstsein (das Lebendige) benötigt, das Leben benötigt den Körper nicht.

**Die Welt ist eine Folge des reinen Bewusstseins,
ohne Bewusstsein gibt es keine Welt.**

Wir haben uns selbst von diesem gemeinsamen Urgrund abgetrennt und uns in eine Wolke persönlicher Wünsche, Ängste, Bilder, Gedanken, Ideen und Konzepte eingehüllt und dabei vergessen, wer wir wirklich sind.

Es gibt den Wünschenden nicht. Die Angst, der Ärger und das Denken sagen: "Das bin "ich", das gehört mir". Es gibt aber nichts, das "ich" oder "mein" genannt werden könnte. Verlangen ist ein Zustand unseres "ich"-Geistes, der von uns wahrgenommen und benannt wird. Wo ist ohne wahrnehmendes und benennendes Denken und Fühlen ein Wunsch?
Der Zen-Meister Yamamoto Gempo Roshi formulierte es mit den Worten:

*Erlebtes Sein ist primär akkumuliertes,
vorüberziehendes Karma.* {20}

Wenn wir die Bewegungen in unserem "ich"-Geist aus einer distanzierten Haltung heraus beobachten, beobachten wir damit unser Karma, lernen es kennen, verstehen und gewinnen dadurch die Freiheit. Damit entscheiden wir uns auch gegen unsere Denkgewohnheiten und öffnen uns für ein ganz neues Leben.

215

Da die Empfindung des **Seins** oder des **'Ich bin'** immer da ist, kommt es also darauf an, alle hinzugefügten Gedanken und Vorstellungen über unsere Person, unseren Besitz und unsere Beziehungen loszulassen. Wenn wir uns von allem lösen, was in unserem "ich"-Geist auftaucht und ihn beunruhigt, finden wir Frieden. **Die Formel: "Loslassen" ist der Wegweiser in die Freiheit.**

Alle Identifizierungen mit irgendetwas außer der **'Ich bin'-Empfindung** sind irreführend und bringen Verwirrungen in unser Dasein.

Still (ohne Denken) in der Empfindung 'Ich bin' verweilen ist alles, was zu tun ist.

Aber gerade dies fällt uns sehr, sehr schwer und bedarf der Übung. Durch das Leben in der äußeren Welt (Erscheinungswelt) sind wir gewohnt, dass wir arbeiten, lernen und aktiv sein müssen, wenn wir etwas erreichen wollen. Wenn dann unsere spirituelle Entwicklung beginnt, glauben wir, dass auch die sogenannte Selbstverwirklichung mit einer Suche und Aktivität verbunden ist. Wir probieren dann alles mögliche aus, weil wir nicht verstehen, dass wir bereits das Selbst sind. Wir suchen nach uns geeignet erscheinenden Methoden, Lehrern, Büchern und Wegbegleitern, die uns sympathisch sind und verwickeln uns dabei erneut in Aktivitäten, die uns vom eigentlichen Ziel wieder entfernen. Es ist so, als würden wir mit unseren eigenen Augen unsere Augen suchen. Dabei ist alles, was es zu verstehen gibt, die Tatsache, dass wir bereits unser Wahres-Sein sind. Wir wissen, dass wir existieren und die Empfindung **'Ich bin'** ist unsere Wesensnatur. In dieser anfänglichen Empfindung, die mehr und mehr zur erlebten Gewissheit wird, zu verweilen, ist alles, was zu geschehen hat. Aber wir glauben, wir hätten dies noch nicht erfahren, weil wir diese einfache natürliche Empfindung mit vielen falschen Gedanken und Vorstellungen verdunkelt haben.

Und so beginnen wir zu rennen und zu suchen, so als sei es etwas Äußeres, was wir finden, erreichen oder verwirklichen müssten. Es sind unsere festen Gewohnheiten und unsere tief verwurzelten Denkmuster, die uns daran hindern, der Erfahrung **'Ich bin'** in die Tiefe unseres "ich"-Geistes zu folgen und einfach nur zu **sein**, was wir immer schon waren.

**Unsere eingeprägten Denkmuster aufzubrechen und
zum 'Ich bin' (Sein) zurückzukehren,
ist der Sinn und Zweck aller Übungen.**

Bei dieser direkten Methode werden somit die Eigenschaften des **"ich"-Geistes** nicht erforscht und analysiert, wie z.B. die Psychologie dies tut, sondern von Anfang an wird die Frage nach unserer Wesensnatur gestellt. Da wir alle bereits das Selbst berühren, gibt es nichts, das gewonnen oder verwirklicht werden müsste, es geht darum, die falsche Vorstellung, der Körper oder der "ich"-Geist zu sein, zu überwinden. Um dies zu erreichen müssen wir uns von **der Welt-Erfahrung, die uns ständig fortzieht, abwenden und uns dem Erfahrenden zuwenden.**

**Die Verwirklichung (Erleuchtung oder Befreiung)
besteht darin, die falsche Vorstellung,
nicht verwirklicht zu sein, loszuwerden.**

Ein Schüler bat einen Zen-Meister, ihm einen Weg zur Befreiung zu lehren.

Der Meister fragte den Schüler:	*"Wer bindet dich?"*
Der Schüler antwortete:	*"Niemand bindet mich"*
Darauf antwortete der Meister:	*"Wozu dann Befreiung suchen?"*

Den menschlichen Geist von den hemmenden Einflüssen zu befreien, die durch die hypnotische Wirkung der eigenen geistigen Tätigkeit entstanden sind, ist das Anliegen der Übung. Es sind unsere eigenen Vorstellungen, wie wir zu sein haben und wer wir sind, sowie unsere Lebenskonzepte, die es zu überwinden gilt.

Es geht um die Überwindung von allen Konditionierungen sowie allen Ängsten und das Vordringen in tiefere seelische Schichten. Es geht um unsere menschliche Stellung im Universum, unser Sein, das mit Worten nicht mehr zu erfassen ist.

Die Verwirklichung war also schon immer vorhanden und wird auch für alle Zukunft bestehen bleiben. **Für das reine Bewusstsein oder den kosmischen Geist gibt es nichts außerhalb seiner selbst.** Die falsche Vorstellung, wir seien unser Körper oder irgendetwas anderes, zu überwinden, ist die Aufgabe der "ich"-Erforschung. Diese erfordert aber eine beständige Übung. Wenn wir ein Vergnügen erleben, werden wir wenig geneigt sein zu fragen: "Wer vergnügt sich?" Wenn wir dagegen leiden und Probleme haben, wird es uns leichter fallen, die Frage an uns zu stellen: "Wer leidet?" oder "Wer hat dieses oder jenes Problem?" Am Anfang werden wir dabei geneigt sein, uns die mentale Antwort: " "ich" leide" zu geben. Dies ist jedoch mit "ich"-Erforschung nicht gemeint. Die wahre Antwort auf diese Frage kommt aus unserem Inneren und muss erfühlt und empfunden werden. Mit dem Bewusstsein am Ort dieser **'Ich bin'-Empfindung** zu verweilen, ist richtige "ich"-Erforschung.

Unser "ich"-Geist besteht lediglich aus einer Ansammlung von Gedanken sowie dem, der sie denkt. Dieser Denker ist der "ich"-Gedanke, der sich als erster aus dem reinen Bewusstsein herausgeformt hat und sich anschließend mit allen weiteren Gedanken identifiziert und schließlich feststellt: "ich" bin der Körper. Es geht also um die Feststellung, dass dieser erste Gedanke unrichtig war und auch alle weiteren Gedanken der Art: "ich bin das oder dies", unrichtig sein müssen.

Wenn wir durch beständiges Ignorieren der Gedanken oder durch die Nachforschung; **"Wer hat diese Gedanken?"** in einen Zustand der inneren Stille gelangen, löst sich der "ich"-Geist allmählich auf und wir werden des reinen Bewusstseins gewahr. Solange es noch Gedanken gibt, die unsere Aufmerksamkeit an sich ziehen, ist der **"ich"-Geist** noch stark und wird wieder nach außen gezogen.

Wenn der "ich"-Geist aktiv ist, sind wir mit dem Körper identifiziert und unser Bewusstsein projiziert sich durch unser Sehsystem in die Außenwelt und nimmt so die Gegenstände unserer Umgebung wahr. **Wenn wir akzeptieren, dass es nur ein Bewusstsein gibt, dann muss der, der sieht, und die Dinge, die er sieht, dem selben Bewusstsein entspringen.** Wir können uns also die Frage stellen, wer sieht die Gegenstände und dabei unser Bewusstsein nach innen lenken, d.h. in uns hineinfühlen oder besser hinein beobachten. Was wir dann erfahren, ist ein **Sein.** Zu sehen im eigentlichen Sinne gibt es natürlich nichts.

Die ständig vorhandene Empfindung 'Ich bin' ist unser Selbst und in ihr zu verweilen die Befreiung. {21}

Ein Individuum oder "ich"-Geist ist eine Kette von Gedanken, Erinnerungen und Gewohnheiten. Im Augenblick der Befreiung hat das Persönlichkeitsgefühl ein Ende. Wer im Selbst aufgeht, für den ist das Persönliche und das Unpersönliche eins. Die psychosomatische Identität bleibt zwar bestehen, aber sie ist kein Individuum **oder "ich"-Geist mehr, sie ist ein Teil des Selbst, der universalen Wirklichkeit.**
Wenn in der Meditation unsere Gedanken abebben, nähern wir uns dem Selbst. Das Nichtvorhandensein von Gedanken bedeutet aber nicht, dass wir uns in einer Leere (im Nichts) befinden, da **etwas** da sein muss, das diese vermeintliche Leere aufnimmt.
Meditation ist das allmähliche Einstellen von Gedanken. Gedanken, die andauernd einströmen und verhindern, dass wir die Stille wahrnehmen, die unsere Wesensnatur ist. Wenn wir an einem einzigen Gedanken festhalten, können wir auch erreichen, dass alle anderen Gedanken ausgeschlossen werden. Am Ende löst sich dann auch dieser eine letzte Gedanke: "**Wer bin ich?**" auf und die Empfindung **'Ich bin'** bleibt.

Wenn Gedanken auftauchen, die uns mit dem Körper identifizieren, sollte man sich sagen, nein das bin ich nicht. Das Zurückweisen von Gedanken, die wir als unrichtig erkannt haben, ist ebenfalls ein wichtiger Bestandteil der "ich"-Erforschung.

<u>Anmerkung:</u> In diesem Kapitel betrachten wir Gedanken, die dem "ich"-Geist entspringen und uns zur Identifikation und zum "wollen" verleiten. Spontane Gedanken, die der Aufrechterhaltung des momentanen Lebens dienen sind hier nicht gemeint (vergl. Kap. 3)

Der einzige Weg, unser Lebensschicksal (Karma {20}) vollkommen zu überwinden, besteht darin, zu erforschen, wer es ist, der sich abgetrennt fühlt, wer es ist, der leidet, wer es ist, der unwissend ist. Durch diese Nachforschung in uns selbst verschwindet der "ich"-Geist und wir gelangen in den Zustand des Verweilens in unserer Wesensnatur, dem reinen bewussten **'Ich bin'** (Sein).

**Solange ein Mensch glaubt, er sei der Handelnde,
solange erlebt er auch die Wirkungen seines Tuns.**

Sobald er aber das Selbst verwirklicht, indem er fragt: ***Wer ist der Handelnde?*, verliert er die Empfindung der Handelnde zu sein und erreicht damit den Zustand andauernder Befreiung.** Dies ist unsere Aufgabe, aber sie ist meist sehr schwer zu lösen und man muss üben.

Ramana Maharshi [maha] schreibt:
In Wirklichkeit sind wir alle Sein-Bewusstsein-Glückseligkeit (Sat-chit-ananda), aber wir bilden uns ein, dass wir durch das Schicksal (Karma) gebunden sind und alle diese Leiden haben.

Wenn wir nachforschen, "Wer ist es, der dieses Leben als abgetrennte Person erlebt und leidet?", entdecken wir, dass wir schon immer Sein-Bewusstsein-Glückseligkeit waren. In der Tat gehen wir durch alle möglichen Entsagungen, um zu werden, was wir schon immer waren. Alles Streben ist nur dazu da, um die falsche Vorstellung wir seien eine abgetrennte Person und durch die Leiden des Lebens gebunden, zu überwinden.

***Du bist die Aufgabe.
Kein Schüler weit und breit.***

(Kafka)

© Aurelian Tröndle

221

Liebe Leserin, lieber Leser,

die in diesem Kapitel dargestellte Materie beschreibt eine totale Kehrtwende hinsichtlich unseres gewöhnlichen Denkens und widerspricht vielen gewohnten Vorstellungen. Die tiefgehende innere Veränderung, die Ihnen beim Lesen abverlangt wird, bedarf meist einer Zeit der Einwirkung und der inneren Verarbeitung. Vielleicht hatten Sie beim ersten Lesen abwehrende und zweifelnde Gedanken, was in Anbetracht der radikalen Umkehr der Betrachtung nicht verwundern darf. Bitte versuchen Sie es nach einer angemessenen Pause noch einmal. Vielleicht hat Sie auch die große Zahl ähnlich klingender Begriffe gestört, zu Recht. Aber die Erfahrung hat gezeigt, dass auch die Begriffe und die Sprache sich in Schritten der Weiterentwicklung der Darlegung und den Gedanken allmählich anpassen müssen, wenn man einen so ungewohnten Stoff vermitteln möchte, der alten Denkmustern zuwider läuft. Vielleicht haben Sie sich auch an den vielen Wiederholungen gestört, zu Recht. Sie schienen notwendig, um den Geist des Lesers aus unterschiedlichen Perspektiven immer wieder an die zentralen Aussagen heranzuführen. Dieses Kapitel ist in kleinen Portionen vermutlich leichter zu bewältigen. Der geschilderte Sachverhalt ist ganz einfach und sehr natürlich, aber er widerspricht unserer gesamten bisherigen Lebenserfahrung, allen unseren Vorstellungen und dem seit unserer frühen Kindheit eingeübten Denken und trifft damit auf unseren massiven Widerstand.

Danke für Ihr Verständnis und Ihre Ausdauer.

Diese Schilderung der inneren Befreiung und die Aussage: "Sie sind schon befreit", könnte Sie zu der Meinung verführen: "Nun weiß ich Bescheid, ich bin schon befreit, alles ist gut". Solange Sie das Bewusstsein nicht für längere Zeit im Inneren Ihres Körpers halten können und bei einem Spaziergang kommentierende und urteilende oder vergleichende Gedanken auftauchen, müssen Sie schon weiter üben. Der Gedanke "ich bin der Bundespräsident" macht Sie auch nicht zum Bundes-präsidenten.

frei sein

223

7. Folge dem Fluss des Lebens

Sind die Wolken der Unwissenheit
über unser wahres Sein dahingegangen,
erwartet uns die grenzenlose Freiheit.

7. Richtiges Bemühen

Zen-Nachtruf

Das leg' ich euch allen ans Herz:
Tod und Leben sind von letztem Ernst.
Schnell vergehen alle Dinge.
Streben lasst uns, zu erwachen!
Achtsam sei jeder, ganz gegenwärtig.
Keiner vergeude die Zeit seines Lebens!

Liebe Leserin, lieber Leser,

in diesem Kapitel wird die Anwendung der im Kapitel 5 und 6 beschriebenen Koan-Methode an Beispielen näher ausgeführt. An diesen Beispielen wird die Wirkungsweise der "Wer bin ich?"- Methode und die Zurückweisung aller Identifikationen besser erkennbar und für Sie selbst bei Ihrer Meditation leichter anwendbar. Der darauffolgende Teil befasst sich mit den Hindernissen sowie ihrer Überwindung, die auf dem inneren Weg auftreten können. Diese Beschreibungen sollen Ihnen zeigen, wie Sie die Umgestaltung und Auflösung Ihres "ich"-Geistes durch die Meditation erreichen können.
Liebe Leserin, lieber Leser, durch diese Beispiele möge es Ihnen leichter fallen Ihren eigenen "ich"-Geist zu erkennen, Ihre Ängste zu überwinden, indem Sie das traumähnliche Geschehen Ihres Lebens zu erahnen beginnen und sich in der Meditation immer tiefer in die innere Stille hineinfallen lassen.Wenn Sie sich dann dem gegenwärtigen Augenblick ganz öffnen, wird die Erhabenheit, Schönheit und Einmaligkeit Ihres Lebens aufleuchten und alles Dunkle wird sich allmählich auflösen.

225

7.1. Auflösung aller Identifikationen

Einem gelang es, er hob den Schleier der Göttin zu Sais -
Aber was sah er? - er sah - Wunder des Wunders! - sich selbst.
(Distichon von Novalis {43})

Wenn wir bewusst und gewollt Anstrengungen unternehmen, um unsere Wesensnatur (das Selbst) zu erkennen, schaffen wir mit diesem **Wollen** paradoxerweise das größte Hindernis für die Befreiung. Dass wir existieren, wissen wir, unsere Empfindung {29} ruft uns dies jeden Augenblick ins Gedächtnis. Wir sind also schon das, was wir fälschlicherweise erstreben. Unsere Bemühung muss darin bestehen zu erkennen, was wir nicht sind, d.h. es geht darum, **unsere falschen Identifikationen mit den veränderlichen Umständen unseres Daseins aufzugeben.** Wenn wir das finden, was nicht von den veränderlichen Umständen unseres Lebens abhängig ist, erkennen wir unsere Wesensnatur, die schon immer da war. Wir sollten also unsere Zeit nicht damit vergeuden, uns mit den meist oberflächlichen Identifikationen zu plagen, sondern darüber hinaus ins Tiefere, Subtilere vordringen und entdecken, was in uns frei und unabhängig ist von allem, was uns umgibt. Alles, was vergeht oder sich wandelt, wie z.B. unser Körper oder die Tätigkeiten unseres "ich"-Geistes, ist nicht unsere Wesensnatur.

Wer die Entfaltung seiner Wesensnatur begrenzt, indem er sich für eine abgegrenzte Person hält, unterwirft sich dem Kreislauf von Entstehen und Vergehen und damit dem Kreislauf von Geburt und Tod und allen Leiden, die sich daraus ergeben. Das Leiden ist durch kein anderes Mittel als die Auflösung des "ich"-Geistes zu beenden. Und diese Auflösung des "ich"-Geistes (auch Selbstverwirklichung genannt) kann in jedem Augenblick geschehen, wenn wir uns das rechte Verständnis hinsichtlich unserer Wesensnatur aneignen.

**Unsere Wesensnatur (das Selbst) ist das, was bleibt,
wenn das Denken und die Sinne vollkommen zur Ruhe kommen.**

In der **Empfindung 'Ich bin',** die in der Stille der Gedankenfreiheit auftaucht, zu verweilen ist unsere Aufgabe. Wenn uns dies nicht gelingt, weil das Erinnerungsgeflecht des "ich"-Geistes noch zu aktiv ist und uns die Gedanken wegziehen, können wir die auftauchenden Gedanken betrachten und uns fragen: "Wer hat diese Gedanken?". Mit dieser inneren Fragestellung lässt sich die **Aktivität des Erinnerungsgeflechts allmählich dämpfen.** Die wiederholte Anwendung dieser Methode ist ein effektives Mittel zur Erforschung des "ich"-Geistes. Wenn es gelingt, uns so dem Zwang zu entziehen, den das Erinnerungsgeflecht {52} des "ich"-Geistes auf uns ausübt, wird es schwächer und wird schließlich ganz verlöschen. Dann sind wir in der Lage, in der **'Ich bin'-Empfindung** zu verweilen oder anders ausgedrückt im **Hier und Jetzt** zu bleiben, wie man im Zen sagt.
Der Zen-Meister Eido T. Shimano formulierte es mit den Worten:

*Meditation ist die Verbrennung aller Gedanken
im Feuer der Achtsamkeit.*

Wir können die Aktivitäten unseres "ich"-Geistes also auch mit voller Achtsamkeit beobachten und feststellen, wie sich ein Gedanke an den nächsten reiht und wie diese Gedanken zu einem Strom anschwellen. Besondere Aufmerksamkeit verdient dann der Augenblick, in dem der "ich"-Geist versucht, das Geschehen an sich zu reißen und behauptet: Dies sind meine Gedanken. Wenn wir diesen Augenblick übersehen, ziehen uns unsere Gedanken fort und die Beobachtung unserer Gedanken bricht ab.

Der Zen-Meister Bassui (1327-1387) {26} unterwies seine Schüler mit den Worten [shim]:
Wenn ihr euch von den Leiden der sechs Welten befreien wollt, müsst ihr lernen, auf dem direkten Weg ein Buddha zu werden. Dieser Weg besteht einzig und allein darin, euren eigenen Geist zu erkennen.

Um den eigenen Geist zu erkennen, müsst ihr zuerst die Quelle sehen, aus der die Gedanken fließen. Im Schlafen und Arbeiten, im Stehen und Sitzen fragt euch ernsthaft: "Was ist das?" ("Wer bin ich?"). Nach einer solchen Erkenntnis dringt noch tiefer ein, indem ihr weiter fragt: "Mein Körper ist wie ein Schatten, wie Blasen in einem Strom. Mein Geist, der sich selbst betrachtet, ist formlos wie der leere Raum, doch irgendwo in ihm werden Klänge wahrgenommen. Wer hört?".

Bassui zeigt uns sehr eindringlich, dass wir **entschlossen** den, der denkt, überwinden und in das Tiefere und Subtilere vordringen müssen, bis wir schließlich dort ankommen, wo wir feststellen können, wer hört und wer sieht. **Die Erkenntnis, dass dieser Hörende und Sehende keine beständige Wesenheit ist, befreit uns von allen falschen Identifikationen.** Und wir erkennen, wer wir wirklich sind. Es geht also nicht nur um unsere Gedanken, sondern auch um alle Sinneswahrnehmungen und die Erkenntnis von dem, der diese Sinneswahrnehmungen hat. Auch er hat keine wirkliche Existenz. Erreicht der Meditierende dieses Stadium, sollte er auch die Frage an seinen "ich"-Geist anpassen und sich fragen:

Wer hört? Wer sieht?

Wir neigen dazu, unser Leben in verschiedene Tätigkeiten aufzugliedern, ich arbeite, ich esse, ich schlafe, ich wasche mich, ich meditiere. Bei jedem Gedanken dieser Art identifizieren wir uns mit dem Körper und verstärken unseren "ich"-Geist. Bei der Betrachtung des "ich"-Geistes lösen wir uns von diesen Gedanken und ersetzen sie durch den Gedanken: "**Wer tut dies?**" oder "**Wer bin ich**"? Im Digha Nikaya {41} heißt es:

Sich des Körpers bei jeder Tätigkeit, im Sitzen, Liegen, Gehen oder Laufen, klar bewusst zu sein, ist rechte Achtsamkeit.

Wenn wir erkennen, dass wir nicht der Körper sind, kommen wir von allen unseren Problemen frei. Alle Vorstellungen und Gedanken, die uns mit dem Körper identifizieren, sind also zu ignorieren, um unerschütterlich in unserer Wesensnatur (im Selbst), d.h. in der **'Ich bin'-Empfindung** zu verweilen. Durch die bewusste Wahrnehmung der körperlichen Tätigkeit zertrennen wir das unbewusste Band, das unseren Geist mit dem Körper verbindet und verstehen, dass wir nicht der Körper sind.

**Auflösung des "ich"-Geistes bedeutet,
alle Gedanken, die uns mit dem Körper
oder dem "ich"-Geist identifizieren,
zu verneinen.**

Mit der Frage: "Wer denkt? Wer will? Wer handelt?, Wer bin ich?, "ich", der jenseits der Tat handelt, der jenseits des Denkens denkt, der jenseits des Wollens will?", gelangen wir zu jenem Punkt des reinen Seins, wo alle Fragen enden.

➤ *Beispiel: Wer sieht?*

Monika meditiert seit vielen Jahren und in letzter Zeit hat sie einen Zustand der Stille erreicht. Nach dem Beginn der Meditation erscheinen Gedanken über die Ereignisse der vergangenen Tage und danach erlebt sie eine Stille, die sehr beruhigend ist und gleichzeitig blickt sie in einen dunklen, leeren Raum. Nach einigen Monaten erinnert sich Monika an die Warnung von Bassui und sie stellt folgende Frage an ihren "ich"-Geist: **"Wer blickt in den dunklen Raum?".** Sie fühlt sofort, wie ihr Inneres in Bewegung gerät und wieder Gedanken und Gefühle aufsteigen. Künftig setzt sie die Meditation fort und stellt sich die Frage: "Wer blickt in die dunkle Leere?", danach beobachtet sie die Reaktion ihres "ich"-Geistes. Die auftauchenden Gefühle und Erinnerungen beschäftigen sie noch längere Zeit, aber sie spürt, wie ein Gefühl des **Seins** sie mehr und mehr durchdringt.

Über diese permanent wiederkehrende Frage: **"Wer bin ich?"** wird unser "ich"-Geist zunehmend bestürzt und verloren sein, weil er keine befriedigende Antwort geben kann. Aus dieser Hilflosigkeit heraus wird unser "ich"-Geist erkennen, wie verzweifelt er sich an die Erscheinungen der sich ständig wandelnden Welt angeklammert und gebunden hat. Unser "ich"-Geist wird dann erkennen, dass in all dem Nirgendwo etwas Beständiges ist, in dem er seine angeborene unveränderliche Seins-Erfahrung, die **'Ich bin'-Empfindung** verankern kann.

Hier angelangt muss unser "ich"-Geist erkennen, dass es keinen Raum für unterschwellige Gefühle und Emotionen mehr gibt und dass jede Aufblähung, die er anstrebt, sofort wieder in sich zusammenfällt. Das konsequente Eindringen in unser Inneres, ins Wirkliche, führt zur Lösung aller Fragen und zur tiefsten denkbaren Entspannung.

> **Die Frage nach dem "ich" ist somit Befreiung**
> **und höchste Forderung in einem,**
> **die von vornherein jede gezielte Anstrengung**
> **auf ein Ziel hin ausschließt und das "ich"**
> **zur vollständigen Übergabe an das Selbst zwingt.**

Jeder Versuch des "ich"-Geistes, Vorstellungen zu entwickeln oder Wohlgefallen an sich selbst zu finden, wird auf diesem Weg bereits an der Wurzel unterdrückt, **was zur besten Reinigung unseres Geistes führt, die möglich ist.**
Wann immer unser "ich" eine Feststellung der Art "ich bin dies, ich bin jenes oder das ist mein" macht, beginnt in uns die Suche nach dem **"ich"** und dem **"mein"** und löst unsere Gedanken auf, was zurückbleibt ist **Sein**, unsere Wesensnatur, die **'Ich bin'-Empfindung** .

Richtiges Bemühen ist also ein Prozess der Aufmerksamkeit auf unseren eigenen "ich"-Geist. Mit der Frage **"Wer bin ich?"** gelangen wir an die Wurzel unseres "ich"-Geistes und in eine tiefe **'Ich bin'-Empfindung.**

Achtsamkeit ist die Feststellung aller Abweichungen von der 'Ich bin'-Empfindung und die Rückkehr zu dieser Empfindung.

Die Auflösung des "ich"-Geistes erfordert eine konsequente Verschließung aller Tore unseres "ich"-Geistes, indem wir auf eindringende Gedanken oder Sinneseindrücke nicht reagieren. Alle Vorstellungen, Urteile, Zuneigungen und Abneigungen, die in uns eindringen wollen, werden abgewiesen. Aufsteigende Gedanken werden wachsam wahrgenommen und mit der Frage: **"Woher kommst du?"** oder **"Wer ist es, der diesen Gedanken hat?"** empfangen. Entsteht ein Gedanke, der uns nach Befreiung und Erleuchtung streben lässt, so empfangen wir auch diesen mit der Frage: **"Wer ist es, der nach Befreiung strebt?"**.

Achtsamkeit ist die Zurückweisung aller Gedanken, die aus dem "ich"-Geist heraus kommen und Rückkehr zur 'Ich bin'-Empfindung.

Wenn wir auf diese Weise unsere Achtsamkeit schulen und lange genug aufrecht erhalten, werden unsere Gedanken abnehmen und schließlich an den Rand unseres Bewusstseins gedrängt, wo sie uns nur noch wie vorüberziehende Wolken erscheinen.

Nach einiger Übung beginnen wir, uns zunehmend als reines Bewusstsein zu empfinden und unsere Identifikation mit dem Körper oder dem "ich"-Geist nimmt ab. Es ist aber wichtig, dass wir die Achtsamkeit konsequent ohne Unterbrechung hinreichend lange aufrecht erhalten, da sonst der "ich"-Geist wieder erstarkt und die Identifikation mit dem Körper wieder zunimmt.

Natürlich ist die Beobachtung des "ich"-Geistes selbst wieder eine Bemühung des "ich". Trotzdem ist diese Selbstbeobachtung eine richtige Bemühung, weil sie uns hilft, einem ganz wesentlichen Teil unseres Erinnerungsgeflechts den Einfluss auf uns zu entziehen.

231

In einem weiteren Schritt können wir dann versuchen, die Anstrengung bei der Gedankenbeobachtung abzubauen, bis wir nach mehreren iterativen Schritten schließlich in einem anstrengungslosen Zustand des **Seins** verweilen können.

In letzter Konsequenz ist selbst der Wunsch, unser "ich" zu transzendieren und unsere Gedankenflut zum Stillstand zu bringen, eine Regung aus unserem "ich"-Geist. Wir können den Denkgewohnheiten des "ich" daher nur entkommen, indem wir als Bewusstsein im Bewusstsein verweilen.

Wenn wir alle in unserem "ich"-Geist auftauchenden Bewegungen ignorieren, werden wir zunehmend stiller und gelangen näher zu unserer Wesensnatur (zum Selbst), der sich verfeinernden Empfindung 'Ich bin'.

Wenn aus der Sicht des Selbst das, was bestimmt ist, ohnehin geschieht, erhebt sich die Frage: "Sollten wir nicht einfach untätig sein?". Diese Frage ist charakteristisch für die Denkprozesse des "ich", das an der Vorstellung des freien Willens festhält und den manchmal schmerzlichen Selbsterkenntnissen ausweichen möchte. In Wirklichkeit gibt es ohne Streben des "ich" keine Befreiung. Alle Religionen betonen dies sehr eindeutig und ermahnen uns zum rechten Streben. Und in der Tat ist es so, dass nur ein "ich", das bereit ist, seinen Horizont zu weiten und letztendlich sich selbst aufzugeben, im Selbst aufgehen kann.

Die rechte Bemühung besteht also gerade im Überwinden unserer falschen Vorstellungen und im Annehmen der momentanen Wirklichkeit, wie sie sich uns in jedem Augenblick des Lebens zeigt.

Anstrengungsloses und urteilsfreies "da sein" (Gewahrsein) ist unsere wahre Natur. Wenn wir diesen Zustand erlangen und in ihm verweilen können, ist das Ziel erreicht. Aber man kann diesen Zustand eben ohne Anstrengung nicht erreichen.

Die in unserem Erinnerungsgeflecht {52} des "ich"-Geistes gespeicherten Neigungen kehren den Geist nach außen und verwickeln uns in eine endlose Suche nach äußerem Glück und in eine ständige Flucht vor dem Leid. **Das Aufgeben all dieser Gedanken bedeutet für die meisten Menschen eine Anstrengung, eben die Anstrengung der vorsätzlichen Auflösung des "ich"-Geistes, die uns zu Demut und Stille hinführt.** Natürlich ist es unser wahres Ziel, still zu werden, aber es ist eben nicht einfach, dies zu tun und ohne Bemühung kaum möglich. Der Tamildichter Thayumanavar beschrieb diesen Umstand in einem Gedicht, dessen zusammengefasster Inhalt etwa lautet [maha]:

> *Wenn du dich still verhältst, wird Seligkeit kommen, aber soviel du auch deinem Geist diese Wahrheit sagen magst, er wird nicht stillhalten. Der Geist sagt dem Geist, dass er stillhalten soll und er Seligkeit erlangen wird, aber der Geist wird nicht still sein. Obwohl alle Schriften so gesagt haben und obwohl wir es täglich von den Weisen und selbst von unserem Meister hören, sind wir niemals still, sondern irren in die Welt der Illusion und der Sinnesobjekte ab. Aus diesem Grund ist bewusste, vorsätzliche Bemühung nötig, um diesen anstrengungslosen Zustand der Stille zu erlangen.*

Und in der Tat verhält es sich so, wenn der höchste anstrengungslose Zustand noch nicht erreicht ist, ist es uns unmöglich, keine Anstrengungen mehr zu unternehmen. Unsere eigene Natur zwingt uns dazu, weil sie uns über den Umweg der Erfahrung den Weg zu unserer Wesensnatur weisen möchte.

Erforschung des "ich"-Geistes und Meditation wird also durch eine bewusste Bemühung des "ich"-Geistes eingeleitet und aufrecht erhalten. Sobald wir mit der Meditation beginnen, überfallen uns viele Gedanken und versuchen, den einen ursprünglichen Gedanken, der etwa lauten könnte "ich will still werden", zu überwältigen.

Selbsterforschung ist deshalb eine andauernde Auseinandersetzung zwischen einem einzigen Zielgedanken, der mehr und mehr an Intensität gewinnen soll und vielen ablenkenden, uns zerstreuenden und uns in Tätigkeiten verwickelnden Gedanken.

Wenn der Zielgedanke im Laufe der Zeit durch wiederholte Übung stark geworden ist, ebben die übrigen Gedanken mehr und mehr ab und die erwünschte Stille kehrt ein.

So dass wir sagen können:

**Meditieren bedeutet
mit Absicht in die Absichtslosigkeit eintauchen.**

Wenn die Bemühung, diese Stille aufrecht zu erhalten, verschwindet und nicht mehr nötig ist, beginnt die innere Empfindung des Selbst und wir sind ganz bei unserer Wesensnatur angelangt.

Ein fortwährendes Verharren in diesem Zustand führt zu einem anstrengungslosen Zustand, in dem alles einfach natürlich und spontan geschieht. Damit wir erkennen können, dass alles, was wir sehen, das Selbst ist, muss der Gedanke **"ich bin der Körper"** aufgegeben werden. Wenn der Gedanke "ich bin der Körper" auftaucht, in welcher Form auch immer, sollten wir uns sagen: "Nein, das bin ich nicht". **Die äußeren Tätigkeiten in der Welt können uns nichts anhaben, wenn wir die weltliche Verstrickung im Inneren aufgeben.**

Ist unser Wunsch nach unserer Wesensnatur stark genug, wird unsere Wesensnatur alles Weitere für uns arrangieren. Unsere Aufgabe ist es, uns unserer Wesensnatur vertrauensvoll zu übergeben und den Irrglauben, wir könnten sie beherrschen, aufzugeben (siehe auch Anmerkung {42}).

Wasserfall

Der Wind verweht die fliegenden Quellen,
Das ergibt einen kühlen Sound.
Über dem Gipfel des Berges erscheint der Mond,
und das Bambusfenster spiegelt sich hell.
In meinem hohen Alter ist mir das Leben
tief in den Bergen besonders angenehm;
Wenn ich am Fuße dieses Felsen sterbe,
müssen selbst meine Knochen rein sein.

(Jakushitsu {8})

Ein Blick hinauf zu den Sternen
ist eine gute Unterweisung
nicht nur für Zweifler

235

7.2. Hindernisse auf dem Weg nach innen und ihre Überwindung

Eintauchen in das unergründliche Sein bedeutet:
Wirklich zu leben.

7.2.1. Anhaftungen, ablenkende Gedanken und Gewohnheiten

**Das Leben stellt uns fortwährend
vor unlösbare Gegensätze,
sie in uns aufzunehmen und zu überwinden,
ist unsere innere Arbeit.**

Unsere Gedanken sind sehr nützlich, wenn wir äußere Probleme bewältigen wollen. Auch auf dem spirituellen Weg können uns unsere Gedanken ein Stück weit eine Hilfe sein und uns zu einer geeigneten Grundorientierung und geeigneten Lebensbedingungen verhelfen. Wenn es jedoch um die tieferen Schichten bei der Auflösung unseres "ich"-Geistes geht, können unsere Gedanken auch ein Hindernis für unseren inneren Fortschritt sein.

Nicht selten beschäftigt uns dabei die Frage: "Warum muss ich soviel leiden?". Wir können dann über unsere Vergangenheit nachdenken oder Bücher über die Karmalehre {20} oder die Reinkarnation studieren, was aber meist nicht viel bewirken wird. Wenn wir statt dessen die Frage: "Wer leidet?" an uns stellen, werden wir an die Wurzel unseres "ich"-Geistes, d.h. des Leidenden geführt. Da Leid nur in unserem "ich"-Geist existiert, können wir damit die Leid auslösenden Gedanken auslöschen. In Wirklichkeit existiert nur das Selbst und dieses ist Glückseligkeit. Das Schicksal geht unausweichlich seinen Gang und das Unvermeidliche geschieht. Den Verlauf der Dinge können wir nicht ändern, aber unsere Haltung können wir ändern. **Auf unsere Haltung kommt es an, nicht auf die bloßen Ereignisse.**

Wie wir die Ereignisse und Wechselfälle des Lebens empfinden, bestimmt ob und wie sehr wir leiden. Aus der Sicht des "ich"-Geistes mag uns dies und das hart treffen, aus der Sicht des Selbst sind es einfach nur Ereignisse, die zum Leben dazugehören. Jeder erfährt Freude und Leid als Konsequenz seines Karma {20}. Die einzig richtige Haltung ist, beides geduldig zu akzeptieren, im Selbst zu verweilen und das zu tun, womit man gerade beschäftigt ist, ohne darin Freude oder Leid zu suchen.

Wenn wir Urteile über die Welt fällen und dies als gut und jenes als schlecht betrachten, stellen wir uns damit dem entgegen, was ist (vergl. Abschnitt 3.6). Urteile kommen aus dem "ich"-Geist und führen zu Denkprozessen, die den "ich"-Geist stärken. Sie verursachen weitere Spaltungen im "ich"-Geist.

Es ist nichts falsch an der Welt oder unserer Umgebung. Die momentane Wirklichkeit {18} ist wie sie ist.

Es liegt an den Einstellungen unseres "ich"-Geistes, der die Welt analysiert und beurteilt und viele Probleme feststellt. Wenn wir die Betrachtungsweise unseres "ich"-Geistes ändern, verwandelt sich auch unsere Meinung über die Welt und damit unser Empfinden. Es gibt nur einen Weg, in dieser leidvollen Welt glücklich zu leben, indem wir alle Wesen in gleicher Weise annehmen und alles Seiende als eine Manifestation des Selbst betrachten.

Die Weisen dieser Welt sagen uns:

Gib deinen "ich"-Geist dem Selbst hin, und sieh alles als das Selbst an.

Nur wer so lebt, kann dauerhaft glücklich sein.

Der "ich"-Geist will Aufmerksamkeit auf sich ziehen. Er will sich immerzu um sich selbst drehen.

Unsere Umgebung widersetzt sich aber dieser Bestrebung oder lässt sie nur unvollkommen gelingen, was zu unseren Schwierigkeiten führt.

Deshalb sind unsere Leiden stets auch ein Hinweis auf unseren "ich"-Geist und bieten uns die Möglichkeit zu lernen und unseren "ich"-Geist reifen zu lassen.

Wenn wir erkennen, dass wir angetrieben vom "ich"-Geist mit seinem Erinnerungsgeflecht, dem Angenehmen nachjagen, das wir einmal erlebt haben und versuchen, das Unangenehme zu umgehen, verstehen wir, dass das Erinnerungsgeflecht des "ich"-Geistes die Ursache für unsere Ruhelosigkeit und unsere Suche nach vermeintlichem Glück ist. Jedes Vergnügen ist unvermeidlich hinsichtlich Dauer und Intensität begrenzt und danach tritt das ein, was unangenehm oder langweilig ist.

Weil wir uns an den angenehmen Zustand erinnern, gehen wir wieder und wieder auf die Suche nach dem Angenehmen und verstricken uns damit in eine Jagd, die nie endet, es sei denn, dass wir den Teufelskreis erkennen und ihn konsequent durchbrechen.

Unser "ich"-Geist rebelliert zwar gegen das Leid, das wir erleben,
aber er ist nur schwer davon zu überzeugen,
dass die Verwirrung in seinem Denken die Ursache von allem ist.

Häufig ist unser Körper die Quelle für Anhaftungen, weshalb wir uns mit ihm identifizieren. Wir sind auf vielfältige Weise besorgt um unser Wohl, unsere Gesundheit und den Zustand unseres Körpers. Natürlich benötigen wir den Körper, um üben und unsere Lebensaufgaben erfüllen zu können, aber eine übertriebene Beschäftigung mit ihm ist nicht erforderlich. Unser Körper ist wie ein Boot, mit dem wir ans andere Ufer eines Flusses gelangen können. Es ist gut, wenn wir ihn in Ordnung halten, damit wir von ihm auf der Überfahrt getragen werden. Wenn man ein Boot besitzt, macht es wenig Sinn, wenn man sich am Ufer aufhält und sich ständig mit dem Boot beschäftigt und ebenso ist es mit unserem Körper.

Er ist ein nützliches Hilfsmittel, das uns auf unserem inneren Weg zur Erlangung von Erfahrungen zur Verfügung steht.

Wenn wir ernsthaft meditieren und im reinen Bewusstsein verweilen, werden uns unsere Sorgen um unser körperliches Wohlergehen sowie unsere gesundheitlichen Probleme nicht sehr ablenken und wir werden unsere Beschwerden erträglicher empfinden.

Körperliche Abhängigkeiten sind ein starkes Hindernis auf dem Weg zur Befreiung (siehe Kapitel 3).

Mit der konsequenten Frage:
"Wer hat diese körperliche Abhängigkeit?"
gelangen wir an die Wurzel unseres Problems.

Wenn wir üben, wird uns zunehmend bewusst, dass unvollendete Materie Geist ist und ebenso, dass unvollendeter Geist an Materie gebunden ist.

Unser Festhalten an bestimmten Lebensgewohnheiten ist ebenfalls ein Hindernis auf dem inneren Weg. Solange wir nicht erkennen, dass das Geschehen der Welt eine bloße Gewohnheit, eine Sichtweise von uns ist, die auf Erinnerungen beruht und vom Verlangen angetrieben wird, halten wir uns für ein abgetrenntes Individuum. Es sind Gewohnheiten, der Wunsch nach Wiederholung, die uns den Weg zu unserer Wesensnatur versperren. Zunächst ist es deshalb wichtig, unsere hinderlichen Gewohnheiten zu erkennen und bewusst wahrzunehmen, wenn sie sich zeigen. Aber wir sollten uns nicht mit ihnen identifizieren und ihnen nicht erlauben, unser Handeln zu bestimmen. Wenn wir bemerken, dass eine Gewohnheit von uns Besitz ergreifen will, so müssen wir uns erinnern: "Diese Gewohnheit bin ich nicht" und uns in die **'Ich bin'-Empfindung**, unsere Wesensnatur zurückziehen.

239

Wenn wir uns von unseren einengenden Gewohnheiten befreien wollen, müssen wir lernen, uns nicht von ihnen überwältigen zu lassen.

Wir können lernen, unsere eingeschliffenen Gewohnheiten abzuweisen oder sie mit der Frage zu empfangen: "Wer hat diese Gewohnheit?". Bereits durch eine kurze Unterbrechung unserer Gedankenprozesse gewinnen wir dabei viel spirituelle Energie (siehe 3.1).

Das Leben birgt viele Umwege.
Die Landschaft bewundern.
Nichts tun.
Fröhlich sein.

➤ *Beispiel: Alkohol-Konsum*

Martha möchte ihren Alkohol-Konsum reduzieren, sie weiß, dass das nicht leicht ist, weil sich ihr Körper schon sehr daran gewöhnt hat und alle bisherigen Versuche gescheitert sind. Sie hat erkannt, dass der plötzliche Entzug ohne gründliche Vorbereitung erfolglos ist. Wenn das Thema Alkohol während der Meditation auftaucht, widmet sie ihm ihre ganze Aufmerksamkeit und fragt ihren "ich"-Geist: "Wer denkt an den Weintrunk am Abend?". Die Reaktion des Körpers beobachtet sie mit vollem Bewusstsein, sie spürt ihre Hände und ihre Lippen, die das Glas berühren und so weiter. Ebenso verfährt sie mit den Gedanken über die Beschaffung des Getränks und auch den Gedanken über die Vorbereitung des Trinkens am Abend. - Am Abend sammelt sie zuerst ihren Geist, ist ganz bei sich, so wie jemand, der in eine Prüfung geht. Ganz langsam steht sie auf, bewusst setzt sie einen Fuß vor den anderen und holt ein Glas aus dem Schrank. Ihr Bewusstsein ist ganz bei der Bewegung, wie sie das Glas an sich nimmt. Auf die gleiche voll bewusste Art schreitet sie zurück zum Tisch, stellt das Glas vorsichtig ab. Hält einen Moment inne und wiederholt ihren bewussten, langsamen Gang in die Küche, in der sich der Wein befindet. Keine Bewegung ist unbewusst, alles hat sie in der Meditation bereits eingeübt und genau so führt sie es jetzt auch aus. Das Öffnen der Flasche, das Ergreifen des Korkens, alles geschieht ganz kontrolliert, bedacht, der Körper ist ganz unter ihrer Beobachtung. Vorsichtig fließt der Wein ins Glas, sie spürt, was in ihrer Nase und ihrem Mund geschieht. Langsam setzt sie sich und wartet, beobachtet ihren Körper, spürt ihr Verlangen. Sie fragt sich selbst: **"Wer hat das Verlangen?", spürt in sich hinein, fühlt ihr Verlangen.** Langsam und bedächtig führt sie die Hand zum Glas und führt dieses ebenso bedächtig zu ihrem Mund. Sie spürt die Erwartung des Körpers, den Geruch des Weins, sie wartet und dann trinkt sie einen kleinen Schluck, beobachtet ganz genau, was in ihrem Körper geschieht. Ganz langsam stellt sie das Glas zurück an seinen Platz und beobachten die Gefühle in ihrem Körper, ihr Verlangen, aber sie gibt ihm nicht nach, sie hält es aus solange bis es langsam schwächer wird. Jede Bewegung und alle

241

Gefühle sind an diesem Abend unter ihrer Kontrolle. Nichts geschieht ohne ihre Absicht, nichts geschieht ohne ihre bewusste Beobachtung. Immer wieder stellt sie die Frage: "Wer fühlt dieses Verlangen?".

Viele Wochen zelebriert sie dieses Ritual. In der Meditation vertieft und stabilisiert sie es. Nach Monaten der Kontrolle und Beobachtung beschließt sie einen Abend auf den Wein zu verzichten und plant das abendliche Ritual mit einem alkoholfreien Getränk durchzuführen, so wie sie es in der Meditation zuvor eingeübt hat. Der Abend wird hart für sie, aber sie weiß, dass Ihre Gesundheit betroffen ist und hält der Herausforderung stand. Nach vielen Wochen der Durchführung des Ersatzrituals spürt sie, dass das Verlangen etwas abnimmt und nach vielen weiteren Wochen hat Martha das Verlangen vollständig überwunden, aber sie weiß, dass es jederzeit wieder auftreten kann. Nur die konsequente Ausführung der eingeübten Kontrolle kann sie vor einem Rückfall bewahren.

Das geschilderte Beispiel lässt sich sinngemäß auf andere stark im Körper verwurzelte Gewohnheiten übertragen (hier werden Gewohnheiten angesprochen, keine Suchterkrankungen).

Hindernisse, die auf unserem Weg nach innen auftauchen, erinnern uns, dass diese nur dem "ich"-Geist und seinem Körper-Erinnerungsgeflecht entspringen können. Unser Selbst, das reines Bewusstsein ist, kennt keine Schwierigkeiten und keine Probleme. Wenn es uns gelingt, die Überzeugung in uns zu stärken, dass wir reines Bewusstsein sind, verlieren alle Hindernisse und Probleme ihre Bedeutung.

Zu Beginn des inneren Weges halten wir unsere Angewohnheiten für unabänderlich und unsere Probleme für harte Tatsachen und häufig für nahezu unüberwindlich. Unser "ich"-Geist wandert nur deshalb ununterbrochen umher, weil wir uns mit ihm identifizieren und allen seinen Tätigkeiten Aufmerksamkeit schenken. Wenn wir dann im Laufe der Zeit tiefer in unseren "ich"-Geist eindringen, erkennen wir, dass die Probleme, mit denen wir uns herumplagen, unserem "ich"-Geist entspringen und nichts als anschwellende und wieder abklingende Bewegungen unseres "ich"-Geistes sind.

Die Annahme, der "ich"-Geist habe eine dauerhafte Existenz, die überwunden werden muss, ist falsch.

Indem wir unsere Gedanken irgendwie kontrollieren, wird der "ich"-Geist nicht schwächer, sondern durch die Beschäftigung mit ihm stärker. **Es kommt also darauf an zu erkennen, dass alle Gedanken aus dem "ich"-Geist kommen und zu lernen, diese zu ignorieren** (siehe 3.4.1). Von unserer Einstellung den Problemen und Hindernissen gegenüber, hängt es ab, ob diese uns und unseren Weg beeinflussen oder nicht. Wenn wir uns zu der Haltung erziehen, dass alle Sorgen, Probleme und Störungen nur Bewegungen in unserem "ich"-Geist sind und unsere wahre Natur nicht berühren, werden sie ihren bedrückenden Einfluss auf uns verlieren. Je mehr es uns gelingt, zurückzutreten und unsere Probleme aus zunehmender Distanz zu betrachten, desto schneller werden sie sich auflösen und dahinschmelzen, wie der Schnee in der März-Sonne. Wenn wir gegen unsere Gedanken aber ankämpfen, schenken wir ihnen Aufmerksamkeit und verstärken sie damit.

Durch Ignorieren unserer Gedanken ebben sie ab.

Unseren Gedanken die Aufmerksamkeit und das Interesse zu entziehen, mag am Anfang schwierig sein, da die Betriebsamkeit unseres "ich"-Geistes stark ist und wir die herein strömende Gedankenflut kaum kontrollieren können. Deshalb muss Selbsterforschung beharrlich wiederholt werden, bis der unstete "ich"-Geist allmählich seine Kraft verliert, da er fortwährend der Beobachtung ausgesetzt ist ("Wer hat diese Gedanken?"). **Der "ich"-Geist bezieht seine ganze Energie aus der Beachtung, die wir den Gedanken und Gefühlen schenken.** Wenn wir uns also weigern, auf unsere Gedanken einzugehen und sie nicht mehr so ernst nehmen und sie ziehen lassen, verlieren sie mehr und mehr ihre Macht über uns und werden schwächer.

Die Beobachtung des "ich"-Geistes
muss beharrlich fortgesetzt werden.

243

Die Überzeugung, wir seien eine abgetrennte Person, mag sehr tief in uns verwurzelt sein und unser "ich"-Geist mag uns immer wieder suggerieren, die Welt der Erscheinung und unsere Probleme existieren wirklich.

Gegen diese Überzeugung und diese gedanklichen Probleme anzukämpfen, hilft wenig. **Durch konsequentes Ignorieren** werden sie aber eines Tages von selbst verschwinden.

Der Zen-Meister Mugo (760-821) antwortete auf jede Frage, die an ihn gerichtet wurde: **"Lass dich nicht täuschen"**. Und dies trifft in der Tat den Kern von allen unseren Fragen.

Wenn wir uns fortwährend bewusst sind, dass der "ich"-Geist und alle seine Schöpfungen etwas Imaginäres sind, das nur in unserer Vorstellung existiert, wird diese illusionäre Welt aufhören, uns zu täuschen und uns zu belasten. In letzter Konsequenz sind alle Ideen wie Luftblasen, alle Worte sind wie Luftblasen, alle Gedanken sind wie Luftblasen. Es gibt nur das Sein. Alle Schwierigkeiten, in die wir im Leben geraten, verlieren ihren bedrückenden Einfluss, wenn uns bewusst ist, dass alles nur eine Bewegung in unserem "ich"-Geist ist und unsere Wesensnatur von diesem Geschehen nicht berührt wird. Diese Haltung einzunehmen, gelingt jedoch meist nur nach langer, intensiver Übung.

Wenn wir Gedanken-Muster ausdauernd und konsequent ignorieren, werden sie sich auflösen.

Je ausdauernder wir die Überzeugung in uns stärken, dass wir reines Bewusstsein sind, desto klarer werden wir die Vorspiegelungen unseres "ich"-Geistes durchschauen und den Weg zu unserer Wesensnatur finden. Sobald wir in der festen Gewissheit ruhen, dass wir reines Bewusstsein sind, wird die Erfahrung unserer Wesensnatur von selbst zunehmen.

Entspannt in der 'Ich bin'-Empfindung, unserem eigentlichen, natürlichen Bewusstsein zu verweilen und gleichzeitig alle Gedanken und Wahrnehmungen als nicht "ich" zu betrachten, ist alles, was zu tun ist.

Durch Übung werden sich also die Gedanken des "ich"-Geistes mit seinen vielfältigen Hindernissen immer weiter von uns entfernen.

Den von unserem "ich"-Geist erzeugten Problemen und Hindernissen keine Beachtung zu schenken, ist der Weg, um ihnen ihre Macht über uns zu entziehen und sie schließlich ganz zum Verschwinden zu bringen.

**Der einzige Weg dem Leiden der Welt zu entkommen
besteht darin, immer im reinen Bewusstsein zu verweilen.**

Wenn wir unseren "ich"-Geist konsequent auf die Empfindung **'Ich bin'** zurückführen, werden wir das in uns wirkende Bewusstsein erkennen. Alle Rätsel unseres Lebens werden sich lösen und das Gefühl von innerer Versöhnung und innerem Frieden wird kontinuierlich in uns anwachsen. Haben wir die Glückseligkeit unserer Wesensnatur erst einmal erfahren, wird uns dies anspornen, diese Erfahrung wieder und wieder zu suchen und zu vertiefen. **Von allen Gedanken befreit, außer dem an unsere Wesensnatur (Selbst), werden wir in den Frieden unserer Wesensnatur mehr und mehr hineingezogen und verlieren das Interesse an allem anderen.**

7.2.2. Arbeit und Pflichten

> *Wenn Du schläfst, übe dich im Schlaf-Zen*
> *Wenn du isst , übe dich im Ess-Zen*
> *Wenn du arbeitest, übe dich im Arbeit-Zen*
>
> (Zen-Meister Foyan)

Manche Menschen sind mit dem täglichen Leben so sehr beschäftigt, dass sie glauben, keine Gelegenheit zur Selbsterforschung und Meditation finden zu können. Man darf nicht erwarten, dass sich aus diesem Zustand heraus eine plötzliche Wende von alleine einstellt.

245

Ein äußerer Anlass mag dazu führen, dass wir Interesse an einem inneren Weg finden und einige erste Versuche zur Meditation hin unternehmen, weil wir dem intensiv erlebten Leiden entfliehen möchten.

Allmählich kann dann daraus eine beständige Hinwendung und Betrachtung unseres "ich"-Geistes werden, die sich im Laufe der Jahre ausweitet und Bedeutung für unser Leben gewinnt. Überforderungen in der ersten, oft euphorischen Phase, führen in der Regel zu Rückschlägen. Man kann nicht erwarten, dass Tendenzen und tief verwurzelte Gewohnheiten unseres "ich"-Geistes sich von heute auf morgen auflösen. Ein allmähliches und beständiges Wachsen der Neigung zur Meditation führt dem gegenüber zum Ziel. Ein beständiges Üben und allmähliches Ausweiten der Meditation ist deshalb die wichtigste Voraussetzung für inneren Fortschritt.

Irgendwann sind wir dann in der Lage, sogar die Unterscheidung:
"ich" arbeite, "ich" meditiere,
fallen zu lassen, weil sich alles Tun
in Meditation verwandelt hat.

Zu glauben, wenn der "ich"-Gedanke nicht mehr da ist, könne man seine Arbeit und seine Pflichten nicht mehr erfüllen, ist ein Irrtum. Auch wenn wir den Gedanken **"ich tue dies"** oder **"ich tue das"** aufgeben, können wir unsere notwendigen Arbeiten verrichten und unsere Pflichten erfüllen. Was fehlt, ist das **"ich"-Gefühl,** das Gefühl, der tätige Körper zu sein. Alles Notwendige wird mit innerem Abstand und Gleichmut getan, ohne das Gefühl, etwas für sich persönlich erreichen zu wollen.

Maharshi [maha] sagte:
> *Wer nicht meint, er sei bei seinem Tun der Handelnde, steht über jenem, der denkt, er habe allem entsagt.*

Und an anderer Stelle:
> *Das Selbst zu erkennen und im Zustand der Einheit mit dem Selbst zu verweilen, ist schon der größte Segen, den man der Welt geben kann. Die schweigende Rede ist jederzeit auf der ganzen Welt zu vernehmen. Sie ist immer von Nutzen.*

Der Rat still zu sein, der dem Suchenden oft gegeben wird, bedeutet nicht, dass wir körperlich untätig sein sollen, sondern dass wir im Selbst verweilen sollen. Mit "still zu sein", ist also nicht eine äußere Stille oder Untätigkeit gemeint, sondern innere Stille, **ein Zustand, bei dem der "ich"-Geist schweigt.** Durch körperliche Passivität entsteht häufig Trägheit und Stumpfheit. Durch übermäßige körperliche Aktivität entstehen heftige Gefühle, innere Unruhe und Zerstreutheit. Wenn wir die ausgewogene Mitte gefunden haben, finden geistige und körperliche Aktivitäten nur statt, wenn sie erforderlich sind, ansonsten herrscht Stille, Klarheit und innere Harmonie. **In diesem Zustand sind wir einfach nur der Beobachter unserer Handlungen, ohne dass wir in sie verwickelt werden. Durch ausdauernde Übung wird die Arbeit so zur Meditation.**

An meinen täglichen Verrichtungen ist nichts Besonderes.
Ich bin einfach in natürlichem Einklang mit ihnen.
An nichts mich festhaltend und nichts zurückweisend
finde ich keinen Widerstand und bin nie abgetrennt.
Was soll mir dann der Prunk purpurner Gewänder?
Der reine Gipfel ward von keinem Staubkorn je befleckt.
Meine magische Kraft und geistige Übung
liegt im Wasserholen und Holzhacken.

(Text von Zen-Mönch Plang Yün)

Im zarten Mondlicht
rinnt Wasser durch die Nacht.
Es kennt seinen Weg.

7.2.3. Emotionen

Dein Geist gleicht einem Auge, das alles sieht, nur nicht sich selbst.
In jeden Winkel dringt sein Licht;
was hindert ihn, sich selbst zu erkennen?

(Zen-Meister Foyan)

Alle unsere unliebsamen und zerstörerischen Emotionen wie Zorn, Wut, Hass, Eifersucht, Geiz werden vergehen, wenn wir erkennen, wer sie hat.

Dabei brauchen wir nur selbst zum Gegenstand unserer Betrachtung zu werden, uns unserer Emotionen und unserer eigenen Existenz gewahr werden. Es geht nicht darum, die Emotionen zu benennen und verbal festzustellen, ich bin eifersüchtig oder ich bin arrogant. Es geht darum, beim Auftreten der Emotion die Eifersucht oder die Arroganz zu fühlen und für eine Weile ganz zu dieser Emotion zu werden.

Die Wurzel unserer Emotionen liegt im Begehren -
absolutes Glück ist, nichts zu begehren.

Glückseligkeit ist der ungetrübte Zustand des Seins. Das, was als Welt in Erscheinung tritt, ist eine Störung dieses Seins, eine Störung, die dazu führt, dass wir Erfahrungen machen. **Die Widersprüche und Erfahrungen unseres Lebens dienen dazu, unseren mentalen Stolz zu brechen.**

Mit der Frage: "Wer hat diese Emotion, wer ärgert sich, wer ist wütend usw." gelangen wir an die Wurzel unserer Emotion. Nur durch Erkennen unserer Emotionen, sobald sie sich zeigen, können wir sie überwinden. Unser "ich"-Geist sucht über die fünf Sinne nach Reizen, er verarbeitet sie, wodurch lange Ketten unkontrollierter Gedanken entstehen. Die Beobachtung, wie unser "ich"-Geist auf die verschiedenen Sinneseindrücke reagiert, führt uns an den Entstehungsort dieser Gedankenketten. Wenn wir unseren "ich"-Geist daran hindern können auf die Sinneseindrücke einzugehen, können wir uns von den Emotionen befreien. (Siehe auch Abschnitt 3.4).

**Mit der Frage: "Wer hat die Emotion?"
gelangen wir an die Wurzel des "ich"-Geistes,
was zur Auflösung der Emotion führt.**

➤ *Beispiel Neid:*

Neid ist ein starkes, destruktives Gefühl, das uns schon bei Kain und Abel begegnet. Die Beobachtung einer Erbengemeinschaft mit mehreren Erben zeigt den Neid häufig sehr deutlich. Die Erben geraten leicht in Streit und eine liebevolle, einvernehmliche Aufteilung des Erbes ist eher ungewöhnlich, was darauf hin deutet, dass die Wurzel des Neids bereits in der Kindheit entstanden sein kann.

Otto meditiert seit einigen Jahren und hat schon einige innere Konflikte aufgelöst. Seit einiger Zeit beobachtet er Gedanken, die mit prominenten, reichen Fußballspielern in Verbindung stehen. Er befragt seinen "ich"-Geist nach der Herkunft der Gedanken: "Wer hat diese Gedanken an ......?". Die Empfindungen, die daraufhin auftauchen, sind nicht besonders angenehm, was Otto verwundert, er liebt Fußball. Nach einiger Zeit erscheinen Gedanken, die mit bekannten Namen aus der Wirtschaft zu tun haben. Auch hier fragt er seinen "ich"-Geist: "Wer hat diesen Gedanken an …?". Auch in diesem Fall findet Otto keine Verbindung der auftauchenden Namen mit seinem Leben. Weitere Namen von sehr reichen Personen tauchen in der Meditation von Otto auf und führen zu ähnlichen Ergebnissen. Nach Monaten erinnert sich Otto an eine Begebenheit aus seiner Kindheit: Sein Vater und sein älterer Bruder stehen vor dem Haus und der Vater lobt den Bruder, weil er ein Tor geschossen hat und gibt ihm 5 Euro. Otto fragt auch in diesem Fall seinen "ich"-Geist nach dem "ich", das diese Geschichte erlebt hat. Diesmal fühlt er sich eine längere Zeit deutlich unwohl nach der Meditation. Inhaltlich ähnliche Gedanken und Erinnerungen tauchen auf, ziehen sich über Monate hin, bis sie dann nahezu schlagartig verschwinden und neue Themen auftauchen.

Das Beispiel zeigt, auf welche subtile Weise unser Unbewusstes uns anregt, an unseren inneren Problemen zu arbeiten. Nachdem Otto bereit ist, sich während der Meditation in die Gefühle hinein ziehen zu lassen, die nach der "Wer- Frage ....." auftauchen, lösen sich seine Neidgefühle ganz allmählich auf. Ob ihm der Zusammenhang mit dem Thema Neid bewusst ist oder nicht, ist dabei nicht von Bedeutung, in beiden Fällen lösen sich seine Neidgefühle auf. Neid und Eifersucht haben ähnliche Wurzeln, die oft eine Verbindung zur Liebe von Mutter und Vaters aufweisen. Der Neid ist nicht nur ein Phänomen im persönlichen Umfeld eines Menschen, er hat auch Auswirkungen auf den gesellschaftlichen Zusammenhalt.

War es ein Irrlicht,
dem wir so lange folgten,
in der dunklen Nacht?

7.2.4. Unwissenheit und Zweifel

Die Gleichgültigkeit ist eine Lähmung der Seele,
ein vorzeitiger Tod.

(Anton Tschechow)

Viele Menschen wissen nicht, was das Ziel der Meditation ist und welche Wege es zur Befreiung von Leid gibt. Diese Personen benötigen entsprechende Informationen. Wer über diese ersten Informationen verfügt, wird dann aber meist von vielen Zweifeln geplagt, weil er ohne eigene Übung seine Wesensnatur nicht erkennen kann.

Der Versuch, die Welt zu erkennen, bevor wir uns selbst erkannt haben, ist wirkliche Unwissenheit {31}.

Alle Versuche, uns Wissen auf der intellektuellen Ebene anzueignen, führen uns hinsichtlich der Befreiung nur in die Irre. Alle Fragen und Zweifel gedanklicher Art, die in uns auftauchen, sind daher Indikatoren, die uns anzeigen, welche Konditionierungen wir noch in uns tragen und nicht überwunden haben.

Die Unwissenheit darüber, was wir wirklich sind, was unsere Wesensnatur ist, ist das entscheidende Hindernis auf dem Weg zur Befreiung. Diese Unwissenheit ist es, die uns zu sinnlosen äußeren Aktivitäten oder einer Suche nach Wissen verleitet. Um diese Unwissenheit zu überwinden, reicht es aus, der Frage nachzugehen: "Wer hat die Unwissenheit?" oder "Wer möchte die Unwissenheit beseitigen?". Mit dieser Frage gelangen wir wieder an die Wurzel des "ich"-Geistes und somit an die Stelle, an der wir im Selbst verweilen können, wodurch alle unsere Zweifel beseitigt werden. Haben wir herausgefunden, wer wir sind und was unsere eigene Natur ist, verschwinden auch alle Fragen und alle Zweifel. Alle Fragen nach der Welt wären nur sinnvoll, wenn wir unabhängig von der Welt existieren würden. Weil dies aber nicht so ist, müssen wir zuerst herausfinden, wer wir sind.

➤ *Beispiel: Sich selbst verzeihen.*

Werner leidet an Selbstvorwürfen sehr unterschiedlicher Art. Er macht sich Vorwürfe, dass er seine alten Eltern nicht unterstützt, er macht sich Vorwürfe, dass seine Ehe gescheitert ist, er macht sich Vorwürfe, dass er zu wenig Zeit mit den Kindern verbringt, er macht sich Vorwürfe, dass er zu wenig verdient.… Die Kritik, die er an sich selbst richtet, hat ein beträchtliches Maß erreicht und droht ihn mehr und mehr zu zerstören. Er beginnt mit der Meditation, was ihm am Anfang Erleichterung verschafft, aber nach kurzer Zeit erscheinen die Selbstvorwürfe auch während der Meditation und er beginnt mit der "Wer bin ich?"-Methode. Sobald ein Selbstvorwurf auftaucht, stellt er die Frage an sich: "Wer macht mir diesen Vorwurf?". In der folgenden kleinen Pause fühlt er einen stechenden Schmerz, den er versucht zu ertragen. Manchmal übersieht er den Beginn des inneren "Vorwurfgesprächs", was dann zu einer längeren inneren Vorwurf- und Antwort-Diskussion führt. Wenn er sich dann aber wieder daran erinnert "ich sitze hier bei der Meditation", stellt er sofort wieder die Frage: "Wer macht mir den Vorwurf: "ich" würde…?". Nach harten Monaten des inneren Ringens lassen die inneren Kämpfe nach und das Selbstwertgefühl von Werner verbessert sich zunehmend. Ganz allmählich versteht er, dass er mit sich selbst gekämpft hat. **Er versteht, dass der "ich"-Geist auch in der Lage ist, sich selbst auf vielfältige Weise zu attackieren und dass die Annahme des Schmerzes von entscheidender Bedeutung ist für die Auflösung der inneren Kämpfe.**

Normalerweise erleben wir Glück auf vielerlei Arten, durchleiden aber auch viele Arten von Leid und Unglück. Wenn wir aber den Gedanken **"ich bin dieser Körper"** aufgeben und in unserer Wesensnatur verweilen können, freuen wir uns an der Glückseligkeit von jedem Wesen - als wesensgleich mit uns selbst.

Im Kaivalya Navianitam heißt es:

Wenn du dir immer bewusst bleibst, dass du reines Bewusstsein bist, was macht es dann aus, wie viel du denkst und was du tust? All dies ist so unwirklich wie ein Traumbild. Deine wahre Natur ist ganz und gar Glückseligkeit.

Glücklich sein, wenn auch nur für einen kurzen Augenblick, entspringt dieser absoluten Glückseligkeit, die in diesem Vers angesprochen wird. Wenn wir uns später dann an diesen Zustand erinnern, versuchen wir ihn wieder herbeizuführen, was uns aber meist nicht oder nur sehr unvollkommen gelingt. Aber gerade diese Suche nach der Wiederholung des Glücks ist es, die zu Anhaftungen führt und uns den Weg zum Erleben der Wirklichkeit des **Hier und Jetzt** versperrt.

Leben ist des Lebens einziges Ziel. Aus der Sicht des Selbst gibt es keinen Erfolg und kein Versagen. Jeder Schritt bringt uns so oder so unserem Ziel näher.

Es geht darum, zu leben ohne sich selbst Wichtigkeit beizumessen in der Überzeugung, dass unser wahres Wesen unbezähmbar und furchtlos ist und unbeeinflusst seinem einzigartigen Weg folgt.

Ein wunderbarer Duft. Erinnerung an die Kindheit? Wer erinnert sich?

253

7.2.5. Äußere Suche

Wie schmerzlich doch, Menschen zu sehen,
so völlig verstrickt in sich selbst.

(Zen-Meister Ryokan)

Im Anfangsstadium der Meditation benötigt man meist eine äußere Hilfe und eine Wegbegleitung, die einem die Meditations-Methoden vermittelt und einem Ernsthaftigkeit und Ausdauer nahebringt. Wenn diese gegeben sind, kommt die Führung aus unserem eigenen Inneren. Aber solange wir eine gewählte Methode nicht konsequent durchhalten, benötigen wir Hilfe.

Nach der ersten bewusst erlebten Berührung mit unserer Wesensnatur übernimmt unser **innerer Meister** die Führung. Von diesem Zeitpunkt an ist es nur erforderlich, dass wir dem begonnenen Weg konsequent folgen und lernen, alle Fragen und Zweifel zu überwinden.

Die Suche nach einem besseren Leben
oder die Suche nach unserer Wesensnatur
in Schriften, Reden, Ansprachen, Körperübungen
und Gedanken über uns selbst sind Umwege.

Was hat man von irgendwelchen gedanklichen Visionen und Schwärmereien? Nicht selten führen die angepriesenen Methoden sogar zu neuen Abhängigkeiten oder es werden uns Versprechungen abverlangt, die uns in innere Konflikte verwickeln. Dabei geraten wir oft in neue äußere Aktivität und entfernen uns wieder vom Weg der Befreiung, der nur durch das Aufbrechen unserer inneren Prägungen erreichbar ist. Alle unsere Fragen werden verschwinden, wenn wir uns fragen: "**Wem kamen diese Fragen? Wer ist auf der Suche nach einem besseren Leben?**".

Die Empfindung **'Ich bin'** ist jedem Menschen unmittelbar gegenwärtig. Zu ergründen "**Wer bin ich?**" und in dieser **'Ich bin'**-Empfindung zu verweilen, ist eine Methode, Meisterschaft über unseren "ich"-Geist zu erlangen.

Dabei muss **die vom "ich"-Geist erschaffene Illusion vom "ich"-Geist auch wieder selbst aufgehoben werden.** Aber dies wollen wir häufig einfach nicht tun, weil wir unsere Illusionen lieben, da wir glauben, dass sie uns zu etwas Einmaligem und Besonderem erheben. Wir finden es interessant und schick, zu einem Kreis von besonderen Leuten zu gehören, die sich von anderen unterscheiden und damit in irgendeiner Form vom Gewöhnlichen abheben. Daher schweben wir stets in der Gefahr, **dem Reiz des Neuen und den Versprechungen von Exklusivität zu erliegen.** Die Erkenntnis, dass unser "ich"-Geist eine Illusion ist, ist ja unvermeidbar mit dem Eingeständnis verbunden, dass die Wesensnatur aller Menschen dieselbe ist. Und da es ja gerade unser "ich"-Geist ist, der die Verschiedenheit sucht, erliegen wir leicht der Versuchung: **Wir seien etwas Besonderes. Die Frage: "Was erwarte ich von einer spirituellen Methode?" ist daher von ganz besonderer Wichtigkeit für uns.** Nur der feste Entschluss, die Selbsterforschung anzuwenden, wird uns auch zur Befreiung führen. Die verschiedenen Methoden sind deshalb auch für bestimmte Entwicklungsstadien unterschiedlich gut geeignet. **Der Fluss hört auf zu fließen, wenn er den Ozean erreicht und ebenso wird unser "ich"-Geist, wenn er immer über die eigene Wesensnatur meditiert, schließlich erfüllt von dieser und eins sein mit ihr.**

Wer die eigene Wesensnatur liebt, natürliche Hingabe übt und einsieht, dass er mit seinem eigenen Tun nichts erreichen kann und darauf baut, dass das Selbst, seine Wesensnatur alle seine Handlungen ausführt, ist auf dem Weg zur Selbstverwirklichung.

Unser größter Irrtum ist der, uns für abgetrennte Individuen zu halten.

Manche Menschen glauben, dass sie unbedingt fremde Hilfe benötigen, um sich von ihren Leiden befreien zu können und machen sich auf die Suche nach einem Meister. **Der Wunsch nach Hilfe ist aber ebenfalls ein Teil des "ich"-Problems,** das in der irrigen Vorstellung besteht, es müsse ein Ziel erreicht werden.

Wenn wir denken, es gibt etwas zu erreichen, werden wir nach Personen und Methoden suchen, die uns dabei helfen. Dies würde aber dem Problem, dem wir ein Ende bereiten wollen, nur Dauer verleihen.

Wenn wir das unerschütterliche Bewusstsein **ich bin das Selbst, ich bin meine Wesensnatur** in uns stärken, wird auch der Wunsch nach Hilfe verschwinden.

Wir brauchen keine Hilfsmittel, um uns von unseren falschen Vorstellungen über unsere Wesensnatur zu lösen.

Wir müssen lediglich unsere falschen Vorstellungen aufgeben. Mit der Frage: **"Wer ist es, der nach Hilfe sucht?"**, können wir jederzeit wieder zur Empfindung **'Ich bin'** zurückkehren. Das Studium der Schriften kann uns zwar motivieren und uns helfen, die für uns geeignete Methode zur Befreiung zu finden, letztendlich kommt es aber allein auf die Praxis der Selbsterforschung an.

Wahre Selbsterkenntnis kann nur durch die Erforschung unseres eigenen "ich"-Geistes (Persönlichkeit) gewonnen werden.

Erst wenn wir den Ursprung unseres Seins erreicht haben, verwirklichen wir die Wahrheit unserer Existenz. Dabei sind alle Identifikationen mit allem zu überwinden, was nicht wesentlich und dauerhaft wir selbst sind. Die Identifikation mit allem Relativen und Vergänglichen und somit auch die mit unserem Körper und seinen Fähigkeiten oder die mit den nicht endenden Wirbeln unseres Denkens sind ein Irrtum. Wer die Wahrheit sucht, wird die Weisheit finden, **wer die Weisheit der Unterscheidung hinsichtlich seiner Wesensnatur besitzt, wird in Frieden und Glückseligkeit aufgehen und alle Identifikationen zurückweisen.**

Unser Leben ist ein Lernschritt, der uns näher zu unserer Vollkommenheit hinführt oder genauer gesagt, der uns unserer Vollkommenheit bewusst werden lässt, die schon immer da war. Auf diesem Wege finden wir die vollkommene Freiheit und die gänzliche Unabhängigkeit und sind einfach nur wir selbst.

7.2.6. Ungeduld und Suche nach Fortschritt

Ohne Last ist der große Weg, wenn du die Wahl von dir weist.

(Sengcan {45})

Ehrgeiz kann dazu verführen, in der Meditation Fortschritte machen zu wollen. Wir gefallen uns dann in der Vorstellung, angenehme Erfahrungen zu machen und inneren Frieden und Glück gefunden zu haben. Wir sind stolz, dass wir eine bestimmte Meditationstechnik beherrschen und dass sich unser Bewusstsein weitet. Alle diese Gedanken und Gefühle entspringen aber dem "ich"-Geist und **wo der "ich"-Geist dominiert, kann sich echte Selbst-Bewusstheit nicht entfalten.**

Ehrgeiz ist ein Hindernis auf dem Weg nach innen.

Natürlich entspringt auch der Gedanke: **"ich meditiere"** dem "ich"-Geist. Wenn uns solche Gedanken überfallen, sollten wir uns unmittelbar die Frage stellen: "Wer ist dieses "ich", das glaubt zu meditieren?". **Wir sollten uns keine Sorgen darüber machen, ob wir Fortschritte erzielen oder nicht, sondern unsere Aufmerksamkeit auf die Suche nach der Wurzel unseres "ich"-Geistes richten.**

Manchmal suchen wir auch nach Glückszuständen oder nach innerem Frieden, den wir schon einmal erreicht hatten. **Frieden und Glücksgefühle sind zwar gut, aber wenn wir danach suchen und dabei die Erforschung des "ich"-Geistes vergessen, werden wir uns verirren und unsere Meditation wird oberflächlich werden, weil alles Suchen, alles Wünschen und Wollen aus dem "ich"-Geist kommt.** Gefühlsbewegungen in unserem "ich"-Geist sind normal und sollten uns nicht davon abhalten, den Weg zu unserer Wesensnatur weiter fortzusetzen. Mit der Frage: "Wer sucht nach Glück und Frieden?", können wir die Selbsterforschung unmittelbar fortsetzen und über unsere momentanen Gefühle hinausgehen und uns damit auf den Weg zum wirklichen inneren Frieden machen.

Verlangen in jeder Form ist das einzige Hindernis, das sich der Befreiung in den Weg stellt und dies gilt auch für das Verlangen nach Befreiung.

Die Suche nach Glück und Befreiung ist ein Hindernis auf dem Weg zu unserer Wesensnatur.

Die Erforschung des "ich"-Geistes zeigt nicht immer sofortige, spontane Erfolge, so wie sie der "ich"-Geist erwartet. Es kann daher leicht geschehen, dass wir ungeduldig werden und den eingeschlagenen Weg wieder aufgeben wollen. Dann ist es wichtig zu erkennen, dass die Ungeduld selbst ein Teil unseres Problems darstellt. Mit der Frage: "**Wer ist ungeduldig?**" oder "Wer sucht nach Erfolg?" können wir die Spur in unser Inneres wieder aufnehmen. Wenn wir uns diese Fragen beim Auftauchen unserer Ungeduld wieder und wieder stellen, wird die Ungeduld schließlich verschwinden und wir werden bereit sein, unsere Übung so anzunehmen, wie sie ist. Wir können dem Selbst nicht befehlen, uns zu befreien, wir können nur die Bereitschaft entwickeln, uns dem Selbst zu übergeben und die Übung der Geduld kann eine der Entwicklungsstufen sein, die wir durchlaufen müssen.

Der Wunsch nach Fortschritt ist ein Hindernis, das wir nur mit Geduld überwinden können.

Unser Selbst, unsere Wesensnatur, kennt unsere Bedürfnisse und kennt auch den Weg, der zu unserer Befreiung führt. Es sind unsere egozentrischen Gedanken, die ein Hindernis darstellen. Wenn unsere Gedanken wahr und frei von Egoismus jeglicher Art sind, werden sie früher oder später die richtige Wirkung hervorrufen. Es ist deshalb nicht unwichtig, was wir denken, da wir die Rückwirkungen unserer Gedanken früher oder später erfahren (vergleiche Abschnitt 4.6).

Das Glück liegt darin, nicht mehr nach Glück zu streben.

7.2.7. Anderen helfen statt Erforschung des "ich"-Geistes

Hafte der Wahrheit an, und sie wird falsch.
Durchdringe das Falsche, und es wird wahr.

(Meister-Ryokan)

Häufig wird die Meinung geäußert, es sei besser, notleidenden Menschen zu helfen und sich der sozialen Arbeit zu widmen, als sich mit dem eigenen "ich"-Geist zu befassen. Sicherlich ist soziale Arbeit gut und unverzichtbar. **Wer den Zugang zur Meditation oder zur Erforschung des "ich"-Geistes nicht findet, sollte sich in der liebenden Hingabe an seine Mitmenschen üben. Für ihn ist dies sicherlich das Beste, was er tun kann.**

Welchen Weg man auch immer beschreiten mag, am Ende vereinigen sie sich zu einem Einzigen. Jeder muss tun, was seinem psychischen Standort und seiner Natur entspricht. Dem Ziel der Verwirklichung wird so oder so gedient, auch wenn wir dies nicht immer erkennen. **Der äußere Weg beginnt bei etwas, das man sich vorstellt und er endet wiederum bei einer Vorstellung, die nur einen anderen Inhalt hat.** Dies wiederholt sich solange, bis die Einheit hinter der Vielfalt entdeckt wird. **Von da an ist eines und alles dasselbe, nämlich Erscheinungen im Bewusstsein.** Der äußere Weg geht dem Weg nach innen also unvermeidlich voraus. Darüber zu urteilen und zu werten ist zwecklos und stiftet nur Verwirrung. Alles trägt zur letzten Vervollkommnung bei.

Solange wir nicht wissen, wer wir sind, besteht die Gefahr, dass unsere Hilfe, die wir anderen Menschen zukommen lassen, von Projektionen begleitet wird. Dabei helfen wir jemanden in der Überzeugung, dass unsere Vorstellung von einem guten Leben auch diesem zu einem besseren Leben verhilft. Wie die Erfahrung zeigt, trifft dies aber meist nicht zu oder wenn, so doch nur in begrenztem Maße.

Wenn man anerkennt, dass der edelste Zweck des Lebens darin besteht, die eigene Wesensnatur zu ergründen und in ihr zu verweilen, wird man auch leicht einsehen, dass die größte Hilfe diejenige ist, die uns auf dem inneren Weg voranschreiten lässt.

Der Mensch kann die Ursache seiner Leiden nur in sich selbst vernichten. Andere können Schmerzen und Leiden lindern, aber ihre Ursache, das Festhalten an falschen Vorstellungen, können sie nicht beheben. Was andere aber tun können, ist motivierend einwirken, damit die Auflösung der falschen Vorstellungen begonnen wird.

**Die beste und nachhaltigste Hilfe,
die wir jemandem zuteil werden lassen können,
ist die Befreiung seines Geistes von falschen Vorstellungen.**

Da die Menschen, denen man helfen will, infolge ihrer eigenen Wünsche in ihrer besonderen, persönlichen Welt leben, kann man ihnen zunächst nicht anders als durch Erfüllung ihrer eigenen Wünsche helfen. **Man kann sie nur lehren, die rechten Wünsche zu entwickeln, so dass sie über sich selbst hinauswachsen und den Weg zur Befreiung beschreiten** und damit frei werden vom Drang, immer neue Wunschwelten zu schaffen, die nur Leid und Vergnügen in sich bergen.

Ein spiritueller Fortschritt wird Leidende und Hilfsbedürftige außerdem oft befähigen, auch ihre äußeren Lebensumstände besser gestalten zu können, wodurch sie zu einem leichteren und besseren Leben finden oder er wird sie erkennen lassen, dass die Suche nach einem besseren materiellen Leben nur ein Umweg ist. Häufig wird sogar beides geschehen.

Je tiefgründiger diese Befreiung von falschen Wünschen und Vorstellungen ist, desto umfassender und weitreichender wird die Hilfe für den Bedürftigen sein.

Die Befreiung von falschen Vorstellungen hinsichtlich unserer Wesensnatur ist deshalb wirklich die umfassendste und nachhaltigste Hilfe, die möglich ist, auch wenn die Wirkung dieser Hilfe oft nicht unmittelbar erkennbar sein mag.

Wenn wir klar erkennen, dass die Erscheinungswelt in uns ist und nicht wir in ihr, beginnen wir automatisch mit der nachhaltigsten und umfassendsten Hilfe, die möglich ist. Durch unsere Wünsche und Ängste haben wir unsere Welt mit ihren Leiden und Freuden geschaffen und diese Welt lässt sich jederzeit auch wieder ändern, wenn wir es wollen. Wenn wir die Erscheinungen nicht mit der Wirklichkeit (dem Selbst) verwechseln, erkennen wir, dass das reine Bewusstsein die zeitlose, vollkommene Wirklichkeit ist. Das Einzige, was notwendig ist, ist die Versöhnung aller Gegensätze.

Wenn wir im Selbst aufgehen, bedeutet dies, dass wir das Universum (Selbst) unmittelbar für die Verrichtung seiner Arbeit sorgen lassen und dies ist die beste, zweckmäßigste und wirkungsvollste Hilfe, die möglich ist. So wie wir uns normalerweise nicht sorgen, dass die Nahrung, die wir zu uns nehmen, verdaut und in Lebensenergie umgewandelt wird. Und ebenso brauchen wir auch keinen "ich"-Geist, der sich um die Arbeit des Universums kümmert, die ohnehin geschieht, wie sie geschehen muss.

Es geht also nicht um die Frage, ob wir helfen oder nicht, es geht vielmehr um die Frage, ob wir uns nach außen an die Erscheinungswelt wenden sollen und vermeintliche Hilfe gemäß unseren Vorstellungen leisten sollen oder ob wir uns nach innen hin zu unserem Selbst wenden sollen, wodurch wir Hilfe auf einer tieferen Ebene geben können. **Auf der tiefsten erreichbaren Ebene werden wir zur Hilfe durch unser Sein, ohne etwas zu tun.** Es (das Selbst) wird durch uns zur Hilfe, wie man im Zen sagt. Annamalai, ein indischer Weiser, stellte fest:

> *Sich selbst zu verbessern bedeutet,*
> *die ganze Welt verbessern.*

7.2.8. Äußere Lebensbedingungen

Für die Zazen-Übung benötigen wir ein kleines ruhiges Eck, in dem wir ungestört sitzen können und das wir uns liebevoll einrichten dürfen sowie **die Bereitschaft, möglichst regelmäßig zu üben.** Die Erforschung des "ich"-Geistes ist nur an eine einzige Bedingung gebunden, nämlich an die, ob wir es wirklich tun wollen.

Manchmal erhebt sich auch die Frage, welche Nahrung unsere spirituelle Reise am besten unterstützt. Die Antwort lautet: **Reine, frische vegetarische Nahrung in mäßigen Mengen.**

Wenn wir erst einmal erkannt haben, wie wenig wir für ein ruhiges und klares, spirituell ausgerichtetes Leben benötigen, werden wir die Suche nach materiellen Gütern leichter aufgeben. Die spirituelle Hilfe führt dazu, dass wir unser Leben besser verstehen und annehmen können und **uns gerade in den Bereichen weiterentwickeln, die unser Leben am meisten belasten.**

Die Empfindung unserer tiefsten Wesensnatur durch eigenes Erleben und das Zurückfinden zu unserer wahren Identität, ist eine fundamentale Versöhnung mit allem Seienden. Es ist ein Erleben unserer Ganzheit, unserer Einheit mit allem Seienden. **In diesem Erleben sind alle Wünsche erfüllt, alle Wunden geheilt und alle Ängste überwunden.** Für den, der vollkommen in seiner Wesensnatur ruht, gibt es kein Vorher und kein Nachher, er lebt nur noch im Jetzt. Für ihn ist die Zeit und das Reich des Traumes in der Erscheinungswelt vorüber. Er lebt im Wirklichen, dessen Maß und Zeit sich von der der Erscheinungswelt unterscheidet. Für ihn gibt es keine Ebene des Wissens oder des Nichtwissens und auch keinen Zustand der Gebundenheit oder der Befreiung, er ist zum reinen **Sein** geworden. Für ihn ist alle Dualität in der Einheit aufgehoben.

Am Ende deines spirituellen Weges
erwarten dich höchste Freiheit
und das Ende des Leidens.

(Buddhistischer Text: Der Erleuchtete)

7.3. Das Dilemma des ich (momentaner Zustand des "ich"-Geistes) bei der Erforschung des "ich"-Geistes.

Lass den Geist fließen, ohne bei irgendetwas zu verweilen
und alle Dinge werden wirklich.

Um im Selbst ohne Trübung verweilen zu können, sind die Hemmnisse, Unwissenheit, Zweifel und Folgerungen aufgrund falscher Voraussetzungen zu überwinden.

Befreiung kann also im strengen Sinne nicht erlangt werden,
denn sie ist das Wesen unseres Lebens,
wir sind schon frei.

Weil wir dies aber vergessen und fälschlicher Weise denken: "**ich bin der Körper**", entstehen abertausende von Gedanken, die in endlosen Wellen unsere wahre Natur verhüllen.

Die ursprünglichste, tiefste und stets vorhandene Erfahrung, die uns gegeben ist, ist die Empfindung: "**Ich existiere**" **oder 'Ich bin'** (siehe 6.5.) Niemand wird diese, seine eigene Existenz betreffende Empfindung ernsthaft anzweifeln, daher muss diese Empfindung das Fundament und der Ausgangspunkt für alle weiteren Erfahrungen und Denkprozesse sein. Alle Feststellungen wie z.B. ich bin der Körper oder ich bin der "ich"-Geist sind ausgehend von der elementaren Empfindung **'Ich bin'** zu untersuchen und auf ihre Richtigkeit zu überprüfen. Diese Überprüfung kann aber nicht durch Nachdenken alleine erfolgen, da der Nachdenkende seine eigene Existenz und deren Voraussetzungen bzw. die (willkürlichen) Annahmen, die dem Denker zu Grunde liegen, nicht überprüfen kann. Wollte man dies trotzdem versuchen, so ist dies so, als wollte sich eine Schlange dadurch kennenlernen, dass sie sich selbst, beim Schwanz beginnend, auffrisst.

Die einzige Möglichkeit, diesen ursprünglichsten, tiefsten und für die Spiritualität wichtigsten, geistigen Prozess kennenzulernen, besteht darin, **in der Empfindung 'Ich bin' zu verweilen und zu beobachten, was in uns geschieht.** Dabei werden wir feststellen, dass sich alle Gedanken und Vorstellungen aus diesem **'Ich bin' oder Sein** heraus entwickeln und dass nichts außerhalb davon eine reale Existenz besitzt. Und dieses **Sein** ist reines Bewusstsein, es ist unsere Wesensnatur oder unser Selbst (siehe 5.1.). Mit anderen Worten:

Der erste "ich"-Gedanke setzt die 'Ich bin'-Empfindung voraus.

Gut und böse, richtig und falsch, schön und hässlich, Glück und Sorgen, sind voneinander abhängige Paare von Gegensätzen, die unsere Erscheinungswelt charakterisieren und die unser "ich"-Geist geschaffen hat. **In Wahrheit ist der Bereich zwischen diesen Gegensätzen aber ein Kontinuum.** Unser "ich"-Geist kann jedoch sowohl die gegenseitige Abhängigkeit dieser Paare als auch die Kontinuität, die sie verbindet, nur schwer akzeptieren und erschafft daher den Dualismus, der einen Konflikt zwischen den Gegensätzen zur Folge hat.

Groß und klein, nützlich und unnütz, Veränderung und Ruhe sind Zustände unseres Denkens und bedingen sich gegenseitig, besitzen aber keine absolute Existenz, sie sind Erscheinungen im reinen Bewusstsein. Alle Unterschiede sind also eine Folge des Denkens, in der (absoluten) Wirklichkeit gibt es keine Unterschiede, es gibt nur **Sein**.

Wenn wir klar verstehen, dass Glück und Unglück Zustände unseres "ich"-Geistes sind, der Unterschiede benutzt, um neue Begriffe zu erfinden und Denkprozesse darauf aufzubauen, dann wird uns die Auflösung des "ich"-Geistes leichter fallen. Der Verlust eines uns nahe stehenden Menschen ist gewöhnlich sehr leidvoll. Wenn unsere Gedanken das Geschehen analysieren und in Teilaspekte zerlegen, dann wird auch das Leid zerlegt. Die Teile, die uns momentan berühren, müssen wir annehmen und innerlich verarbeiten. Viele Anteile des Geschehens treten aber erst später in Erscheinung und können dann auch erst später bearbeitet werden.

Mit anderen Worten: man kann sie verdrängen. Dies hat aber zur Folge, dass sie unerledigt in uns abgelegt werden und das wird das weitere Leben beschweren. Das ungeteilte, gesamte empfundene Leid mag wuchtiger sein, aber wenn es ganzheitlich angenommen wird, belastet es uns danach nicht mehr und wir sind wieder frei für das weitere Leben, wie es uns in jedem Augenblick begegnet.

**Befreiung bedeutet nicht,
dass es in unserem Leben keine leidvollen Ereignisse mehr gibt,
keine Unglücke und keine Krankheiten auftreten.
Befreiung bedeutet, dass wir wissen, dass diese Ereignisse Illusionen
in unserem "ich"-Geist sind, den wir beginnend
mit dem ersten "ich"-Gedanken
selbst geschaffen haben.**

Viele Menschen ohne spirituelle Erfahrung werden diese Aussage vehement von sich weisen und an Naturkatastrophen und Kriege erinnern, Ereignisse, die jenseits ihres Einflusses liegen. Aber gerade für solche Ereignisse brauchen wir einen festen Bezugspunkt, der uns Halt gibt und Trost spendet, so wie es das Selbst in **jeder Lebenslage** tut, in die wir geraten können (siehe Atta Dipa {28}).

Das Selbst, unsere Wesensnatur ist immer schon da und trägt unser Leben, es ist nichts, was wir suchen, erreichen oder entdecken müssten. **Unsere tief verwurzelten, einengenden Gewohnheiten und Neigungen und die darauf aufbauenden Gedanken und Vorstellungen sind es, die uns die 'Ich bin'-Empfindung des Selbst verhüllen, uns blockieren und das Leid hervorbringen. Wer das Leben aus dem umfassenden Geist des Selbst heraus auf sich nimmt, der wird auch die harten Schläge des Lebens ertragen.**

Versuchen wir durch Denken unsere Wesensnatur (das Selbst) zu erkennen, so ist dies, als würde ein Mann versuchen, seinen eigenen Schatten zu begraben.

Wie sehr er sich auch bemühen mag, der Schatten ist stets wieder da. Dasselbe Problem haben Menschen, die ihren "ich"-Geist ausmerzen oder unter Kontrolle bringen wollen und drastische Maßnahmen ergreifen, um ihn zum Gehorsam zu zwingen. **Wenn wir uns selbst davon überzeugen können, dass der "ich"-Geist gar nicht existiert, sind unsere Probleme gelöst und genau diese Erfahrung machen wir jede Nacht im Tiefschlaf.** Wenn wir unseren "ich"-Geist aber für etwas Reales halten, das es zu bekämpfen und abzutöten gilt, werden wir uns in endlose Kämpfe verwickeln, weil alle Kämpfe gegen den "ich"-Geist selbst Tätigkeiten des "ich"-Geistes sind. Alle diese Kämpfe führen daher nur dazu, dem Dauer zu verleihen, was beseitigt werden soll.

**Wenn wir uns von den Beschränkungen
des "ich"-Geistes befreien wollen,
müssen wir die Überzeugung in uns stärken,
dass der "ich"-Geist nicht existiert
und wir in Wahrheit reines Bewusstsein sind.**

Ist diese Überzeugung in uns gefestigt, werden die Beschränkungen des "ich"-Geistes mehr und mehr verschwinden. Dazu müssen wir die tief verwurzelte Denk-Gewohnheit ablegen, dass wir ein **ich** seien, dem die Gedanken kommen. Gedanken sind in Wirklichkeit wie Wolken, die über den Himmel ziehen; sie kommen und sie verschwinden wieder. Aber der Himmel bleibt davon unberührt und ebenso bleibt unser wahres Wesen, das reines Bewusstsein ist, vom Erscheinen der Gedanken unberührt. Wenn wir Gleichmut gegenüber unseren **Gedankenwolken** und unserem "ich"-Geist üben, werden wir allmählich damit aufhören, uns mit dem "ich"-Geist zu identifizieren (vergl. auch Abschnitt 2.5).

Zu denken "ich bin der Körper" oder "ich bin dies" oder "ich bin das", ist sinnlos und hat keinen Zweck. Etwas, das wir als dies oder das bezeichnen können, kann nicht unser wahres Selbst sein. **Das, was wir sind, kann nicht beschrieben werden außer durch vollständige Negation.**

Wir sind nicht etwas, das sich ausdenken oder benennen oder wahrnehmen lässt. Durch Denken oder Schlussfolgerungen können wir unser wahres **Sein** nicht erfahren, weil der, der denkt, stets aus der Betrachtung ausgeschlossen bleibt und gerade auf diesen kommt es ja an.

**Ein "ich"-Geist, der durch Denken auf der Suche
nach dem "ich"-Geist ist,
kann nur in eine endlose, verwirrende Gedankenspirale geraten.**

Ähnliches gilt für die Wahrnehmung. Die Tätigkeit der Wahrnehmung zeigt an, dass wir nicht das Wahrgenommene sind, da es jemand geben muss, der die Wahrnehmung macht. Eine Wahrnehmung oder Erfahrung muss jemandem gehören, da ohne Wahrnehmenden die Wahrnehmung nicht existiert. **Der Erfahrende ist es, der der Erfahrung Wirklichkeit verleiht.**

Wenn es zwei Selbste geben würde, eines das forscht und eines das erforscht wird, dann könnte man durch Denken und Analysieren zum Ziel gelangen. Nachdem es aber nur ein Selbst gibt, das alles umfasst, bedeutet Erforschung des "ich"-Geistes im Selbst zu verweilen. Was kommt und geht, ist nicht das Selbst. Nur was wir fortwährend in uns erfahren, ist unser wahres Selbst. **Wie kann man das Selbst erlangen wollen, wenn man bereits das Selbst ist?** Alles, was wir tun müssen, ist herausfinden, wer es ist, der glaubt, er sei vom Selbst verschieden. Wenn wir uns vom Rest der Welt abgetrennt sehen, können wir damit vielleicht gut oder schlecht umgehen. Aber wenn wir selbst das einzig Existierende sind, wie kann es dann irgendwelche Zuneigungen und Abneigungen geben? Im Selbst verweilen bedeutet, keine Wünsche zu haben und das ist absolute Glückseligkeit. **Es bedeutet, alles so annehmen, wie es ist, es ist ein Eintauchen in die unmittelbare Wirklichkeit unseres Lebens.** Wenn wir uns mit unserem "ich"-Geist die Frage stellen: "Wer ist es, der sich von seinem "ich"-Geist befreien möchte?", kommen wir frei. Es genügt also, wenn wir den Punkt beobachten, an dem der "ich"-Geist in Erscheinung tritt.

267

Wenn wir uns selbst davon überzeugen können, dass wir nicht der "ich"-Geist sind, dann wird er sich auflösen.

Das Selbst, das reine Bewusstsein ist etwas Universales,
in dem es die Begrenztheit eines "ich"-Geistes nicht gibt.

Durch Selbsterforschung an den Ursprung des "ich"-Geistes zu gelangen, bewirkt, dass er sich zwangsläufig im reinen Bewusstsein auflöst, da er aus diesem durch Gedanken entstanden ist.

Der "ich"-Geist wird sich aber nur dann auflösen und dem Selbst Platz machen, wenn wir stetig meditieren. Mit ein paar gelegentlichen Meditations-Gedanken können wir unseren "ich"-Geist mit seinem Erinnerungsgeflecht {52} nicht hinweg wünschen. Wenn uns erst einmal ganz bewusst geworden ist, dass unser "ich"-Geist nie außerhalb unserer Vorstellung bestanden hatte, werden wir die Suche beenden und freikommen.

Jede Form der Erforschung des "ich"-Geistes oder
der sogenannten Selbsterforschung
ohne das klare Verständnis,
dass es eine individuelle, abgetrennte Persönlichkeit nicht gibt,
ist letzten Endes nur ein spiritueller Zeitvertreib,
bei dem sich der illusorische "ich"-Geist
mit sich selbst beschäftigt.

Die gewöhnliche Sicht der Welt wird durch unseren "ich"-Geist bestimmt und weil unser "ich"-Geist etwas ist, das durch persönliche Erlebnisse und sie begleitende und interpretierende Gedanken entstanden ist, ist auch unsere Welt etwas Persönliches und Privates, an der andere nur bedingt teilhaben können. Wenn wir die Probleme betrachten, die die Menschen miteinander haben, können wir dies unmittelbar erkennen. Kein anderer kann sehen, wie ich sehe, kein anderer kann hören, wie ich höre, kein anderer fühlt, wie ich fühle und kein anderer denkt, wie ich denke.

Die Welt des "ich"-Geistes ist in Wirklichkeit eine einsame, eingeschlossene Welt, die sich zudem ständig verändert (siehe 5.1.2). Es ist die Welt eines Traumes, eines Traumes, den wir unser Leben nennen. Unsere Sicht der Welt ist wie die Betrachtung des Spiegelbildes des Mondes im aufgewühlten Wasser.

Weil sich das Wasser bewegt, sehen und erleben wir eine sich verändernde Welt und erleben Vergnügen und Leid. Aber in Wirklichkeit ist das Wasser stets dasselbe und der Mond ist auch derselbe. Die Vorstellung von Ruhelosigkeit, von Freude und Leid, ist ein Vorgang in unserem Denken. Das Selbst ist aber jenseits des Denkens, es ist **empfindbar,** aber es ist unbeteiligt, so wie das Wasser unberührt bleibt von dem Bild, das es uns widerspiegelt. Die Welt des Selbst ist dem gegenüber eine offene Welt, die für alle da ist und für jeden Menschen in gleicher Weise zugänglich ist. Es ist eine Welt der Gemeinsamkeit, eine Welt des uneingeschränkten Verstehens und der Liebe. Es ist die Welt der universalen Wirklichkeit.

Alles ist eins und das Eine ist alles.

Wir sind sehr gewöhnt, die Erscheinungswelt aus vielen Dingen bestehend anzusehen, weshalb es uns schwer fällt zu glauben, dass sich hinter dieser ungeheuren Erscheinungsvielfalt eine Einheit verbirgt. Wenn wir aber unsere Aufmerksamkeit immer wieder auf das alles erschaffende, reine Bewusstsein in uns lenken, nimmt die Gewohnheit, nur diese Vielfalt zu sehen, allmählich ab. Die Gewohnheit, die Vielfalt der Dinge zu sehen, mag am Anfang sehr stark sein, aber durch stetig zunehmendes **Verweilen im Selbst, dem reinen Bewusstsein verändert sich unsere Sicht der Dinge und das Empfinden der Einheit wächst.** Nach hinreichender Übung das Bewusstsein nach innen zu wenden, **wird die Empfindung der Einheit stärker** und läßt sich der Vielfalt gegenüberstellen. **Wir können dann sowohl in der Einheit als auch in der Vielfalt der Erscheinungswelt verweilen.** Wenden wir das Bewusstsein nach außen, erkennen wir die Vielfalt der Erscheinungswelt und erleben diese wie in einem Traum. Wenden wir das Bewusstsein nach innen, empfinden wir die Einheit, die wir selbst sind.

Mit der Erkenntnis, dass auch der "ich"-Geist auf der Einheit, dem Selbst beruht, **wird uns schließlich deutlich, dass es in Wahrheit nur die Einheit, das Selbst, gibt.**

Solange wir an unsere körperliche Gestalt gebunden sind, existiert auch die Vielfalt, erst wenn wir die Identifikation mit unseren Körper mehr und mehr überwinden, erkennen wir die Einheit als einzige Wirklichkeit. Wer die Einheit, das Selbst, nicht erkennt, führt ein Leben, mit Glück und Leid, Hoffen und Bangen, ganz gleich, wie seine Lebensumstände sein mögen. Unglück und Leid existieren nur im "ich"-Geist. Im Selbst gibt es nur Sein.

Zweifel liegen allerdings in der Natur der Sache. Es ist ja unser "ich"-Geist, der auf der Suche nach einem besseren Leben und nach Befreiung ist. Und der Zaubertrank, den wir unserem "ich"-Geist als Lösung für alle seine Probleme anbieten heißt: **Du ("ich"-Geist) existierst gar nicht, du hast gar keine eigene tragende Substanz.** Dass unser "ich"-Geist diesen Trank nicht annehmen möchte, versteht sich von alleine. Wenn unsere Zweifel sehr stark sind, ist es daher ratsam, sich zunächst der Zazen-Meditation gemäß Kapitel 2 zuzuwenden.

Hat man die Zweifel überwunden und ist entschlossen, die Verstrickungen in seinem Leben hinter sich zu lassen, dann beginnt die letzte kritische Phase. Von diesem Zeitpunkt an muss man die nicht endenden Ausflüchte des „ich"-Geistes sehr, sehr gut im Auge behalten. Ihr „ich"-Geist wird vieles erfinden, was wichtig ist, was zuerst getan werden muss, was keinen Aufschub duldet,….. **Dann hilft nur ein tief entschlossenes: Nein.**

Der Tod ist eine Selbstbesiegung, die, wie alle Selbstüberwindung, eine neue leichtere Existenz verschafft.

(Novalis {43})

7.4. Freiheit zum Sein

Mein Herz gleicht einem Herbstmond,
Rein und über alle Maßen elegant.
Es ist unmöglich, diesen Geist mit
irgendetwas zu vergleichen.
Wie könnte ich ihn euch erklären?

(Eido Shimano {11})

Wird die Praxis der Meditation über den kritischen Punkt der Auflösung des "ich"-Geistes hinaus aufrecht erhalten, löst sich der "ich"-Geist vollkommen auf und kann auch nie mehr von neuem entstehen. Die Empfindung **'Ich bin'** wird dann überwältigend stark und zum Bestimmenden des weiteren Lebens. Weil der Meditierende dann ständig in dieser Empfindung verweilt, die aus einer Berührung mit dem Selbst entstand, kann der Meditierende auch zu der Feststellung gelangen:

Ich bin das Selbst
[maha]

Der Geist ist nun vollkommen frei, während die psychosomatische Einheit aus Körper und Geist (Wahrnehmung und Denkfunktion) weiter besteht und wie ein Werkzeug zur Verfügung steht. Der Befreite benutzt den Körper, aber er weiß "ich bin nicht der Körper". Äußerlich muss sich das Leben des Befreiten daher nicht großartig verändern, aber es kann geschehen. Der Befreite lebt von nun an nur noch im momentanen Augenblick, er verfolgt keine Ziele mehr, er ist zum **Sein** geworden. Wenn es etwas zu tun gibt, dann tut er es, wobei zwischen der Handlung und dem Handelnden keinen Unterschied mehr besteht, sie sind zu einer Einheit geworden oder anders ausgedrückt: **Es handelt.**

271

Es gibt für den Befreiten keinerlei Zweifel darüber, was als Nächstes zu tun ist und er gibt sich seinem Handeln vollkommen hin. Es gibt aber kein "neues Konzept" oder einen neuen "ich"-Geist nach dem gehandelt wird, alles geschieht völlig spontan aus der inneren und äußeren Situation heraus, ohne Planung und ohne Absicht. Trotzdem stellt die beobachtende Umgebung fest, dass sich alle Dinge sinnvoll entfalten und in tiefgehender Übereinstimmung mit der Situation sind.

Die Befreiung ist am Anfang eine Befreiung von allen Existenz-Ängsten, gesellschaftlichen Zwängen, Vorstellungen, Prägungen durch Eltern und Lehrer und ebenso eine Befreiung von einengenden religiösen Vorstellungen. Die Befreiung von der Angst vor dem Tod ist ein besonders wichtiger Teil der Befreiung, weil es der "ich"-Geist war, der diese Angst hatte, hat auch sie beim Verlöschen des "ich"-Geistes sich mit ihm aufgelöst. **Die grundlegendste Befreiung ist aber die Befreiung vom Diktat der eigenen "ich"-Gedanken.** Es sind unsere Gedanken, die uns durch das Leben treiben, uns fortwährend beschäftigen und weitere Gedanken hervorbringen. Mit der Auflösung des "ich"-Geistes endet der Zwang des Denkens und das freie "**da Sein**" **beginnt,** das Verweilen in diesem jetzigen Moment.

**Die gesuchte Befreiung ist eine Befreiung
von den eigenen "ich"-Gedanken und Vorstellungen.**

Enden die "ich"-Gedanken, dann kann sich unsere wahre innere Natur Schritt für Schritt entfalten und die Gestaltung unseres Lebens übernehmen. Es ist als würde der Geist des Kosmos die Führung übernehmen.

**Mit der Befreiung von unseren "ich"-Gedanken
finden wir gleichzeitig dauerhaften Frieden.**

Der Meditierende löst sich allmählich aus der Welt heraus und erlebt die Welt wie ein Schauspiel, an dem er zunächst selbst teilnimmt. Mit voranschreitender Meditation empfindet er sich aber als universale Stille (das Selbst), die alles durchdringt und über den "ich"-Geist auch die Illusion der Welt hervorgebracht hat. Der traumhafte Charakter der Welt wird nun immer klarer und zu einer tief verinnerlichten Wahrheit. Damit verbunden ist eine gewisse Ablösung vom Körper, der zum Traum gehört und dessen Bedürfnisse und Herausforderungen man erdulden muss, so wie man im Traum auch alle möglichen Dinge erleiden kann und nicht ausweichen kann.

Die 'Ich bin'-Empfindung wird stärker, feiner und umfassender.

In diesem **Sein** des Meditierenden gibt es keine verpflichtenden oder wollenden Erinnerungen, alles was im Bewusstsein aufleuchtet, verlischt auch wieder, ohne dass es Spuren hinterlässt. Es gibt für ihn kein Gestern und kein Morgen, nur **Sein.** Zeit kann man aber nur an Ereignissen feststellen, an die man sich erinnert und die man vergleichen kann, fehlen diese Ereignisse, gibt es nur noch den immer gleich bleibenden Moment oder anders ausgedrückt: Es gibt keine Zeit mehr. So wie ein Fluss sich langsamer werdend ins Meer ergießt und zum Meer wird, so schwinden alle Erinnerungen des Meditierenden und er bleibt im jetzigen Augenblick, im "Meer des **Seins".**

Der Geist aus der Stille (das Selbst)
ist der Geist der grenzenlosen Freiheit.

Der Befreite hat jederzeit die Möglichkeit zur Rückkehr in die Welt der Erscheinungen, er kann zwischen dem Verweilen im Selbst und der Welt der Erscheinungen frei hin und her wandern. Verweilt er in der Welt der Erscheinungen, dann erkennt er die Leiden der Menschen und kann ihnen durch sein "da sein" helfen.

273

In manchen Kulturen bezeichnet man die Rückkehr in die Welt der Erscheinungen und die Hilfe für andere Menschen als die wahre Erleuchtung.

**Die Hinwendung zum Geist aus der Stille (Dem Selbst)
ist die beste Führung auf dem inneren Weg.**

Wird diese Verbindung mit dem Selbst, dem kosmischen Geist vollständig aus eigener Erfahrung verstanden, mangelt es an nichts. Restlos alles, was man braucht, ist dann bei uns und in uns. Von allen Äußerlichkeiten befreit, ist man Meister seiner Selbst. Man arbeitet sehr hart und hat doch nichts zu tun. Man ist ein Mensch von Bu Ji (Nichts tun) [shim] .

Bevor wir diese Phase des inneren Weges erreichen, müssen wir üben, uns zu entspannen, loslassen und doch diszipliniert unsere Übungen exakt und regelmäßig absolvieren. Wir sollen den Dingen ihre eigene innere Entwicklung lassen und dennoch unsere täglichen Arbeiten und Pflichten zuverlässig erledigen. Wir sollen nichts verdrängen, aber unsere Impulse auch nicht unkontrolliert ausleben. Wir sollen nichts und niemand ablehnen oder hassen, aber wir sollen auch nichts begehren oder lieben. Wir sollen an nichts und niemanden anhaften und dennoch Dankbarkeit zeigen und für diejenigen da sein, denen wir unser Leben verdanken und die uns brauchen. Wir sollen nicht urteilen und müssen doch fortwährend Entscheidungen treffen, damit unser Leben sich weiter entwickelt und nicht in Probleme gerät.

Das reale Leben ist voller Gegensätze, die wir aus unseren Gedanken und Vorstellungen heraus nur schwer auflösen können, die uns in innere Spannungen versetzen und uns in Leiden verstricken. Wenn unser Wille herrscht und stark ist, können wir diese Widersprüche und Gegensätze nicht auflösen und leiden an ihnen. Solange das nach innen gerichtete Bewusstsein etwas sieht und erlebt und Gedanken in uns aufsteigen, ist die wahre Befreiung noch nicht erreicht.

Wir müssen weiter die Frage an uns stellen: "Wer sieht, wer erlebt etwas? Und wer denkt?" Erst wenn die Stille in uns umfassend wird, erscheint der Geist der Freiheit. **Es ist der Geist der Mitte**, der alle Gegensätze und alle engen Gedanken überwindet und in sich vereinigt.

Der Geist, der sich aus der inneren Stille erhebt, überschreitet alle Gegensätze und zeigt uns den Weg in die grenzenlose Freiheit.

Dieser erhabene Geist, er war immer schon in uns vorhanden, er war nur verborgen, verdeckt von unseren vielen Gedanken, Vorstellungen und Ängsten. Es ist ein Geist, der sich nicht einordnen lässt in ein Gedankengebäude, eine Philosophie oder die Lehre einer Religion, es ist ein Geist, der jede gedankliche Enge sprengt und sich frei von allen Fesseln entfaltet, ein Geist, der uns Führung anbietet, wenn wir sie zulassen. Es ist ein Geist, der weiß, dass auch das Unbegreifliche und schwer Erträgliche einen tieferen Sinn hat, auch wenn unser Denken diesen Sinn nicht erahnen oder erfassen kann.

Es ist der Geist des grenzenlosen Vertrauens in das Leben, es ist der Geist der fortwährenden Gestaltung allen Lebens.

Mit Worten und Vorstellungen ist dieser Geist nicht zu fassen, er ist wie ein sanfter Wind, der alle Ängstlichkeit hinwegfegt, jede Lethargie und Resignation beseitigt und uns Mut einhaucht, damit wir alles bewältigen können, was jetzt in diesem Augenblick zu tun ist. Wenn dieser Geist sich in uns entfaltet, folgen wir dem Fluss des Lebens frohen Herzens und ohne Widerstände. Es ist dieser Geist ohne Grenzen, der uns den gegenwärtigen Augenblick tief empfinden lässt und uns die Schönheit und Einmaligkeit des Lebens zeigt. Es ist dieser Geist ohne Grenzen, der uns das inhärente Streben des Universums nach Harmonie und Ganzheit erahnen lässt. - **Lassen wir ihn in uns wirken.**

Schlusstext des Diamant Sutra

Alle zusammengesetzten Dinge dieser Welt sind wie ein Traum,
ein Spiel der Phantasie, eine Luftblase, ein Schattenbild,
sie sind wie Tautropfen, wie ein Gewitterblitz,
und als das sollten wir sie ansehen.

Und daher solltest du in allen Dingen dieser Welt
die Vergänglichkeit erkennen, sie betrachten
als einen Stern am Morgenhimmel,
eine Luftblase im Wasserlauf,
einen Tautropfen in der Sonne,
einen Blitz aus sommerlicher Gewitterwolke,
ein flackerndes Licht,
eine Erinnerung und einen Traum.

(Buddha)

alles ist, was es ist,
aber lass dich nicht täuschen

7.5. Schlußbetrachtung

Liebe Leserin, lieber Leser,

an dem Dahinströmen, Auf- und Abwogen des Lebens kann auch die Meditation nichts ändern, es ist das Wesen des äußeren Lebens. Aber die Meditation kann **Sie** verändern, sie kann Sie gelassener und stärker machen, so dass Sie den Herausforderungen und Zumutungen des Lebens besser gewachsen sind. Mit sich vertiefender Meditation werden Sie immer mehr zum **Beobachter des Geschehens** und Ihre innere Betroffenheit schwindet. So wie Sie die Wolkenbewegungen am Himmel ohne Angst und innere Berührtheit beobachten können, so können Sie dann auch Ihr äußeres Leben beobachten und alles, was geschieht, besser annehmen, ertragen und angemessen darauf reagieren. Diese gelassene, präsente und dem Geschehen angemessene innere Haltung ist der erste Erfolg der Meditation.

In ruhigen Lebensphasen werden Sie die Auswirkungen der Meditation nicht sehr intensiv erleben, aber in stürmischen Zeiten wird sie einen entscheidenden Einfluss auf Ihr Leben haben und Sie zu guten, angemessenen Entscheidungen hin führen.

Dieses Buch möchte Sie mit Ihrem "ich"-Geist vertraut machen, Ihr Bewusstsein öffnen, damit Sie erfahren mit welchen Themen, Wünschen und Grübeleien sich Ihr "ich"-Geist unaufhörlich beschäftigt. Gelingt es Ihnen Ihren, "ich"-Geist wie eine befreundete Person zu betrachten, dann sind Sie auf einem sehr guten Weg. Dabei ist die bewusste, ehrliche Betrachtung Ihres "ich"-Geistes selbst schon die Therapie und bewirkt eine innere Veränderungen ohne Ihre "wollende Einflussnahme". Diese Veränderungen stärken zunächst Ihren "ich"-Geist und machen ihn geschmeidiger, anpassungsfähiger und freier.

Der Weg der Befreiung besteht insbesondere darin, dass Sie alle Hindernisse beseitigen, damit Ihre Lebensenergie frei fließt, Ihr Mut wächst, Sie stark werden und der selbstbewusste Mensch hervortreten kann, der Sie wirklich sind. Sie dürfen sich nicht hinter Ängsten und Ausreden verstecken, sondern das leben, was sich schon immer in Ihnen entwickeln wollte. Haben Sie diese Aufgaben gefunden, werden Sie mit jeder Hinwendung zu ihnen zufriedener und glücklicher. Dann können Sie jeden Tag mit dem dankbaren Gefühl beschließen, es ist schön leben zu dürfen. Am Morgen können Sie den Tag mit einem Lächeln begrüßen, in der freudigen Erwartung, was Sie wohl alles an diesem anbrechenden Tag erleben dürfen.

Die Empfindung 'Ich bin', die wir alle in unserer Kindheit schon kennengelernt haben, ist der Anknüpfungspunkt, den wir durch die Meditation wieder finden können. Lösen wir den „ich"Geist allmählich auf, wird die **'Ich bin'-Empfindung** stärker und entwickelt sich schließlich zu einer Festung, die kein äußeres Ereignis jemals erschüttern kann. In dieser Festung zu verweilen, ist Ihre einzige Aufgabe, alles Andere wird sich dann von alleine und ohne Ihren Willen entfalten.

Liebe Leserin, lieber Leser, das Leben braucht Sie und das Leben will Sie. **Fangen Sie an zu leben.** Denken Sie nicht, ich bin noch nicht bereit, ich muss noch dieses oder jenes lernen, denken Sie nicht, ich bin zu alt oder zu jung oder es ist zu spät oder das schaffe ich nicht. Es ist nicht wahr. Es gibt in jedem Lebensabschnitt und unter allen Lebensumständen etwas, das Sie verwirklichen können, weil es genau zu Ihrem Leben gehört.

Machen Sie Ihr Leben zu Ihrem freien, einmaligen, unverwechselbaren Leben, dazu wurde es Ihnen geschenkt. Haben Sie den Mut, ganz Sie selbst zu sein.

Wenn Sie die Kapitel nun noch einmal durcharbeiten, wird Ihrem Geist einiges vertraut erscheinen und er wird nicht mehr so dringend nach einer Begründung suchen, statt dessen wird er mehr auf Ihre eigene innere Erfahrung zurückgreifen und die inneren Prozesse genauer beobachten. Auf diese Weise wird er sich allmählich dem Selbst, der Wesensnatur nähern und Sie mit der Wirklichkeit Ihres Lebens tiefer gehend vertraut machen und die Knoten Ihres Herzens lösen.

Wir wünschen Ihnen von Herzen ein friedliches, würdevolles Leben voller Lebensenergie und liebevoller Gestaltungskraft. Ein Leben, in dem Ihr tiefes inneres Sein von den Fluten des äußeren Geschehens stets unberührt bleibt.

Ihre Autoren
Karlheinz Tröndle
Karl Heinrich Besthorn

Mit einem Ende
Lehnt an die Hügel sich
Der Strom des Himmels.

Freude und Liebe

281

8. Anmerkungen, Begriffe und Urheber der Texte { }

1. Konfuzius (551-479 v. Chr.) Chinesischer Philosoph zur Zeit der Östlichen Zhou-Dynastie. Er lebte vermutlich von 551 v. Chr. bis 479 v. Chr. und wurde unter dem Namen Kong Qiu in der Stadt Qufu im chinesischen Staat Lu geboren, wo er auch starb. Das zentrale Thema seiner Lehren war die menschliche Ordnung, die seiner Meinung nach durch Achtung vor anderen Menschen und durch Verehrung der Ahnen gestaltet werden sollte.

2. Die Welt wird als eine Vorstellung betrachtet, die wir im Laufe unseres Lebens selbst entwickelt haben und weiterentwickeln. Sie mag viele Anteile haben, die mit den Vorstellungen anderer Menschen gut übereinstimmen, aber sie besitzt auch immer individuelle, persönliche Anteile. Deshalb ist es korrekter sie als eine Erscheinung zu betrachten, die sich stetig wandelt und auch **Erscheinungswelt** genannt wird**.**

3. Lao Tse lebte wahrscheinlich im 6. Jahrhundert vor Chr. und gilt als Verfasser des **Tao Te King,** ein Werk, das die wesentlichen Gedanken des Taoismus beinhaltet. Nimm das, was unmittelbar vor dir ist, ohne dir irgend etwas anderes zu wünschen, ist der Leitsatz des Tao Te King.

4. Christian Morgenstern (* 6. Mai 1871 in München; † 31. März 1914 in Untermais, Tirol, Österreich-Ungarn) war ein deutscher Dichter.

5. Thích Nhất Hạnh geb. 11. Oktober 1926, Hue Vietnam, verst. 22. Januar 2022, Tu Hieu (Vietnam). Zen Mönch, lebte längere Zeit in Frankreich.

6. Dogen Zenji (1200 – 1253). Er lebte in Japan und China und gilt als Begründer der Soto-Zen-Linie.

7. Rinzai Gigen (geb? - 866). Rinzai ist sein bekannter japanische Name, er lebte aber in China und hatte den chin. Namen: Linji Yixuan oder Linji Lu. Der Zen-Meister Gigen Rinzai ist eine prägende Gestalt des Zen, dessen Einfluss bis in die heutige Zeit seine Auswirkungen zeigt.

8. Jakushitsu Genko (1290 -1367) Rinzai Zen-Meister, Dichter und Musiker.

9. Johann Gottfried Herder (1744 -1803) Deutscher Dichter, Theologe und Philosoph.

10. Ein Koan ist eine Frage, für die es keine rationale, befriedigende Antwort gibt. Um eine Antwort zu finden, muss der Befragte seine gewöhnliche Bewusstseinslage überschreiten und in eine unbekannte existentielle Dimension vordringen. Eine befriedigende Antwort im Rahmen religiöser Lehren, Riten und Traditionen oder philosophischer Konzepte ist nicht möglich. Nur durch existenzielle Selbsterfahrung, die Versenkung in das eigene ich kann der Suchende zu einer Erfahrung gelangen, die zur Durchdringung der Frage führt, wobei alles Wissen und alle Lehren in Frage gestellt werden müssen, wenn sie der Selbsterkenntnis im Wege stehen.

11. Eido T. Shimano (1932 – 2018), Zen-Meister und Gründungsabt des New Yorker Zendo Shobo-Ji in Manhattan und des Dai Bosatsu Zendo Kongo-Ji Klosters in den Catskill Mountain, USA. Er lehrte in Japan, USA und Europa.

12. Das Selbst, Wesensnatur und reines Bewusstsein sind identische Begriffe. Das Selbst ist die alles umfassende Wirklichkeit, die allem Seienden zu Grunde liegt. Um verschiedene Aspekte des Selbst sprachlich besser ausdrücken zu können, werden alle drei Begriffe nebeneinander verwendet. Das reine Bewusstsein ist die Ausprägung des Selbst, der wir in unserem Inneren begegnen. So wie Wolken oder Eis auch Wasser sind, aber eine andere Erscheinungsform zeigen als das Meer, von dieser Art ist, vereinfacht ausgedrückt, der Unterschied zwischen dem Selbst und dem reinen

Bewusstsein. Diese sprachliche Unterscheidung wird nur benutzt, um mit dem Wort eine leichter verstehbare Verbindung zu dem jeweiligen Satzinhalt herzustellen.

13. Mu oder Muhh... Im Verlauf der Meditationsschulung entstehen Fragen, die unser Verstand mit Worten nicht beantworten kann [sekid1] , die aber sehr wohl durch unser **Sein** ausdrückbar sind. Die Zen-Meister antworteten auf solche Fragen oft mit **Mu**, was so viel bedeutet wie: Nichts da, weg damit, eine Antwort, die weder ja noch nein bedeutet und den Geist wieder in das Hier und Jetzt zurückholen soll. In ähnlicher Weise ist hier mit Mu oder Muhh…. Die Auslöschung von Gedanken während der Meditation gemeint, indem man in die Gedanken hinein atmet, sie auslöscht und den Meditierenden zurückholt in das Jetzt, den momentanen Augenblick.

14. Die "ich"- und Welt-Vorstellung, die ein Mensch entwickelt, kann man in einen biologisch bedingten und einen sozial bedingten Anteil aufgliedern. Der biologisch bedingte Anteil der Individuen weist dabei starke Gemeinsamkeiten auf, während der sozial bedingte Anteil größere Unterschiede aufweist und sich durch eine einmalige persönliche Struktur und persönliche Inhalte auszeichnet.

15. Wesenheit: Wesen ist ein Fachbegriff für das, was einer Sache charakteristisch zu eigen ist. Das wahre Wesen des Menschen ist zum Beispiel **seine geistige Persönlichkeit,** die in der Transzendenz ihren Ursprung hat, so dass der Mensch selbst eine Gestalt der Transzendenz ist. Als geistige Person ist der Mensch nicht Teil der Welt, der objektiven Realität, sondern Teil der idealen Wirklichkeit.

16. Realität ist hier das, was der wissenschaftlichen Betrachtung und Erforschung in der Erscheinungswelt zugänglich ist. Dabei geht es vor allem um methodisch feststellbare und messbare Wechselwirkungen. Inhalte von Vorstellungen, Gefühlen, Wünschen, Wahrnehmungen und ähnlichem zählen hier nicht zur Realität.

17. Das "ich", die "ich"-Vorstellung und der "ich"-Geist (auch "ich"-Komplex genannt) sind identische Begriffe. Um verschiedene Aspekte und Wandlungen des "ich" sprachlich besser ausdrücken zu können, werden alle drei Begriffe nebeneinander verwendet. Im Laufe des Lebens erfährt das "ich" eine starke Veränderung, deren Anfang in der frühen Kindheit liegt und deren Entwicklung bildhaft mit einem Baum verglichen werden kann. Der Stamm des "ich"-Baumes entspricht der Entwicklung der "ich"-Vorstellung in der Kindheit. Die Bildung der starken Äste geschieht in der Jugendzeit und die Ausformung des Baumes erfolgt im Erwachsenenalter. Die Äste und Zweige symbolisieren die vielfältigen Vorstellungen, die der Mensch von sich selbst entwickelt und aus denen heraus er zur Außenwelt hin agiert. In diesem Stadium ist dann der Begriff "ich"-Geist aussagekräftiger.

Die Entstehung des ersten "ich"-Gedanken wird **"ich"-Wurzel** genannt, sie beginnt mit der frühen geistigen Entwicklung des Kindes und wird von ihm selbst geformt. Man kann davon ausgehen, dass das Selbst die treibende Kraft für die Entstehung des "ich" ist. Die "ich"-Wurzel ist von ausschlaggebender Bedeutung für die ganze weitere Entstehung des "ich"-Geistes. Der Bereich der "ich"-Wurzel ist aber im Erwachsenenalter nicht mehr bewusst zugänglich, er liegt im Unbewussten. Eine Veränderung in diesem Bereich erfordert daher eine sehr große Anstrengung von der Person, da sie im Erwachsenenalter nur aus dem "ich"-Geist heraus agieren kann. Jeder bildhafte Vergleich hat auch seine Grenzen, was der Leser bei dieser vereinfachten Betrachtung bitte immer im Gedächtnis behalten möge.

18. Wirklichkeit ist die Gesamtheit dessen, was der Wahrnehmung von Subjekten gegenübersteht und nicht nur vorgestellt ist. Da der "ich"-Geist und die Welt-Vorstellung von uns selbst konstruiert wurden, gehören sie nicht zur Wirklichkeit. Im Kontext dieser Ausführungen sind alle vergänglichen Erscheinungen nicht wirklich. Wirklichkeit ist das, was stets unverändert besteht, nämlich das Selbst.

Das, was sich unseren Sinnen im gegenwärtigen Augenblick zeigt, wird auch als **momentane Wirklichkeit** bezeichnet. Es ist von der Wirklichkeit verschieden, eine Momentaufnahme der Erscheinungswelt.

20. Das Wort Karma stammt aus der altindischen Sprache Sanskrit und bedeutet: Tat, Wirkung und Rad des Lebens. **Karma** beschreibt einen spirituellen Zusammenhang von Ursache und Wirkung: Jede physische und geistige Handlung hat eine Folge, die auch erst später eintreffen kann. Die naturwissenschaftliche Aussage, dass jeder Aktion eine Reaktion folgt oder anders ausgedrückt, dass jeder Erscheinung eine Ursache zu Grunde liegt, wird durch die Karma-Lehre auf psychische und spirituelle Geschehnisse ausgedehnt (siehe Beispiel S.83).

Nach fernöstlicher Vorstellung ist das **Karma** das Ergebnis aller Taten, Gedanken und Gefühle, die ihre Spuren im Geist hinterlassen haben. Dazu zählen auch vorgeburtliche Einflüsse, wie zum Beispiel Einwirkungen während der Schwangerschaft. Hier werden nur die Phänomene als Karma bezeichnet, die im Rahmen einer wissenschaftlichen Betrachtung möglich und erklärbar sind.

Geht man davon aus, dass das Selbst die einzige Wirklichkeit ist, die es gibt, dann ist das Karma ein traumähnliches Geschehen und damit auch unser ganzes Leben nur ein Art von Vorstellung. Wird das „ich" und das Erinnerungsgeflecht aufgelöst, verschwindet der Traum.

Die Quantenphysik postuliert einen reinen Zufall, der von nichts verursacht wird, was der Kausalität der Karma-Lehre widerspricht. Ob und wie diese Erkenntnis unser Weltbild und auch die Interpretationen unserer geistigen Vorstellungen verändern wird, bedarf weiterer Forschungen.

21. Anmerkung: Genau genommen ist das Wort Empfindung oder Erfahrung für unser inneres Erleben des **'Ich bin'** nicht ganz zutreffend. Die Wirklichkeit (das Selbst) ist die Grundlage der Erfahrung und liegt in der Erfahrung selbst. Erfahrung ist ein Zustand des "ich"-Geistes, während Sein keiner ist. Der Erfahrende ist die Erfahrung, ebenso wie der Träumer der Traum ist. Und in gleicher Weise gilt, **dass der Erkennende die Erkenntnis ist und der Empfindende die Empfindung.**

22. Geist und Materie: Mit dem **Selbst** wurde ein Begriff eingeführt, der sowohl das Geistige als auch das Körperliche umfasst und damit das Leib-Seele-Problem berührt, das die Philosophie und die Religionen von je her beschäftigt hat. Die Quantenphysik zeigt sehr eindrücklich, dass die Analyse der Materie ausgehend von den Atomen, ihren Elementarteilchen bis hin zu den Quarks schließlich bei einem Quantenfeld endet, jener Wesenheit, der man eindeutig eine geistige Natur zuschreiben kann. Grob vereinfacht kann man es so formulieren: Das Geistige ist in die Materie eingefaltet, Materie ist kondensierter Geist. Der Übergang des Geistigen in das Materielle erfolgt, physikalisch betrachtet, in einer Vielzahl von Stufen, eine scharfe Trennung, wo das Eine beginnt und das Andere endet ist nicht sinnvoll feststellbar, sie wäre willkürlich. Die Leib-Seele-Problematik löst sich daher sowohl aus physikalischer als auch aus geistiger Sicht auf, es handelt sich um ein Kontinuum. Diese sehr vagen Andeutungen mögen dem Leser helfen die starren Vorstellungen von Geist und Materie leichter zu überwinden. Weitere Forschungen werden sicher auch auf diesem Gebiet zu neuen Erkenntnissen führen.

23. Tatsächlich sind die betrachteten Zusammenhänge wesentlich komplexer. Für die in dieser Schrift angestrebten **Erkenntnisse des Prinzipiellen** mag die vereinfachte, auf das Wesentliche reduzierte Darlegung aber ausreichen.

24. Der Begriff "ich"-Geist ist identisch mit dem "ich" und der ich"-Vorstellung, er soll den Leser lediglich daran erinnern, dass mit ich nicht etwas Statisches gemeint ist, sondern eine komplexe Ansammlung von Gedanken, Vorstellungen, Erfahrungen und vor allem Identifikationen, die sich im Laufe des Lebens fortwährend weiterentwickeln.

25. Das Kunst-Wort **Lebensenergie** soll auf die Verbindung von Leben und Energie hinweisen. Ohne Energie ist Leben nicht möglich. Außerdem soll Lebensenergie auf eine weitere Gemeinsamkeit des Selbst mit dem physikalischen Energiebegriff hinweisen: Beide sind nicht erzeugbar und nicht zerstörbar, sie sind immer gleichbleibend sie selbst. Energie kann man umwandeln von einer Erscheinungsform in eine andere. Aber auch das Leben kann man als eine sich fortentwickelnde Erscheinungsform betrachten, die sich von einer Form in eine andere umwandelt.

26. Bassui Tokusho (1327 -1387). Bassui war japanischer Zen-Meister und lebte in der Provinz Sagami (heute: Präfektur Kanagawa). Berg und Fluss, Gras und Baum offenbaren gleichermaßen Mu (siehe {13}) ist eine seiner wichtigen Aussagen, durch die er Geist und Natur miteinander verbindet.

27. Die Begriffe zum vorliegenden Thema umfassen ein weites Spektrum und entstammen mehreren sehr unterschiedlichen Kulturkreisen und Epochen. Ihre Interpretation und Übersetzung ist daher schwierig, wenn man Wert legt auf die ursprüngliche Bedeutung der Originalquellen. Hier soll aber die Verständlichkeit im Vordergrund stehen, weshalb der in den **Kontext passenden Interpretation** der Vorzug gegeben wird. Der **Begriff Dharma** soll das verdeutlichen: Dharma bedeutet die Gesetze des Universums, aber auch Gerechtigkeit, das Heilsame, die Lehre Buddhas, das Ungeschaffene (das Selbst), die absolute Wirklichkeit, das Nirvana und vieles mehr. Ausgewählt wird hier der in den Kontext am besten passende Begriff.

28. In Anlehnung an den bekannten Text **Atta Dipa** aus dem Pali Kanon. Der Text Atta Dipa ist leichter zu verstehen, wenn man das Wort **der Dharma** durch **dein tiefstes Wesen oder das Gesetz des Universums** ersetzt.

29. Empfindung ist eine seelische Regung oder eine bestimmte Gemütsbewegung wie zum Beispiel Schmerz und Leid, hier wird sie als Folge eines geistigen Geschehens betrachtet, bei dem zum Beispiel das Denken zum Stillstand kommt.

30. Die Upanishaden sind eine Sammlung philosophischer Schriften des Hinduismus und Bestandteil der Veden. Sie wurden zwischen 700 und 200 v. Chr. niedergeschrieben und beruhen auf mündlich überlieferten Texten, Sammlungen von Hymnen, Liedern und rituellen Hinweisen.

31. Ramana Maharshi (1879-1950) lebte im vergangenen Jahrhundert in Südindien.Er war einer der wichtigsten spirituellen Lehrer des vergangenen Jahrhunderts. Seine Lehre beruht auf der Suche nach dem ich (siehe Koan).

32. Carl Gustav Jung (26. Juli 1875 in Kesswil, Schweiz – 6. Juni 1961 in Küsnacht, Schweiz)
Die Theorien, die der weltberühmte Psychiater C. G. **Jung** entwickelte, haben die Art und Weise, wie wir das menschliche Bewusstsein und die Psyche betrachten, verändert. Seine Ideen zu Schatten, Archetypen und dem kollektiven Unbewussten sind nach wie vor zentrale Konzepte in der psychologischen Praxis und in der Forschung.

33. Marie Ebner von Eschenbach (13. September 1830 – 12. März 1916 in Wien). Sie war eine Schriftstellerin und verfasste psychologische Erzählungen, die zu den bedeutendsten deutschsprachigen Beiträgen des 19. Jahrhunderts auf diesem Gebiet zählen.

34. Der **Majjhima Nikaya** oder die *Mittlere Sammlung* von Buddhas Reden, ist der zweite der fünf *Nikāya* des Sutta Pitaka.

35. Yoka Daishi (665 – 713) war buddhistischer Mönch in China, Schüler von Hui-neng, Autor des Shodoka. Seine Ausführungen hatten bedeutenden Einfluss auf die Entwicklung des Zen.

36. Kodo Sawaki (1880–1965). Japanischer Zen-Meister.

37. Obaku Kiun, (geb.? - gest. 847-859). Obaku Kiun ist sein bekannter japanischer Name, er lebte aber in China und hatte den chinesischen Namen: Hsi-yün oder Huang Po. Obaku begründete die Blüte des Zen im 9. Jahrhundert, er war der Lehrer von Rinzai Gigen.

38. Sr. Ludwigis Fabian (OSB) Zen- und Kontemplationslehrerin (1933 - 2016). Sie lebte einige Jahre in Japan und lehrte in Bayern.

39. Dschalāl ad-Dīn Muhammad ar-*Rūmī* (30.9.1207 - 17.12.1273) war ein persischer Sufi-Mystiker.

40. Friedrich Nietzsche (15.10.1844 – 25.8.1900) war ein deutscher Philologe und Philosoph. Er sprengte sowohl mit seinem Denken als auch mit seinem Stil die bis dahin gängigen Vorstellungen der Philosophie. Heute gilt er manchen als Begründer einer neuen philosophischen Schule, der Lebensphilosophie beziehungsweise der Psychologie.

41. Der Dīgha Nikāya ist eine Sammlung der längeren Lehrreden, abgekürzt DN. Er ist der erste von fünf Nikayas (Sammlungen), aus denen der Suttapitaka besteht. Die längeren Lehrreden enthalten insgesamt 34 Reden.

42. Anmerkung: Die Weisen betonen übereinstimmend, dass die Selbsterforschung (gemeint ist damit die "ich"-Geist Erforschung) oder Meditation beständig werden und bei allen unseren Tätigkeiten vorhanden sein müssen. Im letzten Stadium, wenn wir unser "ich" gänzlich im Selbst versinken lassen können, ohne dabei das Bewusstsein zu verlieren, sind wir unseres Selbst auch im Tiefschlaf bewusst.
Das heißt, die 'Ich bin'-Empfindung oder das Gewahrsein der eigenen Existenz ist auch im Tiefschlaf vorhanden. Es ist ein Verweilen in reinem Bewusstsein. Man nennt dies in der Literatur Wachschlaf, d.h. Schlaf bei vollem Bewusstsein. Unser normales Bewusstsein enthält stets einen Inhalt und spaltet sich auf in ein Subjekt und ein Objekt (Inhalt). Beim **Wachschlaf** verschwindet zwar das Objekt, aber die 'Ich bin'-Empfindung bleibt bestehen und jede Dualität ist aufgehoben. Dementsprechend nennt man das Verweilen im Selbst bei aufgelöstem ich im Wachzustand **ich losen Schlaf.** Trotz der unterschiedlichen Bezeichnungen handelt es sich in beiden Fällen um dieselbe Empfindung. Wenn wir unsere Erinnerungen genauer betrachten, erkennen wir, dass sie sehr lückenhaft sind. Wir sind kaum in der Lage, nähere Details über den gestrigen Tag oder über Geschehnisse an einem bestimmten Tag vor einem Monat anzugeben. Deshalb können wir auch nicht behaupten, dass wir uns während des Schlafs nicht bewusst waren. Eine Gedächtnislücke ist nicht

notwendigerweise eine Bewusstseinslücke, was einen Einwand entkräftet, der oft vorgetragen wird.

43. Novalis (1772 – 1801) Bürgerlicher Name: **Georg Philipp Friedrich von Hardenberg**, Deutscher Schriftsteller der Frühromantik und Philosoph. Distichon ist eine Versform.

44. Uchiyama Kosho (1912 - 1998) war ein Zen-Meister des zwanzigsten Jahrhunderts in Japan. Er wurde 1941 von Sawaki Kodo Roshi zum Mönch ernannt.

45. Sengcan (gest. 606 n. Ch.) war der dritte Patriarch des Chan (Zen in China).

46. Hyakujo Ekai (720? -814). Hyakujo ist sein bekannter japanischer Name, er lebte aber in China und hatte dort den Namen: Hui Hai. Ekai hatte einen großen Einfluss auf die Entwicklung des Zen in China.

47. Dogen Zenji (1200 – 1253) lebte in Japan und China und gilt als Begründer der Soto-Zen-Linie.

48. Meister Eckhart (ca. 1260 - 1328) war ein einflussreicher Theologe und Philosoph des Spätmittelalters. Meister Eck(e)hart war Dominikaner-Mönch, scholastischer Philosoph, er gilt als Hauptvertreter der "deutschen Mystik".

49. Taisen Deshimaru (1914 – 1982). Japanischer Zen-Meister, er lehrte in Frankreich.

50. Erkenne dich selbst ("Gnothi seauton") ist eine von drei pollonischen Weisheiten aus Delphi, die auf Chilon von Sparta (um 600-520 v. Chr.) und Sokrates (469-399 v. Chr.) zurück gehen.

51. Angst ist ein Gefühl der Unheimlichkeit, des Ausgeliefersein, Erregtheit, Besorgnis oder Unsicherheit, die ein Erlebnis auslösen kann. Angst kann sich körperlich äußern, unter anderem durch Pulsbeschleunigung, Erweiterung der Pupillen und Unruhe; psychisch wirkt sie als Gefühl des Entsetzens und der Ausweglosigkeit. Angst ist aber nicht nur eine lähmende, sondern auch eine mobilisierende Emotion, die uns schützt. Diese Ängste entstehen im „ich"-Geist und lösen sich gemeinsam mit dem „ich"-Geist auf. Es gibt auch tiefer liegende behandlungsbedürftige Angststörungen die hier nicht betrachtet werden.

52. Der Begriff **Erinnerungsgeflecht** soll darauf hinweisen, dass die Erinnerungen nicht nur als zeitliche Abfolge in uns abgelegt sind, sondern auch über Personen, Emotionen und Gefühle miteinander in Verbindung stehen.

Jeder Tag ein guter Tag

9. Danksagung

Mein tiefer Dank gilt meinem verehrten Zen-Lehrer **Zen-Meister Eido Tai Shimano** (1932 – 2018), Gründungsabt des New Yorker Zendo Shobo-Ji in Manhattan und des Dai Bosatsu Zendo Kongo-Ji Klosters in den Catskill Mountain, USA.

Meiner langjährigen Weggefährtin, Frau **Loni Heck-Siewert** danke ich von Herzen für das gründliche und geduldige Korrekturlesen meiner Entwürfe und für viele Hinweise, die zur besseren Lesbarkeit des Buches beigetragen haben. Und in gleicher Weise danke ich Herrn **Dr. Dr. Peter Macher** für seine intensive Begleitung und Beratung bei der Entstehung dieses Buches. Ein ganz besonders herzlicher Dank gebührt Frau **Angelika Bauer,** die mit viel Liebe und Ausdauer das ursprüngliche Manuskript lektoriert hat.

Auch meinen Freunden **Prof. Dr. Axel Böttcher** und **Prof. Dr. Stefan Schäffler** danke ich für ihre zahlreichen Anregungen und Korrekturvorschläge, die sie mir unterbreitet haben und die ich gerne in das ursprüngliche Manuskript eingearbeitet habe.

Mein ganz besonderer Dank gilt meinem Co-Autor Herrn **Dipl. Ing. (FH) Karl Heinrich Besthorn** für die Erstellung der Druckvorlage und die Begleitung der Drucklegung, ohne seine Initiative wäre das Buch vermutlich nicht entstanden, da das ursprüngliche Manuskript über viele Jahre seine Aufgabe als Seminarlektüre bereits erfüllt hatte.

Danken möchte ich auch meiner Frau, **Wilma Tröndle,** für ihre Geduld mit mir und ihre kritische Begutachtung meiner Schreibarbeit.

Ich danke von Herzen allen Freundinnen und Freunden für ihre liebevolle Begleitung und Unterstützung in meinem Leben und allen Menschen, denen ich auf meiner Reise durch dieses Leben begegnen durfte.

Karlheinz Tröndle

10. Literaturverzeichnis

[beck1] CHARLOTTE JOKO BECK, Einfach Zen,
ISBN 3-426-86070-8,
Droemersche Verlagsanstalt Th. Knaur Nachf., München, 1995

[brue] MICHAEL VON BRÜCK - WHALEN LAI,
Buddhismus und Christentum
ISBN 3 406 42646 8, Verlag C©.H. Beck, München 1997

[char2] TEILHARD DE CHARDIN, Die Menschliche Energie
ISBN 3 530 87361 6, Walter-Verlag AG Olten, 1966

[elear] THOMAS CLEARY, Der Mond scheint auf alle Türen
ISBN 3-502-64111-0, O.W. Barth Verlag, 1992

[desh] TAISEN DESHIMARU, Die Praxis der Konzentration
ISBN 3-591-08170-1, Aurum Verlag, Braunschweig

[enomi] HUGO M. ENOMIYA-LASSALLE, Kraft aus dem Schweigen
ISBN 3-451-08528-3, Herder Taschenbuch Verlag

[frank] VIKTOR E. FRANKL, Theorie und Therapie der Neurosen
ISBN UTB Verlag Reinhardt, München, 1993

[franz] MARIE-LOUISE VON FRANZ/JAMES HILLMAN,
Zur Typologie C.G. Jungs
ISBN 3-87089-187-4, Verlag Adolf Bonz GmbH, Fellbach, 1980

[gibran] KHALIL GIBRAN, Der Prophet
ISBN 3-530-26719-8, Walter-Verlag, Olten, 1973

[godm] DAVID GODMAN, Leben nach den Worten Sri Ramana Maharshis
ISBN 3-7157-0194-3, Ansata-Verlag, Interlaken, 1996

[graf] S. GRAF; Beyond the Brain; Albany, N.Y. 1985

[hans] V. HANSON, Wie unser Tun zum Schicksal wird
ISBN 3-502-65280-5, Barth Verlag, 1992

[herri] EUGEN HERRIGEL, Der Zen-Weg
Otto Wilhelm Barth Verlag

[hiri] M. HIRRYANNA, Vom Wesen der indischen Philosophie
ISBN 3-424-00965-2, Eugen Diederichs Verlag, 1990

[huan] HUANG-PO, Der Geist des Zen
ISBN 3-502-64302-4, Otto Wilhelm Barth Verlag, 1987

[jaeg] WILLIGIS JÄGER, Suche nach dem Sinn des Lebens
ISBN 3-928632-03-5, Verlag Via Nova, Petersberg, 1991

[jung] C.G. JUNG, Briefe, 3 Bände; Olten, 1972/73

[kopp] WOLFGANG KOPP, ZEN Jenseits aller Worte
ISBN 3-7157-0166-8, Ansata Verlag, Interlaken

[kueng] HANS KÜNG, Ewiges Leben?
R. Piper & Co. Verlag, München 1982

[lama] DALAI LAMA, Der Schlüssel zum Mittleren Weg
ISBN: 3-927862-09-6

[mahaj] SRI NISARGADATTE MAHARAJ, Ich bin
ISBN 3-921508-09-6, Kristkeitz Verlag, Berlin

[maha] RAMANA MAHARSHI, Die Gesammelten Werke
ISBN 978-3-7412-6187-9, Herstellung und Verlag: BoD – Books on
Demand, Norderstedt

[popp] KARL R. POPPER, JOHN C. ECCLES,   Das Ich und sein Gehirn
   ISBN 3-492-02447-5, R. Piper & Co. Verlag, München, 1982

[riem] FRITZ RIEMANN,   Grundformen der Angst
   ISBN 3-497-00749-8, Ernst Reinhardt Verlag, München-Basel

[rosen1] MANFRED ROSEN, Zen für Dich
   ISBN: 978-3-00-049249-5, Verlag: Lachende Wolke

[rosen2] MANFRED ROSEN, Zen für ein Jahr
   ISBN: 978-3-00-033113-8, Verlag: Lachende Wolke,

[sadhu] MOUNNI SADHU, Konzentration und Verwirklichung
   Heinrich Schwab Verlag, Büdingen-Gettenbach, 1958

[sanf] JOHN A. SANFORD, Unsere unsichtbaren Partner
   ISBN 3-7157-0085-8, Ansata-Verlag, Interlaken, 1991

[schum] HANS WOLFGANG SCHUMANN, Buddhismus - Stifter,
   Schulen und Systeme
   ISBN 3-424-01127-4, Eugen Diederichs Verlag, 1993

[sekid1] KATSUKI SEKIDA, Zen-Training
   ISBN 3-451-04184-7, Verlag Herder, Freiburg im Breisgau

[sekid2] KATSUKI SEKIDA,
   Two Zen Classics, Mumonkan and Hekiganroku,
   ISBN: 0-8348-0130-2 Weatherhill, New York, Tokyo.

[shan] SHANKARA, Das Kleinod der Unterscheidung
   ISBN 3-502-33004-2, Scherz Verlag, Bern München Wien

[shim] EIDO TAI SHIMANO/KOGETSU TANI,   Zen Wort Zen Schrift
   ISBN 3-85936-039-6, Theseus-Verlag, Zürich München, 1990

[sing] WOLF SINGER, Matthieu Ricard, Hirnforschung und Meditation
ISBN: 978-3-518-26004-3, Suhrkamp Verlag

[stig] STIG ÄVALL SEVERINSEN, Die geheime Kraft der Atmung
ISBN: 978-3-95443-114-4, maxLQ Verlag, Bonn,

[teis] EIDO TAI SHIMANO, Teisho-Manuskripte

[till] TILLICH, Der Mut zum Sein, gesammelte Werke Bd XI
Evangelisches Verlagswerk, Stuttgart, 1969

[troek] KARLHEINZ TRÖNDLE, Vom Zauber der reinen Blüte
ISBN: 978-3-7578-2391-7, BOD Verlag

[troep] PAMELA TRÖNDLE, Einfach glücklich leben,
ISBN: 3-8174-5839-8, Compact Verlag München

[trun] CHÖGYAM TRUNGPA, Das Herz des Buddha
ISBN 3-502-65610-X, Otto Wilhelm Barth Verlag, 1993

[upan] UPANISHADEN – Die Geheimlehre der Inder
ISBN: 3-424-00575-4, Diederichs gelbe Reihe

[vollm4] GERHARD VOLLMER, Was können wir wissen?
Die Natur der Erkenntnis, ISBN 3-7776-04443-7

[vollm5] GERHARD VOLLMER
Was können wir wissen? Die Erkenntnis der Natur
ISBN 3-7776-04444-5, Hirzel, Stuttgart, 1988

[weil] ALFRED WEIL, Karma
ISBN 3-89620-108-5, Theseus Verlag, 1997

[weiz1] C.F. von WEIZSÄCKER, Die Tragweite der Wissenschaft
ISBN 3-7776-0468-2, Hirzel, Stuttgart, 1990

[weiz2] C.F. von WEIZSÄCKER,   Zum Weltbild der Physik
ISBN 3-7776-0479-8, Hirzel, Stuttgart, 1990

[white] ALFRED WHITEHEAD, Science and the Modern World
Mae Millan-Verlag, New York, 1967

[wilb] KEN WILBER, Das Spektrum des Bewusstseins
ISBN 3-502-19852-7, Scherz Verlag, Bern, München, Wien, 1987

[wilh] RICHARD WILHELM, Übersetzer des: *Tai I Gin Hua Dsung Dschi.*
Das Geheimnis der Goldenen Blüte. (Autor Unbekannt)
ISBN 978-1484098288, Verlag Contumax GmbH, Berlin
Herausgeber: Michael Holzinger

[zenj] DOGEN ZENJI'S Shobogenzo -
Die Schatzkammer der Erkenntnis des Wahren Dharma
ISBN 3-85936-006-X, Theseus-Verlag, Zürich, 1986

Zenmeister Eido Tai Shimano {11}

Karlheinz Tröndle

Karl Heinrich Besthorn

299